병의원 만점세무

NEW
병의원 만점세무

세무법인 택스홈앤아웃 지음

StarRich
B O O K S

"近者悅 遠者來(근자열 원자래)"

"가까이 있는 사람을 기쁘게 하면 멀리 있는 사람은 저절로 찾아온다."

2,500년 전 춘추전국시대 초나라 섭공이라는 제후에게 공자가 남긴 말씀입니다.

저희 법인이 병의원 원장님들에게 더욱 전문화된 세무서비스를 제공하고자 2002년 병의원사업부를 신설하여 원장님들과 함께해 온 지 벌써 16년이 지났습니다.

그동안 저희 법인은 세무사가 분기별로 병의원을 방문해 직접 원장님들과 상담을 진행하면서 세무 문제를 도와드리는 데 그치지 않고, 좀 더 다양하고 실질적인 도움을 드릴 수 있는 분야를 찾아내어 이를 아우르는 종합적인 컨설팅을 제공해드리고자 끊임없이 고민해왔습니다.

2010년에는 『병의원 만점 세무』를 출간하여 병의원 개원부터 세무조사까지 원장님들이 궁금해하는 모든 내용을 원장님의 눈높이에 맞추어 Q&A로 서술하여 원장님들이 쉽게 이해하고 병원 경영에 반영할 수 있게 하였고, 2012년에는 국내 최고 금융기관들과 제휴해 고객인 원장님들이 대출, 리스, 카드 등 금융서비스를 국내 최저 비용으로 제공받게 해드리는 '택스홈 플랫폼'이라는 시스템을 국내 최초로 마련하여 많은 원장님의 호평을 받고 있습니다.

이 모든 노력은 고객들에게 최고의 서비스를 제공하겠다는 저희의 신념에서 나온 것이며, 이러한 신념을 원장님들과 공유한 결과, 저희 법인은 국내 최대 병의원 전문 세무법인으로 자리하고 있습니다.

본 『병의원 만점 세무』가 출간된 지 벌써 8년이 지났습니다. 그간 과분한 사랑을 받아왔음에 감사드립니다. 시중에 출간되어 있는 병의원 세금 관련 서적들은 시간이 부족한 원장님들이 처음부터 끝까지 탐독하기에는 지나치게 양이 많거나 세법 관련 내용을 전문적으로 소개하는 데 그치고 있어 아쉬움이 있었습니다. 이 책은 관련 세법을 나열하기보다는 Q&A와 사례를 통해 원장님들이 궁금한 사항을 분야별로 좀 더 쉽게 찾아보고 이해할 수 있도록 하였습니다.

원장님들은 『병의원 만점 세무』를 곁에 두고 시간 날 때마다 또는 궁금한 사안이 생길 때마다 펼쳐 보시면 적절한 해결책을 구할 수 있을 것으로 확신합니다.

최근 십여 년간 개편된 세제 가운데 병의원과 관련한 굵직한 일들을 살펴보면 다음과 같습니다.

- 2010년 4월 1일부터 건당 금액 30만원 이상인 경우 현금영수증 의무발급 시행. 미발급 시 현금영수증 미발급 과태료로 미발급액의 50% 부과.
- 2011년 귀속분부터 수입금액 7억5천만원 이상 병의원은 기장한 장부 내용의 정확성 여부를 세무대리인에게 검증받도록 한 성실신고확인제 시행.
- 2014년 귀속분부터 성실신고확인제 대상 병의원을 수입금액 5억원 이상으로 확대.
- 2014년 7월 1일부터 현금영수증 의무발급 기준을 건당 금액 10만원 이상으로 강화.
- 2017년 귀속분부터 일정요건을 충족한 개인의원(의원, 치과의원, 한의원)도 중소기업에 대한 특별세액감면 적용 가능.
- 2018년 귀속분부터 성실신고확인비용에 대한 세액공제의 한도가 120만원으로 상향.

병원 경영 환경의 변화, 최근까지의 세법 개정 내용 등을 반영하여 개정판에는 다음 내용이 추가되었습니다.

- 병원에서 놓치기 쉬운 경비처리 방안
- 확대 적용되는 부가가치세 관련 신고 시 주의할 사항
- 최근 국세청 세무조사 시 선정 방법과 사유
- 국세청 사후 검증 시스템 운영 방안
- 건강보험공단과 건강보험심사평가원 조사 시 주의 사항
- 기타 세법 개정으로 인한 변경 사항 반영

병의원 관련 과세는 더욱 강화되는 데 반해, 병의원의 경영은 치열한 경쟁으로 인해 점점 어려워지고 있는 현실입니다. 이러한 상황은 저희 택스홈앤아웃이 병의원 전문 세무법인으로서의 역할을 다하기 위해 본서를 출간하는 계기가 되었습니다. 이 책이 병의원 원장님들의 세무 관련 고민을 가볍게 하는 데 조금이라도 도움이 되기를 기대해봅니다.

이 책이 나오기까지 병의원사업부 소속 세무사들의 많은 고민과 노력이 있었습니다.

저술에 참여해주신 모든 세무사와 개정판 출간에 도움을 주신 스타리치북스 관계자분들에게 진심으로 감사드리고, 특히 본 개정판 작업을 위해 밤샘을 마다하지 않고 수고해준 백길현 상무와 고숙경 세무사, 최준호 세무사, 고상원 세무사, 김주연 세무사,

김주현 세무사, 김형곤 세무사, 심영란 세무사에게 감사의 말씀 전합니다.

앞으로도 저희 택스홈앤아웃은 약속을 지키는 전문가 그룹으로, 세무서비스의 경계를 허물고 다양한 서비스를 포괄하는 플랫폼을 통해, 고객의 일생을 넘어 후대에 이르기까지 최고의 가치를 제공하는 'Only One' 세무법인이 되겠습니다. 많은 관심 보내주시기를 바랍니다.

2018년 1월
세무법인 택스홈앤아웃 대표이사 **신 웅 식**

Contents

제3장 **인건비 및 4대 보험**

제8장 **세테크**

제 1 장

개원 준비

01

개원자금!
어떻게 마련하는 게 좋을까?

전문의 자격을 따고 공중보건의를 거쳐 페이 닥터로 2년 정도 근무한 김 과장은 개원하여 홀로서기를 하기로 결심했다. 막상 개원을 하려고 하니 제일 문제가 되는 것이 자금이다. 페이 닥터로 2년 정도 근무하기는 했지만 모아놓은 돈만으로는 턱없이 부족하다. 먼저 개원한 선배는 누가 자기 돈만으로 개원을 하느냐, 빌려서 하면 된다고 하지만 빚으로 개원을 하는 게 과연 좋을지 판단이 안 선다. 또 빌리면 얼마나 빌려야 하는지 난감하다. 대체 어떻게 해야 할까?

복잡한 건 싫어! 깔끔하게 내 돈으로 시작한다

개원자금은 조달 방식에 따라 자기자본과 타인자본으로 구분할 수 있다. 자기자본은 스스로 마련한 자금을 개원에 필요한 자금으로 사용하는 것이고, 타인자본은 은행 등 금융권에서 대출을 받거

나 개인에게 빌리거나, 부모 등 가족으로부터 증여받은 자금 등을
개원자금으로 활용하는 것을 말한다.

자기자본에 여유가 있어 타인자본을 끌어들이지 않고도 개원이
가능하다면 외부에서 자금을 조달하기 위해 투자해야 하는 시간
과 노력을 줄일 수 있다. 또 매달 이자를 내고 원금을 갚아야 하는
부담이 없다는 장점도 있다.

하지만 자기자본 위주로 개원을 하는 경우 이자비용에 대한 절
세효과는 없다고 봐야 한다. 즉, 이자비용을 장부에 계상함으로써
과세 대상 소득이 줄어 궁극적으로 세금이 줄어드는 효과를 볼 수
없다. 또한 자기자본을 개원 비용으로 모두 소진해야 한다면 자
금을 다른 곳에 투자해 소득을 올릴 수 있는 기회비용도 고려해야
한다. 따라서 전체 개원자금에서 자기자본과 타인자본을 적절하

게 조정할 필요가 있다. 이때 기준이 되는 것이 투자수익률이다. 은행이나 부동산에 투자하여 나온 세후 투자수익이 이자비용보다 많다면 타인자본을 활용하는 편이 더 낫다.

자기자본 위주로 개원하는 경우에는 본인의 누적된 세무신고 소득액도 따져보아야 한다. 일반적으로 페이 닥터로 근무하는 경우 세무서에 신고된 소득과 실제 받은 소득이 상이한 경우가 많으며, 소득액과 개원자금의 차이가 많을 경우 자금 출처를 입증해야 하는 경우도 생긴다.

내 돈이 아니면 어때. 잘 빌리면 절세효과도 있다

가장 일반적인 자금 마련 방법은 은행, 저축은행, 마을금고 등 금융권에서 빌리는 것이다. 이를 '금융권 차입'이라고 한다. 먼저 개원하려는 병원 규모와 필요한 시설과 설비를 확실하게 설정한 다음 그에 맞는 자금 계획을 세워 적절한 규모의 자금을 차입하는 것이 좋다.

개원하기 위해 빌린 자금(신용대출 또는 담보대출)에 대한 이자를 비용으로 처리하려면 개원자금으로 사용됐다는 사실을 입증해야 한다. 세금계산서, 영수증, 송금 서류 등을 확실하게 챙겨둬야 한다. 혹시라도 나중에 용도가 입증되지 않으면 이자를 비용으로 처리하지 못하는 경우가 생긴다.

금융기관이 아닌 개인으로부터 자금을 빌린 경우, 이자를 비용으로 처리하려면 문서를 좀 더 신중하게 갖춰야 한다. 먼저 계약서에 차입금액, 이자율, 이자 지급일, 변제 방법 등의 사항을 구체적으로 명시하는 것이 중요하다. 또 차입금을 정확하게 장부에 기록하고 병원 개업에 사용했다는 사실을 입증하는 각종 근거 자료를 확실하게 챙겨야 한다.

또한, 자금을 빌려준 사람(대부자)에게 이자를 지급할 때는 이자 금액에서 27.5%를 원천징수하고 그 이자 지급 내용을 관할 세무서에 신고해야 한다. 대부자는 이자소득금액에 대해 종합소득세 신고를 해야 하는데 대부자가 이런 세법상의 절차에 응해주는 경우가 거의 없어서 개인에게 지급한 이자를 비용으로 처리하는 것은 쉽지 않다.

금융기관이든 타인이든 외부에서 차입하는 경우 감가상각 사용에 맞추어 대략 3~5년에 걸쳐서 상환해야 하므로 이에 대한 상환 계획을 같이 생각하는 것이 좋다.

가족이 응원군! 증여받아 시작한다

가족이나 친척에게서 개원자금을 지원받는 경우에는 증여세 문제가 발생할 수 있다. 개원자금을 증여받았을 때 증여가액에 대하여 증여받은 날이 속하는 달의 말일부터 3개월 이내에 증여세 신고 납부가 이루어져야 한다.

다만 증여자가 누구인지에 따라 일부 금액을 증여재산공제로 정하여 과세가액에서 빼준다.

증여자	배우자	직계존속	직계비속	기타 친족
증여재산 공제한도액	6억원	5천만원	5천만원	1천만원

직계존속으로부터 받는 경우 5천만원(미성년자는 2천만원), 직계비속으로부터 받는 경우 5천만원, 배우자로부터 받는 경우는 6억원까지이며, 기타 친족으로부터 받는 경우 1천만원을 증여재산에서 공제해주고 있다.

그 이상의 증여금액은 다음과 같은 세율을 적용한 증여세가 예상된다.

과세표준	1억원 이하	5억원 이하	10억원 이하	30억원 이하	30억원 초과
세율	10%	20%	30%	40%	50%
누진공제액	없음	1천만원	6천만원	1억6천만원	4억6천만원

한편, 「조세특례제한법」 중에 '창업자금에 대한 증여세 과세특례'(제30조의5) 규정이 있다.

해당 내용은 60세 이상의 부모님으로부터 재산을 증여받아(증여세 과세가액 한도는 50억 원 (2023. 7. 10. 시행)) 이를 창업자금에 사용하면 5억원까지는 증여세가 없고 나머지는 세율 10%로 증여세를 납부하면 된다는 신규 창업을 지원하는 제도이다. 다만 이 과세특례는 세금 이연 수단이기 때문에 사후관리와 미래의 상속 설계를 염두에 두고 실행 전에 세무 전문가와 꼭 상의한 후에 판단하여야 한다. 다만, 아쉽게도 2014년 「조세특례제한법」이 일부 개정되면서 병의원의 경우 이 특례 규정을 적용할 수 없게 되었다. 앞으로 병의원은 창업자금에 대한 증여세 과세특례가 적용되지 않는다는 것을 유념하기 바란다.

 자기자금 vs. 차입금, 무엇이 더 유리할까?

대학 동기인 김 원장과 이 원장이 비슷한 시기에 개원을 준비하고 있다. 개원을 하려니 모르는 것이 너무 많아 여간 힘든 것이 아니다. 제일 먼저 발목을 잡는 것이 개원자금이다. 둘 다 자기자금으로 개원할 여력은 있는데, 서로 생각이 다르다.

"내 돈으로 개원하는 게 제일 속 편해. 은행에서 3억원 정도는 좋은 조건에 대출해준다고 하는데, 매달 이자 내고, 원금을 갚아나가는 게 너무 부담스러워. 그냥 깔끔하게 그동안 모아놓은 돈으로 개원할래."

김 원장의 말이다. 개원해 자리를 잡기 전에는 병원 매출이 크지 않을 텐데, 많은 이자까지 내야 하면 운영이 너무 힘들다는 게 김 원장의 생각이다. 하지만 이 원장의 생각은 다르다.

"은행 다니는 친구한테 조언을 구했는데, 금융권에서 자금을 빌려 개원하고, 내 돈은 다른 데 투자하는 것이 더 낫다더군. 요즘 은행 대출 이율이 높지 않으니 그 친구 말대로 하는 게 좋을 것 같아."

개원을 준비할 때 많은 의사가 김 원장과 이 원장처럼 자기자금으로 개원하는 게 좋을지, 돈을 빌려 개원하는 게 좋을지를 고민한다. 두 사람의 말 모두 일리가 있어 보인다. 이 문제에 대한 해답을 얻으려면 좀 더 세심한 고민과 확인이 필요하다.

이자로 얼마의 절세효과를 얻을 수 있나?

금융권에서 자금을 빌려 개원하는 것이 유리하다고 말하는 이유는 이자를 비용으로 처리할 수 있기 때문이다. 자기자금으로 개원하면 이자로 나가는 비용이 없기 때문에 이자로 인한 절세도 기대할 수 없다.

자기 돈으로 개원하겠다는 김 원장과 은행 차입금으로 개원하겠다는 이 원장의 경우를 비교해보자. 은행에서 3억원을 빌릴 경우 연이율은 5%, 병원 사업소득세 적용 세율은 41.8%(소득세 38% + 지방소득세 3.8%)로 가정한다.

자기자금으로 개원한 김 원장은 당연히 내야 할 이자도, 이자로 인해 절세할 수 있는 돈도 없다. 반면 이 원장은 1년에 1500만원(300,000,000×5%)을 이자로 내지만 이를 비용으로 인정받으면 627만원(15,000,000×41.8%)을 절세할 수 있다.

자기자금을 다른 곳에 투자했을 때의 수익이 절세액보다 큰가?

이자를 비용으로 인정받아 절세했더라도 연 873만원의 비용은 고스란히 이자로 나간다. 따라서 자기자금을 다른 곳에 투자하고 대출을 받아 개원해 더 많은 이득을 얻으려면 다른 곳에 투자한 수익이 최소한 연 이자보다는 많아야 한다. 연 873만원 이상의 수익을 올리려면 세후 수익률이 2.91% 이상은 되어야 한다. 따라서 다른 곳에 투자해 2.91% 이상 수익을 올릴 수 있다는 자신이 있으면 대출을 받아 개원하는 것이 유리하다는 결론을 내릴 수 있다.

| 자기자금으로 개원했을 때와 차입금으로 개원했을 때의 절세효과 비교 |

김 원장	이 원장
자기자금 3억원으로 개원	은행에서 3억원을 대출받아 개원(연리 5%) (자기자금 3억원은 다른 곳에 투자 ⇒ 3.5% 수익 창출 가정)

(1) 총비용: 0원
  ① 이자비용: 0원
  ② 절세액: 0원
(2) 총수익: 0원
(3) 순이익: 0원
	(1) 총비용: 8,730,000원
	  ① 이자비용: 15,000,000원
	  ② 절세액: 6,270,000원
	(2) 총수익: 10,500,000원
	(3) 순이익: 1,770,000원

	8,730,000 / 300,000,000 = 2.91%(최저 필수 세후 수익률)

대출금리와 소득세율이 변수

3억원을 투자했을 때의 절세액을 본문에서는 소득세율(38%)을 적용해 산정했다. 하지만 개원 초기에는 이익이 크지 않아 절세효과가 작아질 가능성이 크다. 이때는 자기자금을 다른 곳에 투자했을 때의 수익률이 더 높아야만 한다.

대출금리도 변수 중의 하나이다. 요즘에는 대출금리가 낮아 별문제가 없지만 대출금리가 높아지면 그만큼 이자비용이 늘어나기 때문에 그만큼 절세효과도 줄어든다. 따라서 무조건 은행에서 빌려 개원하는 것이 더 좋다고 생각하지 말고, 상황을 고려해 그때그때 적절한 방법을 선택하는 것이 현명하다.

건물을 임차할 때
꼭 챙겨야 하는 것은 무엇?

●●

개원자금 문제를 해결하고 나면 이제 문제는 장소다. 개업의 성패는 병원의 위치가 절반은 좌우한다고 해도 과언이 아니다. 조언도 구하고 직접 발품을 열심히 판 덕분에 드디어 좋은 위치에 적당한 건물을 찾았다. 곧바로 건물 관리자를 만나 자신이 이곳에서 병원을 운영할 생각이라고 말하고 임대차계약을 맺자고 요청했다. 장소가 마음에 쏙 들어 다른 사람에게 넘어가지 않도록 가계약금을 내고 일단 돌아왔다. 급하게 서두르다보니 혹 실수라도 하지 않았는지 걱정스럽다.

확정일자 혹은 전세권설정으로 안전장치 마련

임차를 한다는 것은 임대차계약을 통하여 사업장을 빌리는 것을 말한다. 이때 임차보증금은 임대차계약이 해지되면 되돌려 받을 수 있는 권리인 만큼 임차인인 원장의 입장에서는 병원의 자산이

된다. 반면 매달 또는 특정 기간에 지급하는 임차료는 다시 돌려받을 수 없으므로 병원 경비로 인정되어 비용처리를 할 수 있다.

　상가 건물 또는 상업용 건물을 임차하여 병원을 운영하려고 할 경우 몇 가지 위험성이 있다.

- 약정된 임대 기간 종료 전에 건물주가 건물과 관계된 채무를 상환하지 못해 경매로 넘어갈 경우 임대보증금을 회수하지 못하는 상황이 발생할 수 있다.
- 약정된 임대 기간 종료 전에 건물주가 건물을 타인에게 매각할 경우 건물의 새 주인(양수자)이 건물을 비워달라고 요구하면 비워줘야 한다.
- 임대차계약 후 인테리어 등 시설투자를 많이 하였는데 약정된 임대 기간 종료 후 재연장이 되지 않거나 터무니없이 인상된 임대료를 요구하여 서로 합의가 이뤄지지 않아 대책 없이 나와야 하는 일이 생길 수 있다.
- 사업장을 특수관계자에게 무상 또는 저가로 임차할 경우 「소득세법」상

부당행위계산부인 규정에 적용되어 건물주에게 적정임대료에 해당하는 수준으로 임대소득이 가산되어 과세되는 경우 임차인에게 임대료 인상분을 전가할 가능성이 있다.

위에서 언급한 임대보증금 회수에 대한 위험성에 대처하려면 관할 세무서에 확정일자를 신청하여 「상가건물 임대차보호법」을 적용받는 것이 좋다. 수도권에서는 병원이 「상가건물 임대차보호법」의 적용 대상이 아닌 경우가 대부분이기 때문에 전세권설정을 해야 한다. 즉 임차보증금에 대한 법적인 안전장치가 확정일자 또는 전세권설정인 것이다. 특수관계자로부터 건물을 무상 또는 저가로 임차했다고 해도 앞서 말한 부당행위계산부인 규정에 의해 임대소득에 따른 세금이 건물주 앞으로 나오게 되므로 임대차계약서를 작성할 때 현재 통용되는 시가로 계약서를 작성해야 한다.

확정일자 신청

확정일자를 신청하려면 일정한 요건을 먼저 충족해야 한다. 즉, 사업자등록증이 있어야 하고 해당 사업장에서 실제 영업활동이 이뤄져야 한다. 또 임대차계약서상의 임차보증금과 임차료로 계산한 환산보증금이 「상가건물 임대차보호법」에 규정된 일정 한도를 넘지 않아야 한다. 환산보증금은 임차료에 100을 곱한 값에 임차보증금을 더한 금액이다. 이때, 임차료에 관리비와 부가가치세는 포함되지 않는다.

> 환산보증금 = 임차보증금 + (임차료×100)

예를 들어 김 원장이 보증금 5천만원에 월세 50만원인 상가건물을 계약했다면, 환산보증금은 5천만원 + (50만원×100) = 1억원이므로 확정일자를 신청해 보증금을 보호받을 수 있다.

| 보호 대상 보증금 한도 |

지역	보호 대상 보증금 한도
서울특별시	9억원
수도권 중 과밀억제권역(서울시 제외), 부산광역시	6억9천만원
광역시(과밀억제권역, 군지역 제외), 세종특별자치시, 파주시, 화성시, 안산시, 용인시, 김포시, 광주시	5억4천만원
기타 지역	3억7천만원

임차인이 건물 소재지 관할 세무서장에게 확정일자를 신청할 때 구비할 서류는 다음과 같다.

| 확정일자 신청할 때 구비해야 할 서류 |

사업자등록을 한 임차인인 경우	신규 사업자로 등록하는 임차인인 경우
① 임대차계약서 원본 ② 사업자등록 정정신고서(확정일자 신청 겸용 서식) ③ 사업자등록증 원본 ④ 임대차 목적물이 건물의 일부인 경우 해당 부분의 도면 1부 ⑤ 본인 여부를 확인할 수 있는 신분증(대리인인 경우 대리인 신분증)	① 임대차계약서 원본 ② 사업자등록 신청서(확정일자 신청 겸용 서식) ③ 임대차 목적물이 건물의 일부인 경우 해당 부분의 도면 1부 ④ 본인 여부를 확인할 수 있는 신분증(대리인인 경우 대리인 신분증)

전세권설정

전세권을 설정할 때 전세계약서에는 검인을 받을 필요가 없다. 전세는 건물만 사용하는 것이므로 전세권설정등기신청서를 작성할 때 대지권을 표시하지 않는다. 또한 전세권설정등기 역시 현재 부동산의 등기부등본에 기재된 소유자(전세권설정자)의 주소와 주민등록번호가 주민등록등본상의 것과 일치해야 신청할 수 있다. 만약 일치하지 않는 경우, 소유권이전등기는 변경된 내용을 소명만 하면 되지만 전세권설정등기는 전세권설정등기 전에 등기명의인 표시변경등기를 신청해야 하므로 주민등록초본을 받아두는 것이 만약의 경우를 위해 좋다.

| 전세권설정 할 때 구비해야 할 서류 |

	소유자	전세 입주자
전세등기	① 권리증 ② 인감증명(전세권설정용) ③ 인감도장 ④ 주민등록초본	① 주민등록등본 ② 도장 ※ 말소할 경우 – 전세권 　　설정계약서 도장(쌍방)

영수증은 필수, 다운계약서는 No!

임대차계약을 한 이후 매달 발생되는 임차료에 대해서 건물주에게 증빙서류(영수증)를 받아야 하는데 건물주가 간이과세자이냐 일반과세자이냐에 따라 달라진다. 건물주가 부가가치세를 납부해야 하는 일반과세자라면 병원 사업자등록번호로 세금계산서를 발급받으면 된다. 건물주가 부가가치세를 납부할 의무가 없는 간이과세자라면 세금계산서를 발급해줄 수 없기 때문에 임차료를 매달 건물주의 금융계좌로 입금한 후 금융거래 내역과 임대차계약서를 보관하고 있으면 경비처리가 가능하다.

간혹 건물주가 계약된 내용보다 낮은 금액으로 임차료의 액수를 줄여 증빙을 발행하자고 요구할 수 있다. 이러한 경우 건물주의 요청을 거절하고 정상적으로 처리해야 맞다. 하지만 상대적 약자인 임차인이 을의 입장에서 갑인 건물주의 요구를 거부하기가 어려운 것이 사실이다. 어쩔 수 없이 건물주의 요구에 따랐다면 낮은 금액의 세금계산서를 받고 차액에 대해서는 건물주의 금융계좌로 입금한 거래내역을 보관하고 있어야 한다.

임대차계약 후 일부를 다른 사람에게 재임대하는 경우

건물주에게 건물을 임차한 후에 일부 공간을 피부관리실, 커피전문점, 건강식품 판매점 등에 재임대(전대)를 하는 경우 면세사업자인 병의원은 전대를 할 수 없으므로, 새로운 과세사업자 등록을 별도로 하거나, 면세인 병의원과 과세인 전대 사업을 동시에 하는 과세·면세 겸업 사업자등록을 해서 부가가치세 신고를 해야 한다. 따라서 세무 전문가의 상담이 필요하며, 되도록이면 각 사업장의 사업자가 건물주와 직접 임대차계약을 하도록 권유하는 것이 좋다.

'괜찮겠지' 방심은 금물!

서울 청량리역 근처의 대형 상가건물을 임대하여 개원한 A 의원은 개원한 지 반년 만에 장소를 옮겨야 하는 상황에 처했다. 재건축 계획이 있다는 것은 알고 있었지만 보통 재건축이나 재개발은 계획이 정해지고도 2~3년 정도 지나서 시작되므로 이곳 역시 큰 문제가 없을 것으로 생각하고 임대차계약을 1년으로 했다. 조금 저렴한 임대료를 내고 어느 정도 알려지면 가까운 곳으로 이전할 계획이었다.

그런데 몇 달 되지 않아 정식으로 퇴거가 시작된 것은 아니지만 이미 일부 입주자들이 빠져나가면서 상가에 드나드는 사람이 줄어들고 조명 상태나 건물 관리 상태 등 전반적인 분위기도 침체

되기 시작했다. 이 같은 환경 탓에 환자가 줄어든 것은 물론이고 근무 여건 또한 나빠져 A 의원 측은 일단 자리를 옮기기로 결정하고 건물 관리 회사의 담당자와 이전 문제를 논의했다. 건물 관리 회사는 계약 당시에 임차인이 재건축 계획이 있다는 사실을 알았기 때문에 회사에서 책임질 사항은 없으며 보상해야 할 것도 없다고 배짱을 부렸다. 게다가 이전을 하더라도 몇 달 뒤 정식 퇴거가 진행되기 전까지는 임대료와 관리비를 납부해야 한다고 통보해 왔다.

결국, A의원은 인테리어 비용과 초기 광고·홍보 비용 등 이미 투입한 3억원 가까운 비용을 포기하고 다른 곳으로 이전해야 하는 처지가 됐다.

공문서로 기본적인 문제 점검

부동산은 일단 임차보증금과 큰 액수의 자금이 투입되고 인테리어, 시설, 설비 등을 갖추면 되돌리기 어렵기 때문에 신중하게 알아보고 계약해야 한다. 임대차계약을 할 때 사전에 꼭 점검해야 할 기본 문서는 건물등기부등본, 토지대장, 건축물대장, 토지이용계획확인서 등이 있다.

건물등기부등본은 건물 소유권에 대한 권리관계가 기록되어 있는 문서로서, 이 문서로 소유자가 누구인지, 근저당 또는 가압류가 설정되어 있는지 등을 확인할 수 있다. 간혹 건물과 토지 소유자가 서로 달라 분쟁이 발생하는 경우가 있으니, 가능하면 건물과 토지 소유자가 동일인인 부동산을 임차하는 것이 바람직하다.

건축물대장으로는 정확한 면적과 용도를 확인할 수 있다. 보건소에 의료기관으로 신고할 때 해당 건물 용도가 1,2종 근린생활시설, 의료시설로 되어 있어야 허가가 가능하다. 간혹 건축물대장에 '위법건축물'이라는 도장이 찍혀 있는 경우가 있다. 무단으로 건축물을 증축 또는 개축을 했거나 건축물 용도를 무단으로 변경해 사용하면 행정기관으로부터 원상회복 명령이 떨어진다. 이때 명령을 이행하지 않으면 '위법건축물'이라는 도장이 찍힌다. 이런 부동산은 피하는 것이 좋다.

토지이용계획확인서는 향후 개발계획 여부를 알 수 있는 문서이다. 건축물이 앞으로도 계속 현재의 상태를 유지할지 아니면 조만간 재개발, 재건축 등이 이뤄지는지 이 문서를 보면 알 수 있다.

계약서 단서 조항을 꼭 확인

대형 건물인 경우 보통 자체적으로 만든 여러 가지 규정이 명시된 임대차계약서를 사용한다. 이런 경우 계약서에 명시된 내용을 꼼꼼히 살피고, 의문 나는 사항이 있으면 건물주나 담당자에게 꼭 확인해서 메모하거나 필요하다면 단서 조항으로 기록해두는 것이 좋다. 꼭 확인해야 할 사항은 다음과 같다.

● 같은 건물에 같은 진료과목의 의료기관을 개원하는 것을 제한하는 규정이 있는지 확인한다.

- 보증금, 월 임대료, 관리비 등의 금액에 부가가치세가 포함되어 있는지, 세금계산서를 발급하는지, 그리고 건물주와 입금 계좌 예금주가 동일인인지 등을 확인한다.
- 임대차계약 기간 확인, 계약 연장 가능성 및 재계약 시 임차료 인상 폭을 확인한다.
- 인테리어 가능 시점과 인테리어 공사 기간 중의 월세 및 관리비 처리 방법을 확인한다.
- 내·외부 간판의 위치, 냉난방 시설 증설 가능 여부를 확인하고 화장실 등 상하수도 시설 공사에 대한 사항을 확인하고 합의한다.
- 건물 사용 시간 및 주차 시설 사용 가능 여부를 확인한다.
- 임대차계약 기간 중에 임대인 측의 사정으로 사업장을 이전해야 하는 경우 인테리어, 광고·홍보 등 이미 투자한 비용에 대한 보상 방법을 협의하고 확인한다. 재건축 또는 재개발이 확정되어 사업 개시가 가까워지면 입주한 사업장들이 이전을 시작하게 된다. 임대차계약을 할 때 보상에 대한 내용을 명시하지 않았다면 시설이나 홍보비 등 투자비용을 고스란히 날리는 것은 물론 미리 퇴거한 건물에 대한 임대료, 관리비 등을 지불해야 하는 불이익을 당하게 된다.

권리금 유무와 보증금 총액 확인

문서로서 확인할 수 있는 것 외에도 꼭 확인해야 할 것이 몇 가지 있다. 먼저 권리금이 있는지 확인해야 한다. 권리금을 부담해야 한다면 재건축 등으로 인해 중간에 건물을 비워줘야 하는 경우는 꼭 피해야 한다. 도중에 퇴거하면 권리금은 고스란히 포기해야 하기 때문이다. 특히 건물주가 건물을 신축하는 경우는 공문서로 확인할 수 없는 사항이므로 건물주에게 확인해야 한다.

단일 건물에 여러 호수로 나뉘어 입주해 있는 경우 임차보증금 총액이 얼마인지 확인하는 것이 좋다. 건물이나 건물주에게 문제가 생겨 건물에서 나와야 하는 경우 임차보증금은 계약된 순서대로 회수할 수 있기 때문이다. 임차보증금 회수가 어려워지면 적지 않은 자금이 묶이게 되어 다른 곳에서 다시 개원하는 데 큰 걸림돌이 될 수 있다.

Tip 임차인 보호와 권리를 강화한 「상가건물 임대차보호법」 개정 사항

2018년 10월 16일 「상가건물 임대차보호법」이 개정되면서 2018년 10월 16일 기준으로 이전에 임대차계약을 한 세입자들은 구 「상가건물 임대차보호법」에 따라 5년을, 이후 계약을 했다면 개정 「상가건물 임대차보호법」에 따라 10년의 계약갱신 요구권을 행사할 수 있어, 기존의 일정 금액 이하의 상가 임대차(서울, 4억원 이하)에만 적용되던 임대차 갱신요구권이 보증금 제한을 받지 않고 모든 상가 임대차에 확대 적용되어 10년간 안정적인 영업활동을 할 수 있게 되었다.

병의원도 개원 후 안정적인 운영을 하다 예기치 못한 피해가 발생하지 않도록 10년간은 보장받을 수 있는 권한이 생긴 것이다.

다만, 예외적으로 다음과 같은 경우는 계약 연장을 거부할 수 있는 권한이 있으므로 유념해두면 좋을 것이다.

「상가건물 임대차보호법」 제10조(계약갱신 요구 등)

① 임대인은 임차인이 임대차기간이 만료되기 6개월 전부터 1개월 전까지 사이에 계약갱신을 요구할 경우 정당한 사유 없이 거절하지 못한다. 다만, 다음 각 호의 어느 하나의 경우에는 그러하지 아니한다.

  1. 임차인이 3기의 차임액에 해당하는 금액에 이르도록 차임을 연체한 사실이 있는 경우

  2. 임차인이 거짓이나 그 밖의 부정한 방법으로 임차한 경우

  3. 서로 합의하여 임대인이 임차인에게 상당한 보상을 제공한 경우

  4. 임차인이 임대인의 동의 없이 목적 건물의 전부 또는 일부를 전대轉貸한 경우

  5. 임차인이 임차한 건물의 전부 또는 일부를 고의나 중대한 과실로 파손한 경우

  6. 임차한 건물의 전부 또는 일부가 멸실되어 임대차의 목적을 달성하지 못할 경우

  7. 임대인이 다음 각 목의 어느 하나에 해당하는 사유로 목적 건물의 전부 또는 대부분을 철거하거나 재건축하기 위하여 목적 건물의 점유를 회복할 필요가 있는 경우

    가. 임대차계약 체결 당시 공사시기 및 소요기간 등을 포함한 철거 또는 재건축 계획을 임차인에게 구체적으로 고지하고 그 계획에 따르는 경우

    나. 건물이 노후, 훼손 또는 일부 멸실되는 등 안전사고의 우려가 있는 경우

    다. 다른 법령에 따라 철거 또는 재건축이 이루어지는 경우

  8. 그 밖에 임차인이 임차인으로서의 의무를 현저히 위반하거나 임대차를 계속하기 어려운 중대한 사유가 있는 경우

② 임차인의 계약갱신요구권은 최초의 임대차기간을 포함한 전체 임대차기간이 10년을 초과하지 아니하는 범위에서만 행사할 수 있다.

③ 갱신되는 임대차는 전 임대차와 동일한 조건으로 다시 계약된 것으로 본다. 다만, 차임과 보증금은 제11조에 따른 범위에서 증감할 수 있다.

④ 임대인이 제1항의 기간 이내에 임차인에게 갱신 거절의 통지 또는 조건 변경의 통지를 하지 아니한 경우에는 그 기간이 만료된 때에 전 임대차와 동일한 조건으로 다시 임대차한 것으로 본다. 이 경우에 임대차의 존속기간은 1년으로 본다.

⑤ 제4항의 경우 임차인은 언제든지 임대인에게 계약해지의 통고를 할 수 있고, 임대인이 통고를 받은 날부터 3개월이 지나면 효력이 발생한다.

03

건물을 구입한다면
어떤 방법이 좋을까?

• •

　건물을 임차하여 10년 동안 병원을 운영한 이 원장은 자신이 임차한 건물이 매물로 시장에 나온 것을 알게 되었다. 새로운 곳으로 이전하면 지금까지 쌓은 인지도를 모두 포기해야 하고 또 동종 진료과목 의원이 새로 그 자리에 들어온다면 환자의 상당수를 빼앗길 것으로 생각한 이 원장은 건물을 자신이 구입하기로 결심하였다. 이 건물을 어떤 방법으로 취득하는 게 유리할까?

취득 시 세금 관련 사항 확인 필수
　건물은 매매나 분양 등 유상으로 취득하는 방법과 상속 또는 증여와 같이 무상으로 취득하는 방법이 있다. 건물을 유상으로 취득할 경우 자금출처조사에 대비하여 구입 전에 대비책을 세운 후에 취득을 실행해야 한다. 대비책이 없는 상태에서 실행하면 증여세 등 세금을 추징당할 가능성이 있다. 건물을 무상으로 취득한 경우(증여나 상속)에는 상속세 또는 증여세 신고를 해야 한다.

　유상 또는 무상으로 취득한 건물 전체를 병원으로 사용하지 않고, 일부만 병원으로 사용하고 나머지 부분은 다른 사람에게 임대하는 경우에는 부동산임대사업자 등록을 하고 6개월마다 부가가치세 신고를 해야 한다. 또 병원을 운영하면서 벌어들인 소득 외에 부동산을 임대하여 발생한 소득이 있으므로 매년 종합소득세도 신고해야 한다. 일반과세자인 경우 세금계산서를 발급해야 하나 간이과세자인 경우 세금계산서 발급 의무가 없다.

건물을 구입할 때도 다운계약서는 No!

부동산을 사고파는 경우 건물 양도인이 양도세 문제 때문에 계약서에 가격을 낮춰 적는 다운계약서를 요구하는 경우가 있다. 다운계약서 요구에 응할 경우 당장은 취득세와 등록세가 적게 발생한다. 하지만 장차 자신이 건물을 양도할 경우 그 차액만큼 양도차익이 발생하여 양도소득세를 추가로 부담하게 된다. 또한 취득가액을 낮췄기 때문에 사업용 자산에 대한 감가상각 가능 금액도 줄어든다. 그뿐 아니라 건물을 구입할 때 다운계약서를 쓴 사실이 발각되면 「부동산 거래신고 등에 관한 법률」 제28조제3항에 따르면 "부동산거래 신고를 거짓으로 한 자에게는 해당 부동산 등의 취득가액의 100분의 5 이하에 상당하는 금액의 과태료를 부과한다"라고 규정하고 있으니 참고하기 바란다.

배우자 명의로 취득하는 것도 고려

건물을 구입할 때 명의를 배우자로 하는 것이 절세와 현금흐름
상 유리하다. 건물 구입가액이 5억원이고 그중 건물 가격이 2억
원, 토지 가격이 3억원이라고 가정해보자. 건물과 토지 가격을 구
분해야 하는 이유는 토지는 감가상각이 적용되지 않기 때문이다.
감가상각비는 경비로 인정받을 수 있으므로 건물을 구입할 때 꼭
구분하도록 한다. 만일 토지와 건물 구분 없이 일괄적인 금액으로
건물을 구입했다면 안분해야 한다. 감가상각 방법은 건물의 추정
사용 기간을 30년으로 잡고, 정액법(건물 가격 / 30년)을 적용해 계산
하는 것을 기준으로 잡는다.

원장 명의로 구입했을 때

원장 명의로 건물을 구입하려면 건물 구입가액 5억원 중 건물
가격 2억원에 대한 부가가치세 2천만원을 더 내야 하므로 총 5억2
천만원의 자금이 필요하다. 보통 부가가치세는 환급받을 수 있지
만 병의원은 면세사업자이므로 돌려받을 수 없다. 그 대신 돌려받
지 못한 부가가치세는 감가상각비에 더해져 경비처리를 할 수 있
다. 따라서 원장 명의로 구입했을 때의 감가상각비는 건물 가격에
부가세를 포함한 2억2천만원을 30(년)으로 나눈 220,000,000 ÷

30 = 7,333,333원이 된다. 감가상각비를 경비로 처리하면 그만큼 소득세를 낼 때 절세효과를 얻을 수 있다.

소득세는 원장의 1년 수입 규모에 따라 비율이 달라지지만 여기서는 계산의 편의를 위해 1400만원 초과 5000만원까지의 소득세 세율인 15%를 적용하기로 한다. 여기에 지방소득세(소득세의 10%)를 더하면 감가상각비의 16.5%에 해당하는 절세효과를 얻을 수 있다. 즉 원장이 1년에 얻을 수 있는 절세효과는 7,333,333원 ×16.5% = 1,209,999원인데, 반올림해 121만원으로 잡는다.

배우자 명의로 구입했을 때

배우자 명의로 구입한 후 배우자가 부동산임대업 사업자등록을 한 후 원장에게 임대했을 때의 절세효과는 얼마나 될까? 우선 건물을 구입할 때 부담한 부가가치세는 과세사업자(부동산임대업)이므로 환급받을 수 있다. 월 임대료가 250만원이라고 가정하면 원장 입장에서는 한 달에 2,500,000원 + 250,000원(부가가치세) = 2,750,000원을 지출해야 한다. 부가세를 포함한 임대료는 경비로 처리할 수 있으므로 이로 인해 원장이 누릴 수 있는 절세효과는 2,750,000원×12(개월)×16.5%(소득세율) = 5,445,000원이 된다.

그 대신 배우자의 부동산임대소득이 발생하므로 이에 대한 소득세를 내야 한다. 배우자의 소득은 1년에 3천만원(월 2,500,000원 ×12월 = 30,000,000원)이고, 여기에서 1년의 감가상각비(200,000,000

원 / 30년 = 6,666,666원)를 경비로 처리해서 빼면 총임대소득은 23,333,334원이 된다. 이 금액에 해당하는 소득세율은 15%이고, 지방소득세까지 포함하면 16.5%이므로 23,333,334원×16.5% = 3,850,000원의 소득세를 내야 한다.

절세효과와 현금흐름 비교

앞에서 살펴본 것처럼 원장 명의로 구입했을 때는 121만원의 세금을 절약할 수 있으며, 배우자 명의로 했을 때는 544만5천원의 세금을 절약할 수 있다. 하지만 현금흐름을 비교하려면 배우자의 임대소득에 대한 소득세와 환급받을 수 있는 부가가치세를 고려해야 한다. 부가가치세는 한 번 돌려받으면 끝이므로 건물을 구입한 첫해만을 기준으로 하면 비교가 정확하지 않다. 10년을 기준으로 했을 때 원장 입장에서 현금흐름을 살펴보면 다음 표에서 보는 것처럼 2385만원(507,900,000원 - 484,050,000원) 만큼 더 유리한 것으로 분석된다.

하지만 배우자 명의 취득에 대한 절세를 고려할 때 첫째, 배우자가 최고 세율 구간에 해당하지 않아야 하며, 둘째, 위의 사례는 건물을 최초 취득하는 경우에만 해당하므로, 기존 원장 명의의 건물을 배우자에게 증여한 후 임차료를 발생시키는 경우에는 취득세가 추가 발생하므로 이에 대한 고려를 하여야 한다. 셋째, 건물에 대한 감가상각을 산정하는 경우 추후 건물 양도 시 취득가액을 감소시켜 양도차익이 늘어나는 효과로 인해 양도세가 증가할 수

| 원장 명의로 구입했을 때와 배우자 명의로 구입했을 때의 현금흐름 비교(10년 기준) |

	원장 명의로 구입한 경우	배우자 명의로 구입한 경우
총비용	① 구입비: −520,000,000원 ② 부가가치세 환급: 0원 ③ 소득세: 0원	① 구입비: −520,000,000원 ② 부가가치세 환급: +20,000,000원 ③ 소득세: −38,500,000원
절세효과	④ 건물 감가상각비: +12,100,000원	④ 임차료: +54,450,000원
총현금흐름	−507,900,000원	−484,050,000원

※ 배우자 명의로 구입한 경우 원장이 지급하는 임차료가 배우자의 임대소득을 구성하므로 총현금흐름에는 영향을 주지 않음.

※ 소득세: {(2,500,000원×12월)−(200,000,000원÷30년)}×16.5%×10년=38,500,000원

※ 건물 감가상각비 절세효과: (220,000,000원÷30년)×16.5%×10년=12,100,000원

※ 임차료 절세효과: (2,750,000원×12월)×16.5%×10년=54,450,000원

있으며, 넷째, 배우자 명의로 건물을 구입했을 때 배우자 소득이 확실하지 않으면 자금출처조사가 나올 수 있고, 자금 출처를 소명하기 어려운 경우 증여세가 과세될 수 있다(증여의 경우 배우자에게 증여 시 10년간 6억원까지 과세하지 않으며, 배우자의 신고된 소득이 건물 구입에 대한 자금 출처를 소명하기 충분하다면 문제가 되지 않는다). 따라서 6억원의 증여 한도를 초과하는 건물을 구입하는 경우 배우자와 원장이 공동사업자로 부동산임대 사업자등록을 하고 병의원에 임대로 주는 방법도 고려해 볼 수 있다. 이와 같이 절세효과를 따지기 전에, 앞서 설명한 다양한 고려 사항을 세무 전문가와 확인하는 것이 필요하다.

04

기존 병원을 인수할 때
짚어야 할 사항은?

개원하기로 결심하고 장소를 찾던 김 원장은 적당한 자리에 매물로 나온 병원을 발견했다. 그 병원을 인수하면 설비나 장비를 그대로 활용할 수 있어 신경 쓸 일이 크게 줄어들 것으로 판단한 김 원장은 병원 인수를 검토하기로 하였다. 어떤 점을 살펴야 무난하게 인수 작업을 마무리할 수 있을까?

양수도 계약서 작성할 때 이것만은 꼭 확인

기존 병원을 인수해 개원하는 경우는 시설과 설비, 인력 모두 새로 마련할 필요가 없고, 그동안 쌓인 인지도의 일부를 활용할 수 있다는 측면에서 유리한 점이 있다. 하지만 기존 병원이 해당 지역에서 인심을 잃어 사업을 양도하는 경우라면 완전히 새로운 이미지로 바꾸는 작업이 필요하다. 즉, 새롭게 홍보하는 데 필요한 비용을 고려해 자금 계획을 세울 필요가 있다.

양수도 계약서는 양수자 입장에서 자산에 대한 취득가액을 입증하고 기타 권리의무 관계를 규정하는 중요한 서류이다. 따라서 양도자와의 친분 관계 등을 떠나서 꼼꼼히 작성해야 한다.

양수도가액의 결정

양수가액은 자산총액에서 부채총액을 차감한 잔액으로 하되 시가를 반영하여 평가한다. 식별 가능한 개별 자산들에 대한 실사를 통하여 시가를 평가하고 합한 후 자산가액을 결정하기도 한다.

실제 기존 병원을 인수한 사례에서 양수도가액이 장부가액이나 시가보다 과다하게 책정된 경우를 종종 볼 수 있는데 이는 권리금으로 볼 수밖에 없다. 이렇게 양수도가액에 권리금이 포함되어 있다면 양도인과 양수인의 이해관계를 따져서 세무 처리를 해야 한다. 원칙상 양도자의 경우 권리금을 부동산과 함께 양도하면 양도소득세로, 부동산 없이 권리금만의 양도는 기타소득(60% 필요경비 인정)으로 과세될 수 있으니 쌍방의 합의하에 양수도 계약서를 작성하여야 한다. 또한 의료기기와 비품, 시설 장치 등 사업용자산의 양수도에 대해서 2018년 이후로 세법이 개정되어 사업용 고정자산의 처분이익(양도가액 – 사업용자산의 감가상각 후 잔존가액)에 대하여 과세되기 때문에 이점을 유의하여야 한다.

자산과 부채에 관한 사항

양수자 입장에서는 양수도 계약서와 자산 목록은 취득가액을 입증할 수 있는 자료이고 그 금액은 향후 감가상각비 계산의 기초가 되기 때문에 인수하는 자산과 인수하는 부채의 세부 목록을 정확하게 확인하고 작성해야 한다. 또한 자산과 부채의 명의자를 확실히 해야 하고 잔존 리스금액이 있는지 여부도 확인해야 한다.

상호 및 선수진료비 승계 여부

기존 상호를 그대로 사용하거나, 일반인이 동일한 상호로 볼 수 있는 정도의 유사한 상호를 사용하는 경우 양도인이 양도하기 이전에 발생한 진료비는 양수인이 책임을 져야 한다. 다시 말하면 양도하기 이전에 진료를 받은 환자의 경우 병원이 양수도 되었다는 사실을 알았다고 해도 연속적인 진료서비스와 사후관리를 받기 원할 것이다. 선수진료비가 있다면 이를 계약서상 양수도 금액에 반영할 것인지 책임을 승계할 것인지 확실하게 정의해야 한다. 따라서 진료 기록 차트의 인수 여부를 확인해야 한다.

직원의 인계

사업을 인수하면서 기존 사업장의 종업원들 거취를 어떻게 할 것인지도 결정해야 한다. 종업원의 고용승계 여부는 강제 사항은 아니다. 직원을 승계할 경우 승계할 직원의 급여와 퇴직금을 어떻게 지급할지 결정해야 한다.

의료장비, 리스? 할부? 일시불?
어떻게 구입할까?

개원하기 위해 건물을 마련하고 인테리어 공사를 진행하고 있는 김 원장은 인테리어 완료 시점에 맞춰 장비들을 설치하려고 한다. 장비 도입 비용은 병원을 운영할 때 매달 지출하는 비용으로 처리할 수 있는 리스 방식을 알아보기로 했다. 잘한 선택일까?

구입 방법에 따라 장단점이 다르다

의료장비를 구입하는 방법은 크게 세 가지가 있다. 일시불, 할부, 리스가 그것이다. 또 리스에는 금융리스와 운용리스가 있다. 의료장비를 구입할 때는 이용 계획, 비용 측면, 절세효과, 현금흐름, 법적 증빙 여부 등을 고려해 상황에 맞게 결정해야 한다. 장비가 고가인 경우 리스를 이용하는 것이 일반화되어 있다. 금융리스와 운용리스는 리스료를 매월 부담해야 하는 점은 동일하지만 법적 소유권이 금융리스의 경우 병의원에, 운용리스의 경우에는 리스회사에 있다는 것이 다르다.

경비처리 방식도 구입 방법에 따라 차이가 있다. 현금 구입, 할부 구입, 금융리스의 경우에는 감가상각 방법으로 경비처리가 가능하다. 하지만 운용리스의 경우에는 법적 소유권이 리스회사에 있으므로 감가상각으로 경비처리를 할 수 없고, 매월 부담하는 리스료로 경비처리가 된다.

이처럼 의료장비를 일시불, 할부, 리스 중 어떤 방식으로 구입하든 100% 경비처리를 할 수 있다. 현금흐름 측면에서 본다면 일시불은 자기자본으로 할지 타인자본으로 할지 판단해야 하며, 타인자본의 경우 일반적으로 원금은 상환을 유예하고 이자만 상환하지만, 할부나 리스의 경우 해당 할부나 리스의 이자비용과 원금을 같이 갚아나가야 하므로 개원 초기의 경우 운영자금에 압박 요인이 될 수 있다.

또한 의료장비를 구입할 때 세법상의 투자세액공제를 적용받을 수 있는지 고려해보아야 한다.

의료법에 의한 의료기관을 운영하는 사업자가 사업용 고정자산을 새로이 취득하여 투자한 경우(중고품에 의한 투자는 제외됨)에는 통합투자세액공제를 적용받을 수 있으며, 의료장비 취득가액의 10%에 상당하는 금액으로 한다. 따라서 세액공제 혜택 여부를 알아보고, 병원의 자금 흐름을 고려하여 적절한 방법으로 의료장비를 구입하는 것이 좋다.

의료기관이 사업용 유형자산인 의료장비를 구입할 때 투자한 자산의 10%를 통합투자세액공제를 적용받을 수 있으며, 공제받은 금액의 20%는 농어촌특별세로 납부해야 한다. 다만, 수도권과 밀억제권역 내에 있는 의료기관에 대해서는 최초투자의 경우 해당하지 않는 점과 2년 안에 처분할 경우 공제된 세액이 추징된다는 점을 유의해야 한다.

Tip

병의원이 해당되어 받을 수 있는 「조세특례제한법」상 세액공제는 다음과 같다.

「조세특례제한법」 제24조(통합투자세액공제): 2024년 1월 1일 이후 세법적용 / 의료기관 기준

① 대통령령으로 정하는 내국인이 제1호 가목 또는 나목에 해당하는 자산에 투자(중고품 및 대통령령으로 정하는 리스에 의한 투자는 제외한다. 이하 이 조에서 같다)하는 경우에는 제2호 각 목에 따른 기본공제 금액과 추가공제 금액을 합한 금액을 해당 투자가 이루어지는 과세연도의 소득세(사업소득에 대한 소득세만 해당한다) 또는 법인세에서 공제한다.

1. 공제대상 자산

   가. 기계장치 등 사업용 유형자산. 다만, 대통령령으로 정하는 자산은 제외한다.

2. 공제금액

   가. 기본공제 금액: 해당 과세연도에 투자한 금액의 100분의 1(중견기업은 100분의 5, 중소기업은 100분의 10)에 상당하는 금액

   나. 추가공제 금액: 해당 과세연도에 투자한 금액이 해당 과세연도의 직전

3년간 연평균 투자 또는 취득금액을 초과하는 경우에는 그 초과하는 금액의 100분의 3에 상당하는 금액. 다만, 추가공제 금액이 기본공제 금액을 초과하는 경우에는 기본공제 금액의 2배를 그 한도로 한다.

세금계산서 없이
경비처리가 가능할까?

●●

    피부과 전문의 자격증을 딴 유 원장. 피부 전문 병원의 특성상 병원을 개원하면서 인테리어에 투자를 많이 했다. 인테리어를 하는 데 든 비용이 대략 1억원. 경비처리를 하려면 세금계산서를 받아야 하는데 부가세가 걸린다. 비용이 워낙 크다 보니 부가세만도 1천만원이나 돼 솔직히 부담스럽다. 세금계산서를 끊지 않고도 경비로 처리할 수 있는 방법이 없을까?

| 가능은 하지만 정도正道는 아니다

    병의원을 개원할 때 인테리어를 하고 세금계산서를 받지 않는 것이 한동안 유행한 적이 있었다. 과연 인테리어를 하고 세금계산서를 받지 않았을 경우 경비로 처리할 수 있을까?

    결론부터 말하자면 가능하다. 물론 경비처리를 하려면 계약서나 견적서, 자금 이체 내역이 필수적으로 있어야 한다. 실례로, 병의원을 개원하면서 부가가치세를 절약하기 위해 세금계산서를 받지 않는 것이 유행한다는 사실을 국세청에서 포착해 신규 개원한 병의원 가운데 인테리어를 하고 세금계산서를 받지 않은 의원에 계약서나 견적서, 자금 이체 내역을 소명하라는 안내문을 보냈다. 물론 계약서나 견적서, 자금 이체 내역을 세무서에 제출하면 병의원에는 아무런 법적 제재 사항이 없다.

하지만 인테리어를 담당한 업체에는 매출 누락으로 법인세(개인은 소득세)와 부가가치세, 매출 누락 금액을 대표자 상여로 처분해 소득세를 과세하게 된다. 만약 인테리어 업체가 법인이라면 1억원의 매출 누락으로 인한 법인세, 부가가치세와 대표자 상여에 대한 소득세를 합해 거의 1억원의 세금을 납부해야 한다.

이쯤 되면 인테리어 업체가 가만히 있지 않고, 해당 병의원에 이러한 문제가 생겼으니 책임지라는 식으로 연락을 해 온다. 그러면 해당 병의원과 인테리어 업체 간 부가가치세 및 각종 가산세에 대한 법적 책임을 둘러싸고 민사소송까지 가게 된다. 부가가치세 10%를 아끼려다 소송까지 겪게 된다면 과연 부가가치세를 절약하는 것이 현명한지 다시 생각해볼 문제이다.

그리고 가끔 인테리어 업체가 편법으로 인테리어에 들어가는 각종 자재를 원장 개인카드로 구입하고 인부까지 원장이 직접 채용해서 원장이 직접 인테리어를 한 것처럼 하는 경우도 있다. 물론 이 경우에도 해당 병의원은 경비처리를 하는 데 아무 문제가 없다. 단 인테리어 업체 마진은 경비처리를 하지 못하거나 편법 등 다른 방식으로 경비처리를 해야 할 것이다. 물론 인테리어 업체가 직접 인테리어를 하고 병의원 원장이 한 것처럼 한 사실이 밝혀진다면 인테리어 업체의 매출 누락으로 보아 과세가 된다.

의료기관 개설신고는
어떻게 진행되나?

인테리어 공사가 진행되어 병원의 내부 구조가 갖춰지자 김 원장은 개원에 필요한 행정절차를 시작했다. 그런데 너무 복잡하다. 자영업을 하는 사촌동생은 사업자등록 신청만 하면 되던데, 병원을 개원하려면 사업자등록 신청 외에도 의료기관 개설신고, 요양기관 개설신고도 해야 한단다. 또 카드단말기도 신청해야 한다는데 어떻게 해야 할지 난감하기만 하다.

의료기관 개설신고 먼저

사업자등록증, 카드단말기 등을 신청하거나 요양기관 개설신고를 하는 데 필요한 서류 가운데 의료기관 개설신고필증 사본이 있어야 하므로 의료기관 개설신고를 가장 먼저 해야 한다. 의료기관 개설신고는 자신이 개원한 지역의 보건소 의약과에 가서 하면 된

다(의원은 신고, 병원은 허가). 의료기관 개설신고를 할 때 필요한 서류는 다음과 같다.

- 의료기관 개설신고서 및 진료과목, 시설, 정원 등의 개요 설명서: 보건소에서 팩스로 받거나 보건소 홈페이지에서 다운로드할 수 있다.
- 의사 면허증, 전문의 자격증, 의료인 면허증 사본: 의료기관 명칭 표기에 전문과목을 기재할 경우 전문의 자격증을 반드시 첨부해야 하며, 간호사, 간호조무사, 방사선사, 치위생사 등 의료인의 면허증 사본을 첨부해야 한다.
- 건물 평면도 및 구조 설명서: 건물주 또는 인테리어 업자에게 평면도를 받아 용도 및 면적을 표시해야 한다.

- **의료보수표**: 해당 의원의 비급여 진료수가를 신고하는 것으로 비급여수가에 관련된 분쟁 발생 시 근거 자료로 활용하게 된다.

진단용 방사선 발생장치(X-ray, CT, 골밀도측정기 등)가 있는 경우 해당 의료기기의 설치 및 사용에 대하여 추가적으로 신청해야 한다. 준비해야 할 서류는 다음과 같다.

- **진단용 방사선 발생장치 신고서**: 보건소에서 팩스로 받거나 홈페이지에서 다운로드해 작성한다.
- **진단용 방사선 발생장치 및 방어시설 검사성적서**: 일반적으로 의료기기를 구입한 업체에서 발생장치의 검사와 방어시설 검사를 함께 실시하며 해당 업체에서 서류는 준비해준다. 단, 방어시설의 경우 발급 기간이 오래 걸리기 때문에 방어시설이 완료되면 바로 업체에 검사를 요청해서 검사성적서를 발급받아야 한다.
- **방사선 관련 종사자 신고서**: 방사선 기기의 주책임자를 정하는 것으로 해당 의료기관 원장으로 등록하면 된다.
- **의료장비 제조허가증**: 의료기기 업체에서 발행해준다.
- **양도 신고필증 원본**: 의료기기를 양도받아서 사용할 경우 양도 신고필증을 발급받아서 양도자가 양수자에게 교부한다.

경우에 따라서는 사업자등록 신청이 먼저

의료기관 개설신고는 인테리어가 완료되고 의료기기가 대부분 설치되어야 하므로, 진료 시작 1~2주 전에야 가능하고 병의원의 경우 인허가 사업이므로 사업자등록은 보건소의 의료기관 개설신고필증이 필수적이다. 하지만 인테리어와 의료기기 등을 구입하는 데 필요한 자금을 대출받아 대금을 치르는 경우라면, 대출 시 금융기관에서 사업자등록증을 요구하는 경우가 많으므로 의료기관 개설신고 전에 사업자등록증을 교부받기 원할 것이다. 이러한 경우 의료기관 개설신고 없이 사업자등록을 먼저 하는 것이 가능은 하지만, 의료기관 개설신고필증이 없을 때는 절차가 조금 복잡하다. 사업계획서와 인테리어 계약서 등을 추가하고, 의료기관 개설신고필증을 발급받으면 세무서에 제출하여야 한다. 또는 세무서에서 사업장으로 현황 실사를 나온 후 사업자등록증을 발급하는 경우도 있다. 이 경우 처리 기간이 2~3일 더 소요된다.

요양기관 개설신고 및 카드단말기 신청

요양기관 개설신고는 건강보험심사평가원(심평원)에 하면 된다. 요양기관 개설은 서면 또는 인터넷으로 신고할 수 있는데, 인터넷으로 신고할 때는 의료장비별 세부 내역표와 장비를 구입한 세금계산서를 서면 첨부해야 한다. 방사선 장비가 있다면 이 장비 역시 보건소에서 받은 신고필증을 첨부해야 한다.

| 의료기관 개설신고 절차 및 필요 서류 |

의료기관 개설신고(보건소)
- 의사 면허증, 전문의 자격증
- 건물 평면도 및 구조 설명서
- 의료보수표
- 의료기관 개설신고서
- 진료과목, 시설 등 개요 설명서
- 의료인 면허증 사본

사업자등록 신청(세무서)
- 사업자등록 신청서
- 임대차계약서 사본
- 의료기관 개설신고필증 사본
- 의사 면허증 사본
- 원장 신분증 사본
- 신청자 신분증(대리인 신청 시)

요양기관 개설신고(심평원)
- 사업자등록증 사본
- 사업용 계좌 사본
- 의료기관 개설신고필증 사본
- 요양기관 현황 통보서
- 장비 구입 세금계산서, 매매계약서
- 의료장비 세부 내역표

카드단말기 신청(카드단말기 회사)
- 사업자등록증 사본
- 의료기관 개설신고필증 사본
- 의사 면허증 사본
- 신분증 사본
- 카드 매출 입금될 통장 사본

1 2 3 4

카드단말기는 환자가 진료비를 신용카드로 결제하기를 원할 때 필요하기 때문에 미리 신청하여 개원과 동시에 사용할 수 있도록 준비해야 한다. 의료기관 개설신고 전에 사업자등록증을 발급받 았다고 해도 카드단말기는 의료기관 개설신고필증이 있어야 신 청할 수 있기 때문에, 일정을 잘 맞춰야 한다. 카드단말기는 신청 후 각 카드사별로 사용 승인을 받는데 2일에서 5일 정도 소요된다. 카드단말기를 신청할 때 카드단말기 회사에 통장 사본과 신분증 사본을 스캐닝해 팩스로 보내는 경우가 있는데, 이 경우 승인되지 않을 가능성이 있기 때문에 원본을 복사하여 팩스로 신청해야 한다.

제 2 장

수입관리

병원의
매출 유형은?

　병원을 운영하기 위해서는 병원의 매출을 구성하는 유형을 먼저 알아야 한다.

　병원 매출은 크게 건강보험이 적용되는 보험 매출, 건강보험이 적용되지 않는 비보험 매출, 자동차 사고 관련 치료를 위한 자동차보험 매출로 나뉜다. 헷갈리지 말아야 하는 것은 병원 수납액이 국민건강보험공단에 청구한 후 입금되는 매출액과 자동차보험회사에서 입금하는 매출액, 병원에서 직접 수납하는 본인부담금 매출액으로 나뉜다는 것이다. 본인부담금 매출액은 다시 보험 매출액 중 본인부담금과 비보험 매출액 중 본인부담금으로 나뉜다. 도표로 정리하면 다음과 같다.

| 병의원의 매출 유형 |

구분	보험 매출(100%)							자동차보험 매출	산재보험
	공단 청구분 (70% 내외)	본인부담금 (30% 내외)			비보험 매출(100%) 본인부담금(100%)				
수납	건강보험공단 입금	카드 수납	현금영수증 수납	현금 수납	카드 수납	현금영수증 수납	현금 수납	보험회사 입금	근로복지공단 입금

위 표와 같이 병원 수납에는 보험 매출액의 본인부담금(30% 내외)과 비보험 매출액의 본인부담금(100%)이 같이 포함되므로 카드, 현금영수증, 현금 수납 시 각각 보험 매출액인지 비보험 매출액인지를 구분하는 것이 좋다.

공단 매출액은 일반 요양급여, 의료급여, 건강검진, 위탁검진 등으로 나뉜다. 또 매출 신고 시 '질병보건 통합관리 시스템'에서 보건소 위탁 예방접종 매출 등도 꼭 확인해야 한다. 그 밖에 별도로 매출액을 확인해야 하는 것은 산부인과의 경우 '고운맘카드' 매출액, 치과의 경우 '와이즈플랜' 매출액 등이 있다.

참고

병의원 매출액 확인을 위한 관련 홈페이지

http://medicare.nhis.or.kr: 국민건강보험 요양기관 정보마당
http://sis.nhis.or.kr: 건강검진 청구 시스템
http://is.kdca.go.kr: 질병보건 통합관리 시스템
http://www.socialservice.or.kr: 보건복지부 사회서비스 전자바우처

02

현금 매출도
꼭 사업용 계좌로 입금해야 하나?

● ●

김 원장은 세금을 덜 내기 위해 의도적으로 매출을 적게 신고할 마음은 없다. 수입과 지출을 투명하게 관리하자는 게 김 원장의 소신인데, 현금 매출 부분이 걸린다. 진료비가 많지 않을 때 현금으로 내는 환자들이 있는데, 투명하게 관리하려면 이처럼 현금으로 들어오는 진료비도 다 사업용 계좌로 입금해야 하는 걸까?

사업용 계좌 의무사용 대상

사업용 계좌 제도는 개인사업자가 사업상 거래를 할 때 별도의 사업용 계좌를 개설해 사용하도록 한 것이다. 이 제도는 사업상 거래를 위한 금융 업무를 개인 거래와 분리함으로써 세원 투명성을 높이고, 사업자의 합리적인 경영 의사 결정에 도움을 주려는 취지로 도입되었다.

　병의원은 모두 전문직으로서 사업 개시와 동시에 복식부기의 무자에 해당된다. 이 경우 복식부기의무자에 해당하는 과세기간의 개시일(사업개시와 동시에 해당하는 경우에는 다음 과세기간 개시일)부터 6개월 이내에 사업용 계좌를 개설하고 해당 사업장 관할 세무서장에게 신고해야 한다.

　사업과 관련하여 재화 또는 용역을 공급받거나 공급하는 경우에는 사업용 계좌를 의무적으로 사용해야 한다. 즉 인건비, 임차료, 거래 대금 등은 항상 사업용 계좌를 통해 결제하고 결제받아야 한다. 이를 지키지 않을 경우 해당 금액의 0.2%에 해당하는 가산세를 물어야 한다.

　의무사용 대상 비용은 사업용 계좌를 통해 직접 이체돼야 한다. 예를 들어 인건비를 사업용 계좌에서 인출해서 현금으로 지급하면 사업용 계좌의 의무사용 규정을 지키지 않은 것이 되어 가산세가 부과되며, 실제 인건비를 지급하였더라도 세무조사 시 현금 지급분은 경비로 인정되지 않을 가능성이 매우 높다. 그리고 되도록이면 병의원의 현금영수증 발급 매출액과 현금 수납 매출액은 1주일 단위로 사업용 계좌에 입금한 후 사용하는 것이 현명한 사업용 계좌 관리 방법이다.

사업용 계좌는 사업자의 필요에 따라 하나 또는 복수의 계좌를 개설할 수 있으며, 회계를 투명하게 유지하려면 의무사용 대상뿐 아니라 다른 병원과 관련된 경비도 간이영수증을 제외하고는 사업용 계좌를 통해 이체하는 것이 좋다.

병원 일일장부 및 차트 관리
잘하는 방법은?

요즘 큰 병원에서는 전자차트와 전자장부를 많이 쓴다. 사용하기도 편리하고 병원을 투명하게 경영하는 데 도움이 되지만 개원한 지 얼마 안 되는 김 원장에게는 비용이 부담스럽다. 할 수 없이 수기장부와 수기차트를 이용해야 하는데, 어떻게 작성하고 관리해야 문제가 없을까?

잘 만든 일일장부와 차트 관리가 세무조사 대항마

병원급은 자체 ERP 시스템을 도입해 전자차트의 개념으로 매출액이 자동 입력되므로 세무조사를 받을 때 매출 내역을 검증받는 데 별문제가 없다. 규모가 작은 보험 병과의 경우 보험 청구 프로그램을 통해 일일장부 및 차트 관리를 전산으로 관리하는 경우가 많다. 또 비보험 병과를 비롯해 최근 병의원들은 다양한 전자차트를 사용하면서 별도의 일일장부와 차트 관리를 대신하고 있다.

하지만 그동안 보험 병과의 경우 일부 비보험 진료를 전산으로 관리하지 않고 별도의 수기장부로 따로 관리하는 일이 많았다. 세무조사를 할 때 병원에서 수기로 작성한 일일장부를 제시하지 않을 경우 세무조사관은 수기진료차트를 일일이 집계하거나 금융자료 등을 통해 매출 누락분을 적출하게 된다.

2010년 4월 1일부터 현금영수증 의무발급제도가 시행되었고 건당 30만원(2014년 7월부터는 건당 10만원) 이상의 금액에 대해서는 의무적으로 현금영수증을 발급해야 하므로 병의원은 일일장부와 차트를 통해 현금영수증을 성실하게 발급하고 있음을 입증해야만 한다. 결론적으로 전자장부와 전자차트를 사용하는 병의원은 별도의 일일장부나 차트 관리를 하지 않아도 되지만 수기장부와 수기진료차트를 사용하는 병의원은 병의원 특성에 맞게 일일장부를 기록해두어야 여러모로 유리하다.

| 일일장부 예시 |

○○병의원 일일 진료 내역

(단위: 원)

년   월   일

번호	환자명	진료내역	보험			비보험			총입금액	미수	총진료금액
			카드	현금영수증	현금	카드	현금영수증	현금			

※ 병의원 특성에 맞게 일일장부를 작성하는 것이 중요하다.

일일장부는 크게 보험과 비보험을 구분하고, 다시 카드, 현금영수증, 현금으로 구분하여 작성하는 것이 좋다. 차트 관리는 보험청구 프로그램에서 자동 생성되는 일련번호순, 생년월일순, 이름의 가나다순 등 병원에 맞는 편리한 방법으로 사용하면 된다.

수입관리 시 중점적으로 관리해야 하는 항목 네 가지는?

먼저 개원한 선배들은 세상에서 제일 무서운 것이 세무조사라고 입을 모은다. 세무조사를 한 번 잘못 받으면 몇 년간 고생한 것이 물거품이 되니 관리를 잘하라고 조언한다. 물론 불법적인 탈세는 할 생각이 없다. 하지만 털어서 먼지 안 나는 사람 없다고 세무조사를 받고 멀쩡하기란 거의 불가능하다. 불필요한 오해를 받지 않으려면 어떤 항목을 집중적으로 관리해야 할까?

매출액, 신고소득률, 주요경비율, 현금·카드 매출 비율 중요

의사는 국세청에서 예의 주시하는 고소득 자영업자 중 하나이다. 국세청이 집중적으로 점검하는 항목은 매출액, 신고소득률, 주요경비율, 현금과 카드 매출 비율이다. 이 항목이 동일 병과와 지나치게 차이가 나면 일단 국세청의 의심을 받는다고 봐야 한다.

매출액

매출액과 관련하여 국세청에서 점검하는 내용은 해당 병원의 매출액을 동일한 병과별 평균 매출액, 지역별 평균 매출액과 비교하며, 연도별로 수입금액이 증가하는지 혹은 감소하는지 여부도 확인한다. 아무래도 매출액은 감소하는 것보다는 증가하는 것이 좋지만 꼭 증가하여야 하는 것은 아니며, 그 적정성은 전년 대비 전체 매출액에서 보험 매출액이 차지하는 비율과 카드 매출과 현금영수증 매출의 비율을 종합적으로 판단하게 된다.

신고소득률

소득률이란 수입금액(매출액)에서 필요경비를 차감한 소득금액을 수입금액으로 나눈 비율을 말하는데, 국세청에서는 매출액과 신고소득률을 제일 중요하게 생각한다. 신고소득률은 세금과 직결되는데 국세청에서 해마다 병과별로 기준경비율과 단순경비율을 발표한다. 이 단순경비율을 역산하여 표준소득률을 산출하는데, 개원 4년 차나 5년 차에 표준소득률에 미치지 못하는 수준으로 소득금액을 신고하면 아무래도 세무조사의 표적이 될 공산이 크다.

주요경비율

매출액에서 주요경비(인건비, 임차료, 의료용품)가 차지하는 비율도 중요하다. 비보험 병과라면 더 신중하게 검토해야 한다. 예를 들어 치과에서 비보험 매출액을 누락시키면서 치과 재료 구입비는 100% 세금계산서로 받으면 매출액에서 재료가 차지하는 비율이 당연히 높을 것이고, 성실신고한 치과와 비교할 경우 조사 대상으로 선정될 확률이 높아질 수 있다.

현금·카드 매출 비율과 보험·비보험 매출 비율

매출액 중 현금과 카드의 비율 역시 비보험 병과에서 중요하게 생각하는 항목이다. 치과, 성형외과, 피부과, 안과, 한의원 등은 동일 병과의 평균(현금과 카드의 비율)과 비교해 현금 비중이 낮은 병의원일 경우 세무조사 대상으로 선정될 수 있다. 보험 매출액과 비보험 매출액의 비중을 확인하여 보험 매출 비중이 높다는 것은 그만큼 비보험 현금 매출액을 누락했다는 의미로 분석하게 된다. 물론 현금영수증 의무발급제도가 시행된 이후 상황은 달라졌다. 예전에는 무조건 현금을 많이 신고하면 국세청의 신뢰를 받았지만 지금은 현금영수증을 발급하지 않은 현금 매출을 많이 신고하면 현금영수증을 성실히 발급하지 않은 병의원으로 오해받을 수도 있다.

Tip

2010년 4월부터 2014년 6월까지는 현금영수증 의무발급 금액이 30만원 이상이었고, 2014년 7월부터는 10만원 이상으로 개정되어 시행 중이다. 10만원의 기준은 국민건강보험공단 청구 매출액을 합산한 금액이다. (예를 들어 건강보험공단 청구 8만원, 본인부담금 3만원의 매출액은 합계 11만원이 되어, 10만원 발행 기준을 넘게 되며 공단 매출액 8만원을 제외한 3만원에 대해서 현금영수증을 의무발급해야 한다.)

만일 현금영수증을 미발급하면 현금영수증을 미발급받은 환자가 신고할 수도 있으며, 세무조사 등 세무 당국을 통해 알려지기도 한다. 현금지급일로부터 5년 이내에 미발급 신고를 하면 발급해야 하는 금액의 20%를 포상금으로 받을 수 있으며 사업주는 발급해야 하는 금액의 50%에 해당하는 과태료를 내야 한다. 또한 2019년 1월 1일부터 현금영수증 발급 의무를 위반한다면, 거래대금의 20%에 해당하는 금액을 과태료가 아닌 가산세로 납부해야 한다. 그 외에도 그것이 수입금액 누락으로 확인되면 소득세, 부가세가 추징된다. 그러므로 거래 상대방의 인적 사항을 모를 경우라도 현금을 받은 날로부터 5일 이내에 국세청이 지정한 코드(010-000-1234)로 현금영수증을 자진해서 발급하는 것이 좋다.

「소득세법」 제162조의3 4항(현금영수증가맹점 가입·발급의무 등)

건당 거래금액(부가가치세액을 포함한다)이 10만원 이상인 재화 또는 용역을 공급하고 그 대금을 현금으로 받은 경우에는 상대방이 현금영수증 발급을 요청하지 아니하더라도 대통령령으로 정하는 바에 따라 발급하여야 한다.

➡ 여기서 주의해야 할 것은 건당 거래금액이다. 예를 들어 진료비를 35만원 내야 하는 환자가 카드로 30만원, 현금으로 5만원을 지불했을 경우 5만원에 대해서도 현금영수증을 의무발급해야 한다. 또한 총진료비가 40만원인 환자가 진료를 다섯 차례 받으면서 분할하여 8만원씩 현금을 납부한다 해도 총진료비 기준으로 10만원 이상이기 때문에 매 진료금액 수납 시 현금영수증을 의무발급해야 한다.

[소득세법 집행기준 162의 3-0-2] 병원의 현금영수증 발급의무 대상금액

① 현금영수증 발급의무 대상 거래금액은 보험급여를 포함한 총진료비를 기준으로 하는 것이며, 현금영수증은 현금으로 받은 금액에 대하여만 발급해야 한다.

② 현금영수증은 거래 대금을 분할하여 현금으로 받을 때마다 각각 발급해야 한다.

수입금액을
신고하는 요령은?

• •

정신없이 개원 1년이 지나갔다. 면세사업자들이 1년에 한 번 하는 사업장현황신고를 해야 하는데, 수입금액을 어떻게 신고해야 하는지 모르겠다. 보험 수입의 경우 보험금액이 사업용 계좌로 입금된 시점을 기준으로 해야 하는지, 또 제약회사에서 판매장려금으로 받은 것도 수입금액에 포함시켜야 하는지 도통 모르겠다. 첫 신고라 실수 없이 잘하고 싶은데 어떻게 해야 할까?

보험 수입은 의료용역 완료 시점이 기준

보험 수입은 보험금을 지급하는 주체에 따라 확인해 수입금액으로 인식하면 된다. 대부분 보험금액이 들어온 시점을 기준으로 수입금액을 인식하는데, 보험 수입은 의료용역을 완료한 시점으로 수입금액을 인식해야 한다. 예를 들면 산재보험으로 2023년

12월분을 익년 1월에 청구했고, 이 금액이 2024년 2월에 입금됐다고 하더라도 2023년 12월분은 2023년 수입금액으로 인식해야 한다. 또한 국민건강보험공단 등에서 보험금을 지급하는 경우 지급금액의 3.3%를 원천징수한 후 나머지 금액만을 지급한다. 이때 3.3%로 원천징수된 금액은 종합소득세를 신고, 납부할 때 이미 납부한 세금이므로 납부할 세액에서 공제된다. 보험 수입 중 본인부담금을 신용카드나 현금영수증으로 결제했을 경우 수입금액이 이중으로 잡히지 않도록 체크하는 것도 잊어서는 안 된다. 또한 병원에서 인식하는 카드 매출액은 카드단말기에서 발행된 시점이 기준이지만, 세무신고가 되는 카드 매출액은 통장에 입금되는 시점이 기준인 것이 일반적이므로 이에 대한 매출금액 차이는 발생할 수 있으며 이는 자연스럽게 다음 과세기간에 정산된다.

| 보험 수입 구분에 따른 진료비 지급 주체(수입금액 확인 가능 주체) |

구분	보험자(보험 수입 지급 기관)
의료보험	국민건강보험공단
의료보호	지방자치단체(※ 국민건강보험공단에서 확인 가능)
산재보험	근로복지공단
자동차보험 및 상해보험	보험기관, 공제조합 등(택시, 버스)

비보험 수입을 누락하지 않는 게 절세의 지름길

2014년 7월부터는 건당 10만원 이상의 금액에 대해서는 현금영수증 의무발급제도가 시행되었으므로 비보험 수입도 실수하지 않고 모두 현금영수증을 발급하고 세무신고를 하는 것이 좋다. 만약, 현금영수증 미발급된 금액이 확인된다면, 현금영수증 의무발행가맹점인 병의원의 경우 10만원 미만에 대하여는 미발급금액의 5%에 해당하는 가산세(건별 금액이 5천원 미만인 경우 5천원)를 납부해야 하며, 10만원 이상에 대하여는 미발급금액의 20%에 해당하는 가산세를 납부해야 한다(단, 착오나 누락 등으로 발급하지 않았으나 거래대금을 받은 날로부터 10일 내 발급 시 50% 감경). 즉, 실수로 현금영수증을 발급하지 않은 금액이 5천만원인 경우 미발급금액의 20%인 1천만원이 가산세로 부과된다. (2018.12.31 이전 위반분은 미발급금액의 과태료 50%가 부과됨)

빼먹으면 낭패를 볼 수 있는 기타수입

제약회사나 분유회사에서 지급하는 판매장려금, 초등학교 등에 건강진단을 하고 계산서를 발급한 매출액, 타 병의원으로부터 의뢰받은 수탁검사료, 진단서 등의 발급에 따른 수수료 등도 수입에 해당된다. 이런 수입을 기타수입이라 하는데, 자칫 누락하면 탈세 의혹을 받을 수 있으므로 빼먹지 않도록 한다. 단 의료장비 등을 매각하는 경우 이에 대한 세금은 없으므로 매각하면서 계산서를 발급한 경우에 계산서합계표에는 반영해 매출계산서 신고는 하고 수입금액에는 포함되지 않도록 주의해야 한다. 면세사업자 사업장현황신고 시 계산서 발급을 신고하므로 매출로 잘못 인식하기 쉽기 때문이다.

본인부담금을 감면해주었을 때의
세무 처리는?

● ●

김 원장은 본인부담금을 경우에 따라 융통성 있게 처리한다. 예를 들어 병원 임직원이나 그의 가족들에게는 본인부담금의 20%를, 임직원 소개로 온 고객에게는 본인부담금의 10%를 감면해준다. 또한 의료수입을 확대하고자 사전 약정에 따라 특정 거래처 소속 임직원에게는 본인부담금의 20%를 감면해준다. 이 경우 세법상 처리는 어떻게 해야 할까?

사례별로 총수입금액 포함 여부가 다르다

김 원장이 고민하는 내용은 다른 의사들도 많이 겪는 문제이다. 본인부담금(비보험 진료의 본인부담금의 경우를 말한다)을 감면해주는 경우는 여러 가지다. 임직원이나 그의 가족들에게 혜택을 주고자 감면해주는 경우도 있고, 생활고에 시달리거나 평생 치료해야 하는 환자에게 인도적 차원에서 감면해주는 경우, 원장이 잘 아는 지인에게 무상으로 진료해주는 경우도 있다. 이때 감면해준 금액은 병원에 들어오지 않았으니 당연히 총수입금액에 포함시킬 필요가 없을 것으로 생각하기 쉽지만 그리 간단한 문제가 아니다. 어떤 사람들에게 어떤 이유로 감면해줬는지에 따라 수입으로 잡힐 수도 있고, 아닐 수도 있다.

진료비 감면액과 할인액은 총수입금액에 산입하지 않아도 된다

만성신부전증을 앓는 환자가 있다. 평생 2~3일에 한 번씩 피를 걸러줘야 생명을 유지할 수 있으니 경제적 부담이 이만저만한 게 아니다. 병원에서는 환자의 이런 사정을 감안해 본인부담금을 감면해주는 일이 있다. 이와 비슷한 경우는 부지기수이다. 이경우 국세청은 "의료업을 영위하는 거주자가 의료용역을 제공하고 당해 환자들로부터 수령할 금액 중 의료보험 본인부담금을 경감해줌으로써 그 지급받지 아니하는 금액은 당해 의료업자의 총수입금액에 산입하지 아니하는 것"이라 해석하고 있다(소득46011-10093, 2001. 02. 05.).

본인부담금을 할인해주는 경우도 마찬가지이다. 경제적으로 빈곤한 환자 또는 타의로 일반병실에 입원한 환자에게 계산서에 작성된 본인부담금 중 일부를 감액해줄 수 있다. 예를 들어 환자가 퇴원할 때 행정계장의 재량으로 총진료비의 20% 범위 내에서 감액해주고, 퇴원자 또는 그 가족이 감액확인서에 서명하고 잔액만 받았다면 수입금액에 포함시키지 않아도 된다. 국세청은 이 경우

"진료비를 감액하고 감액확인서에 의해 확인된 금액은 수입금액에서 감액하라"고 판단했다(심사소득2004-68, 2004. 09. 20.).

대표자의 특수관계인에게 무상진료를 한 경우는 총수입금액에 산입

병원 대표자의 특수관계인, 즉 대표자 가족이나 친인척에게 무상진료를 하거나 무상으로 약을 제공하는 경우도 빈번하다. 이때 진료비와 약값을 수입금액으로 잡지 않아도 될까? 결론부터 이야기하자면 대표자의 특수관계인에게 무상진료를 한 경우에는 부당행위계산부인 및 총수입금액계산특례에 따라 정상 진료가액을 총수입금액에 산입해야 한다.

예를 들어 한의원 원장이 그의 가족과 지인 등에게 무상으로 진료를 해주면서 탕재를 매입하여 비용으로 계상하고 무상으로 탕재를 제공했다고 가정하자. 이 경우 조세심판원은 "한의원의 특성상 환자에게 공급한 진료가액과 탕재의 매입금액은 확인되나 탕재의 판매 가격은 구분되지 아니하므로 …(중략)… 탕재 매입금액에 국세청장이 정한 한약 소매업(523114)의 매매총이익률을 적용하여 환산한 가액을 부당행위계산부인에 따른 탕재의 시가 및 총수입금액계산특례에 따른 총수입금액에 산입할 금액으로 함이 타당하다"고 판단했다(조심2008서2415, 2009. 12. 31.).

일반인에게 할인해준 금액은 총수입금액에 산입하지 않거나 기부금으로 처리 가능

대표자의 특수관계인이라면 무상으로 제공한 진료나 약값을 총수입금액에 산입해야 하지만 대표자와 특수관계가 없는 일반인이라면 다르다. 일반인에게 병의원 내부규정에 따라 할인해준 금액은 당해 의료비를 경감해준 경위 등을 감안하여 실질 내용에 따라 총수입금액에 산입하지 않거나 기부금으로 처리할 수 있다.

병의원 임직원에게 할인해준 금액은 임직원의 근로소득으로 본다

보통, 병원에서는 복지 차원에서 임직원과 그의 가족들에게 본인부담금을 할인해주는 혜택을 준다. 이때 의료법인이 임직원에게 할인해준 금액을 당해 법인에 귀속될 익금 금액에서 빼고 계상할 수 있을까? '익금'이란 당해 법인의 순자산을 증가시키는 거래로 인하여 발생하는 수익의 금액을 말한다. 임직원에게 할인해준 금액은 원칙적으로 법인의 익금에 산입해야 할 내용이다. 법인은 임직원에게 할인해준 금액을 익금에 산입하고 이를 당해 임직원의 근로소득으로 처리하는 것이 옳다(제도46012-12681, 2001. 08. 16.).

사전 약정에 따라 특정 거래처 소속 임직원에게 할인해준 금액은 접대비, 기부금으로 처리 가능

의료수입 확대를 위해 사전 약정에 따라 특정 거래처 소속 임직원에 대해 본인부담금의 일부를 경감해준 경우는 어떨까? 이때도 경감금액을 당해 법인의 익금에 산입하는 대신 접대비 혹은 기부금으로 처리할 수 있다. 단 접대비나 기부금으로 처리할 수 있는지의 여부는 당해 의료비를 경감하여준 경위 등을 감안해 실질 내용에 따라 판단한다(제도46012-12681, 2001. 08. 16.).

07

심평원에서 진료비 청구액을
삭감해 지급했다면?

● ●

건강보험 공단부담금을 청구했는데, 건강보험심사평가원(심평원)에서 '과잉 진료'라는 명목으로 청구액을 삭감하고 지급했다. 간혹 이런 일이 생긴다. 과잉 진료, 부당 청구, 적정 인원수 초과 진료 등 여러 가지 사유로 청구액이 깎이는데, 이런 경우에 기분도 나쁘지만 세무 처리를 어떻게 해야 할지 난감하다.

이미 계상된 의료미수금과 의료수익 상계 처리

심평원 등에서 심사가 완료되어 진료비 청구액 중 일부가 삭감된 경우에는 이미 계상된 의료미수금과 의료수익을 상계 처리해야 한다. 삭감된 진료비에 대해 심평원 등에 이의신청을 할 수 있다. 그 결과 일부 또는 전부가 수납되는 경우에는 수납된 시점을 기준으로 의료수익으로 처리하면 된다.

　실무상 병의원의 경우 과세기간이 매년 1월 1일부터 12월 31일까지이고, 사업장현황신고는 익년 2월 10일까지 한다. 그런데 건강보험은 청구를 하면 최소한 1~2개월 후에 청구액이 확정된다. 따라서 전년도 11월과 12월 보험 청구분의 경우 사업장현황신고를 해야 하는 2월 10일까지 확정되지 않을 공산이 크다. 이때는 청구분으로 회계 처리를 하고 익년 3~5월에 확정되면 수정분개를 하면 된다.

진료비를 청구한 경우

(차) 의료미수금 ××× (대) 의료수익 ×××

진료비 삭감액을 통보받은 경우

(차) 의료수익 ××× (대) 의료미수금 ×××

이처럼 개인의 경우 1월에 사업장현황을 신고할 때 11월과 12월의 보험 매출액 중 공단부담금은 청구액으로 신고해야 한다. 하지만 5월 종합소득세를 신고할 때는 2~3월에 확정된 공단부담금으로 매출액을 수정해 신고하는 것이 맞다.

법인은 조금 다르다. 법인세법은 진료비 삭감액에 대해 대손 처리해 건강보험심사평가원 등의 심사가 완료되어 입금할 금액이 확정된 시점을 기준으로 해서 수입금액에 반영하고 있다.

건강보조식품 판매, 피부관리용역,
산후조리원은 면세일까, 과세일까?

개원한 후 자리가 좀 잡히자 김 원장은 진료 외의 다른 부가사업을 벌이고 싶은 마음이 굴뚝같다. 건강보조식품을 팔아도 좋을 것 같고, 피부 전문 병원이니 별도로 피부관리실을 개설해도 좋을 것 같다. 그런데 문제는 이런 부가사업을 하면 더 이상 면세 혜택을 받지 못한다는 것이다. 부가가치세를 면세받으면서 부가사업을 할 수 있는 방법은 없을까?

건강보조식품을 판매하면 겸영 사업자로 전환

병의원에서 건강보조식품을 판매하는 것은 흔한 일이다. 소아과에서는 어린이용 영양제, 산부인과에서는 빈혈약, 정형외과에서는 칼슘제, 안과에서는 눈 영양제 등 병원 진료과목과 관련이 있는 건강보조식품을 많이 판매한다.

이처럼 병의원이 판매하는 건강보조식품이 면세 대상인지 아닌지를 많은 사람들이 궁금해한다. 국세청에서는 "「의료법」에 규정하는 의사·치과의사·한의사·조산사 또는 간호사가 제공하는 용역은 현행 「부가가치세법」상 면세로서 부가가치세가 과세되지 아니하나 「의료법」의 규정에 의하여 의료기관을 개설한 자가 의사의 처방 없이 영양제나 빈혈약 등 의약품을 단순히 판매하는 경우는 「부가가치세법」상 의료보건용역에 해당하지 아니하여 부가가치세가 과세된다"(부가 서면3팀-2580, 2004. 12. 17.)고 해석하고 있다.

따라서 병의원에서 건강보조식품을 판매하는 경우에는 「부가가치세법」상 과세사업(건강보조식품)과 면세사업(의료보건용역)을 겸영하는 사업자가 되며, 사업자등록도 면세사업자에서 과세사업자로 전환해야 한다. 최근 병의원의 경우에도 미용 목적의 진료에 대해서는 부가가치세가 과세되므로 이미 과세사업자로 전환한 병의원은 그대로 건강보조식품을 판매하면 된다. 면세사업자인 병의원이 과세사업자로 전환하지 않으려면 건강보조식품에 관해서만 배우자나 타인이 별도로 사업자등록을 하는 방법도 있다.

요약하자면 과세·면세 겸업 사업자가 되면 병의원 매출액에 대해서도 건강보조식품 부가가치세 신고 시 같이 신고해야 하는 불편함이 있으며, 건강보조식품 사업에 대해 별도로 사업자등록을 한다면, 임대차계약서를 별도로 재작성해야 하고 건강보조식품 사업에 대해서만 부가가치세 신고를 하면 된다. 병의원 원장이 아닌 별도의 사업자 명의로 건강보조식품 사업을 하는 것이 세금상으로는 유리하지만 증여 문제가 발생할 수 있다.

피부과 내 피부관리용역도 과세 대상

피부과 의원을 운영하는 김 원장이 병원 내에 피부관리실을 만들려고 한다. 전문 능력을 갖춘 피부관리사를 고용해 철저하게 피부과 전문의인 김 원장의 지도·감독하에 피부관리실을 운영할 계획이다.

이처럼 의사의 지도·감독하에 피부관리용역을 제공할 경우 간호사나 의사가 제공하는 용역처럼 피부관리용역도 면세 대상이라고 생각하는 사람이 종종 있다. 하지만 피부관리용역은 면세 대상이 아니다. 국세청이 피부과 병의원을 대상으로 세무조사를 할 때 꼭 체크해 잡아내는 것도 바로 이 부분이다. 피부관리용역을 제공한 내역을 포착해 5년간의 부가가치세를 추징한다.

병의원 측에서는 피부과 의사의 지도·감독하에 피부관리용역을 제공했으므로 이는 의료보건용역의 부수용역으로 부가가치세가 면세라고 주장하며 대법원까지 소송을 제기한 사례가 있다. 하지만 대법원에서조차도 "피부과 의원 내의 피부관리실에서 피부관리사의 제공 용역은 비록 피부과 의사의 지도·감독하에 이루어진 행위라 하더라도 「의료법」상 의료인이 아닌 피부관리사가 제공한 용역으로서 그 주된 목적이 질병의 치료나 예방에 있다기보다 피부의 탄력이나 미백 등 미용적인 효과를 추구하는 피부관리에 있다고 보아야 하는 점, 위 피부관리 등의 용역은 일반 피부관리실에서도 일반적으로 행해지거나 행해질 수 있는 것으로서 의료보건용역에 반드시 부수되어야 하는 것은 아닌 점, 부가가치세 과세사업자인 일반 피부관리실에서 행해지는 용역과 그 추구 목적 및 수행 과정이 유사함에도 단지 피부과 의원 내에서 이루어진 다는 이유만으로 부가가치세를 면제한다는 것은 과세형평 및 실질과세원칙과 의료보건용역에 대한 부가가치세 면제의 입법 취지에도 반한다는 점 등의 사정을 들어, 위 피부관리사의 제공 용역은 「부가가치세법」 제12조제1항, 제3항에서 부가가치세 면제 대상으로 규정하고 있는 의료보건용역이나 그에 필수적으로 부수되는 용역에 해당하지 아니한다"라고 판단했다(대법2008두11594, 2008. 10. 09., 조심2008서2589, 2009. 11. 17., 조심2008서3330, 2009. 11. 10.).

이러한 판례가 아니더라도 최근 「부가가치세법」이 개정되어 피부과 의사가 의원 내에 피부관리실을 둔 경우에는 「부가가치세법」상 과세(피부관리용역)와 면세(의료보건용역) 겸업 사업자로서 과세사업자로 사업자등록을 하든지 아니면 피부관리사 명의로 별도의 사업자등록(과세사업자)을 해야 한다. 피부관리사 명의로 별도의 사업자등록을 한 경우, 실질 내용이 피부과 의사가 피부관리실을 운영하는 것이 밝혀지면 실질과세원칙에 의해 피부과 소득과 피부관리실 소득이 합산되어 과세될 수도 있고, 의사가 개설신고를 하지 않은 피부관리실에서 진료 행위를 한 것으로 보아 무면허 진료 행위의 문제도 발생할 수 있다. 마지막으로 피부관리용역뿐만 아니라 화장품 판매도 부가가치세가 과세되므로 이에 대해서도 피부관리용역에 준해서 판단해야 한다.

병원 내 산후조리원은 면세, 혹은 과세?

「의료법」에 따라 종합병원으로 분류되는 병원이 구내에 병상 등 각종 설비를 갖추고 병원에서 출산한 산모와 아기를 입실시켜 침식을 제공하고, 의사와 간호사 등이 산모와 아기의 건강관리 등 산후조리용역을 제공하고 있다. 산후조리원의 수입금액은 종합병원의 수입금액에 합산하여 법인세를 낸다. 산후조리원 수입은 부가가치세가 면세일까? 아니면 과세일까?

이에 대해서는 과세관청(국세청, 재경부)과 조세심판원의 견해가 다르다.

과세관청 측에서는 병원 등의 의료기관이 병원 부속으로 병원 내에 병상 등 각종 설비를 갖추고 병원에서 출산한 산모와 아기를 입실시켜 침식을 제공하고, 의사와 간호사 등이 산모와 아기의 건강관리 등 산후조리용역을 제공하고 그 대가를 받는 경우 이는 부가가치세가 면제되는 의료보건용역에 해당하지 아니하여 부가세가 과세되는 것이라고 한결같이 해석하고 있다(부가-1818, 2008. 07. 07., 부가46015-3541, 2000. 10. 20., 부가46015-846, 1999. 04. 02.).

조세심판원에서는 한결같이 산후조리원에서 제공한 용역은 청구인이 「의료법」에 의해 의료기관을 설치하고 의사·간호사를 고용하여 제공한 용역에 해당되고, 특별히 의료행위라고 보기 어려울 정도로 학문적인 근거가 없는 비학술적인 행위가 아니라 할 것이므로 동 용역은 「부가가치세법 시행령」 제35조의 규정에 의해 부가가치세가 면제되는 의료보건용역으로 보는 것이 합당하다고 판시하고 있다(국심2003부1972, 2003. 10. 22., 국심2004구1108, 2004. 6. 16., 국심2005중1380, 2005. 8. 31., 국심2007부2648, 2007. 9. 21., 조심2008부3731, 2008. 12. 31.).

이렇게 조세심판원의 판례를 과세관청이 받아들이지 않고 있던 실정이었는데 2012년 「부가가치세법」 개정에서 면세용역으로 확정지었다.

「모자보건법」 제2조제11호에 따른 산후조리원에서 분만 직후의 임산부나 영유아에게 제공하는 급식, 요양 등의 용역에 대하여 면세 적용이 된다. 해당 법령의 부칙에 따르면 2012년 2월 2일부터 최초로 공급하거나 공급받는 분부터는 면세 대상이므로 부가가치세 신고, 납부 의무는 없다.

Tip **병원 구내식당 음식용역 처리 방법**

정형외과 병원을 운영하는 의료사업자(이하 '갑')가 같은 건물에서 요양병원을 운영하는 의료사업자(이하 '을')의 구내식당을 갑의 환자·직원·환자 가족·내방객에게 이용하게 하고 식대를 을에게 지급하는 경우에 갑이 을로부터 공급받는 음식용역에 대해서는 세금계산서를 받아야 할까, 아니면 면세용 계산서를 받아야 할까?

이에 대해 국세청에서는 "「부가가치세법」 제14조에 규정하는 의료보건용역을 공급하는 사업자가 환자에게 직접 공급(직영 구내식당)하는 음식물은 의료보건용역에 필수적으로 부수되는 것으로 부가가치세가 면제되는 것이나, 외래환자 및 환자의 보호자와 다른 사업자에게 제공하는 음식물은 부가가치세가 과세되는 것"이라 해석하고 있다. 따라서 입원실이 있고, 내부에 직영으로 식당을 운영하는 경우에는 이러한 사실을 간과해서는 안 된다.

본인부담금의 신용카드,
현금영수증 수납분을 구분해야 한다?

요즘에는 내원한 환자들이 대부분 진료비를 신용카드로 결제한다. 비보험 진료에 해당하는 것은 상관없지만 보험 수입에 해당하는 경우 본인부담금을 신용카드로 결제하면 수입이 보험 수입과 신용카드 매출, 이중으로 잡힐 우려가 있다. 현금으로 결제할 때도 마찬가지이다. 요즘에는 현금영수증을 꼭 발급해야 하므로 이때도 보험 수입과 현금영수증 매출이 이중으로 잡힐 수 있다. 이런 문제를 해결하려면 어떻게 해야 할까?

매출액 수납의 유형별 구분 필요
종합소득세 신고 시에는 비보험 매출과 보험 매출액만을 구분하지만, 면세사업자 사업장현황신고 시에는 병의원의 수입금액을 비보험 매출액과 보험 매출액 구분이 아닌 수납 방법을 기준으로 분류한다. 즉, 수납 기준상의 분류인 ① 카드 매출액, ② 현금영수증 매출액, ③ 그 밖의 매출액으로 기재하게 되며, 그 밖의 매출액에는 보험 매출액과 비보험 매출액 중 현금영수증이 발급되지 않은 현금 매출액이 포함된다.

하지만 본인부담금을 신용카드로 결제하거나 현금영수증을 발급하는 경우 본인부담금이 보험 수입으로도 잡히고 현금영수증이나 카드 매출로도 잡혀 매출액이 이중으로 산정될 가능성이 있다. 특히 보험 매출액이 많은 소아과, 이비인후과, 내과, 산부인과, 정형외과의 경우 본인부담금이 중복으로 신고될 수 있는 금액이 큰 편이다.

세금에서 불이익을 당하지 않으려면 이러한 매출액을 구분해야 한다. 자체 ERP 시스템을 사용하는 병원급은 쉽게 이중 매출액을 구분할 수 있다. 의원급도 의사랑 등의 전자차트를 사용한다면 이중 매출금액을 구분하기가 어렵지 않다.

문제는 전자차트를 사용하지 않는 의원이다. 이러한 의원들은 일일장부를 작성할 때 반드시 보험의 본인부담금을 현금과 신용카드(현금영수증)로 구분해야 한다. 비보험도 현금과 신용카드(현금영수증)로 구분하여 작성하는 것이 필요하다.

> 병원 청구 매출액＋병원 수납 집계액＝카드사 조회 매출액＋
> 현금영수증 조회 매출액＋병원 수납 현금 매출액＋공단 청구 매출액

위와 같은 산식이 성립될 수 있도록 병원 수납 현금 매출액을

관리하면 된다.

실무적으로 병원의 수납 집계액 중 (카드＋현금영수증) 매출액과 카드사와 국세청에서 조회하는 (카드＋현금영수증) 매출액이 틀린 경우(병원은 카드를 단말기에 긁은 시점 기준, 카드사는 사업주 통장에 입금한 시점 기준)가 대부분이므로 한 가지 방법으로 계속 신고하는 것이 필요하다.

의료업을 영위하는 개인사업자 김 원장과 박 원장은 각각 병원을 개업한 후 2007년 서로 교차하여 진료하고 수진자에게 진찰, 수술 및 검사 등을 실시하고, 국민건강보험공단에 보험급여를 청구할 때는 각 병원을 운영하는 자가 진료한 것으로 보험급여를 청구했다.

교차진료는 특별한 경우를 제외하고는 원칙적으로 불법이다. 「의료법」 제39조제2항에는 "의료기관의 장은 그 의료기관의 환자를 진료하는 데에 필요하면 해당 의료기관에 소속되지 아니한 의료인에게 진료하도록 할 수 있다"고 명시되어 있다. 하지만 구체적인 근거 없이 주기적으로 교차진료를 하는 것까지 허용하지는 않는다.

주기적으로 교차진료를 하고 각각 보험급여를 청구한 김 원장과 박 원장은 결국 의료급여기관 현지조사에서 적발되어 2010년 초 부당이익금(1억6307만3860원) 환수 통보를 받았다. 그뿐 아니라 236일의 업무정지 처분도 받았다.

뒤늦게 후회해도 소용없는 일. 김 원장과 박 원장은 속죄하는 마음으로 환수금액을 내려고 하는데, 환수금액의 귀속 시기가 언제인지 알 수가 없다. 당초 보험급여를 지급받은 2007년도 수입금액에서 차감해야 하는지, 아니면 부당이익금으로 환수되는 연도인 2010년의 수입금액에서 차감해야 하는지 혼란스럽다. 이에 대해 국세청은 "「국민건강보험법」 제57조에 따라 환수되는 금액은 그 환수가 확정되는 날이 속하는 과세기간의 총수입금액에서 차감하는 것이다"라고 유권해석을 내린 바 있다 (소득-648, 2011. 07. 27.).

인건비 및 4대 보험

근로계약서와 취업규칙,
꼭 있어야 할까?

개원 준비를 어느 정도 마친 김 원장은 함께 일할 직원을 뽑기 시작했다. 여러 차례 면접을 보았고 다행히 마음에 쏙 드는 인물이 몇몇 있다. 대략적인 연봉과 근무조건을 협의하고 언제부터 출근할 수 있느냐고 물으니 그중 한 명이 근로계약서와 취업규칙을 보고 싶다고 한다. 이미 구두로 다 협의했다고 생각했는데 왜 그런 생각지도 못한 문서를 요구하는지 당황스러웠다. 그 직원이 너무 깐깐한 것일까, 아니면 당연한 요구일까? 판단이 안 선다.

근로자뿐 아니라 사용자도 보호하는 근로계약

원장과 직원은 사용자와 근로자 관계이다. 보통 근로자는 사용자에게 근로를 제공하고 사용자는 이에 대해 임금을 지급하는데, 이를 위해 임금, 근로시간, 휴일 및 휴가, 근로기간 등 중요한 근로조건을 합의하고 계약을 체결해야 한다. 이것을 '근로계약(「근로기준법」 제2조제1항제4호)'이라 하며, 근로계약 내용을 서면으로 체결하여 근로조건을 명확히 한 것이 '근로계약서'이다.

근로계약서를 작성해야 할 의무는 사용자에게 있다. 상시 근로자가 1인 이상인 경우 사용자는 근로계약서를 작성해야 하는데, 이를 위반하면 500만원 이하의 벌금이 부과된다.

보통 근로계약서는 근로관계가 성립된 시점에 작성한다. 간혹 근로계약서가 근로자에게만 유리한 것이라 생각하고 차일피일 근로계약서 작성을 미루는 사용자들이 있다. 의도적으로 근로자를 착취할 생각이 아니라면 근로계약서를 작성해두는 것이 사용자에게도 도움이 된다.

명쾌한 근로계약서를 작성해두지 않아 사용자가 불이익을 당하는 경우가 생각보다 많다. 예를 들어 직원을 채용할 때 근로계약서상에 '연봉금액에 모든 수당 및 퇴직금 포함'이라는 문구를 넣어 계약하면 문제가 없을 것이라고 생각하기 쉽다. 하지만 올바른 근로계약서에는 퇴직금을 제외한 연간 급여금액만 연봉금액으로 책정하고, 시간외 근로수당 등 즉, 가변수당은 연봉금액과는 별도로 지급하는 것이 바람직하다.

부득이하게 가변수당 등을 포함하는 형태로 계약을 체결하고자 할 때는 실제 근로시간을 근로계약서에 명시하는 것이 바람직하며, 이 경우에도 실제 근로시간으로 계산한 금액이 지급된 금액보다 큰 경우 추가 지급 문제가 발생할 수 있으니 유의해야 한다. 이처럼 근로계약서는 근로자뿐 아니라 사용자에게도 필요한 것이므로 근로조건을 명시한 근로계약서를 반드시 작성하는 것이 바람직하다.

근로계약 시 서면명시 대상(「근로기준법」 제17조)

근로계약을 체결할 때 꼭 명시해야 할 사항은 다음과 같다.

① 임금의 구성 항목

② 임금의 계산 방법 및 지급 방법

③ 소정근로시간

④ 휴일

⑤ 연차 유급휴가에 관한 규정

근로계약서 작성할 때 유의 사항(「근로기준법」)

제6조(균등한 처우) 사용자는 근로자에 대하여 남녀의 성(性)을 이유로 차별적 대우를 하지 못하고, 국적·신앙 또는 사회적 신분을 이유로 근로조건에 대한 차별적 처우를 하지 못한다.

제20조(위약 예정의 금지) 사용자는 근로계약 불이행에 대한 위약금 또는 손해배상액을 예정하는 계약을 체결하지 못한다.

제42조(계약 서류의 보존) 사용자는 근로자 명부와 대통령령으로 정하는 근로계약에 관한 중요한 서류를 3년간 보존하여야 한다.

표준근로계약서

_____(이하 "사업주"라 함)과(와) _____(이하 "근로자"라 함)은 다음과 같이 근로계약을 체결한다.

1. 근로계약기간: 　년　월　일부터　　년　월　일까지
   ※ 근로계약기간을 정하지 않는 경우에는 "근로개시일"만 기재
2. 근 무 장 소:
3. 업무의 내용:
4. 소정근로시간: ___시 ___분부터 ___시 ___분까지 (휴게시간: 　시 분~ 　시 분)
5. 근무일/휴일: 매주 ___일(또는 매일단위)근무, 주휴일 매주 ___요일
6. 임 금
   - 월(일, 시간)급: _____원
   - 상여금: 있음 ( ) _____원, 없음 ( )
   - 기타급여(제수당 등): 있음 ( ), 없음 ( )
     • _____원, _____원
     • _____원, _____원
   - 임금지급일: 매월(매주 또는 매일) ___일(휴일의 경우는 전일 지급)
   - 지급방법: 근로자에게 직접지급( ), 근로자 명의 예금통장에 입금( )
7. 연차 유급휴가
   - 연차 유급휴가는 근로기준법에서 정하는 바에 따라 부여함
8. 사회보험 적용여부(해당란에 체크)
   ☐ 고용보험　☐ 산재보험　☐ 국민연금　☐ 건강보험
9. 근로계약서 교부
   - 사업주는 근로계약을 체결함과 동시에 본 계약서를 사본하여 근로자의 교부요구와 관계없이 근로자에게 교부함(근로기준법 제17조 이행)
10. 기 타
    - 이 계약에 정함이 없는 사항은 근로기준법령에 의함

　년　　월　　일

(사업주) 사업체명:　　　　　　　(전화:　　　　　　　)
　　　　 주　　　소:
　　　　 대 표 자:　　　　　　(서명)
(근로자) 주　　　소:
　　　　 연 락 처:
　　　　 성　　　명:　　　　　　(서명)

직원이 10명 이상이면 '취업규칙' 필수

취업규칙이란 그 명칭에 상관없이 근로자와의 계약관계에 적용되는 근로조건이나 복무규율 등을 규정한 것이다. 근로계약서에도 중요한 근로조건을 명시해야 하지만 취업규칙에는 좀 더 세세한 사항까지 명시해야 한다.

취업규칙은 상시 근로자가 10인 이상인 사업장에서는 꼭 작성, 신고해야 할 의무가 있다. 이를 위반했을 때는 500만원 이하의 과태료를 물어야 한다. 근로자 수가 10인 미만일 경우에는 취업규칙을 작성하지 않아도 괜찮지만 병원의 특성상 특별한 규정이 필요할 때는 취업규칙을 작성해 명시할 수 있다. 또한 직원들에게 현금으로 지급하는 복지수당 등에 대해서는 취업규칙에 정해두는 것이 세무조사 때 경비로 인정받기 쉽다. 근로자와 분쟁이 생겼을 때 위법인 경우를 제외하고 취업규칙이 우선하여 적용된다. 따라서 정확한 취업규칙을 작성해두는 것이 좋다.

취업규칙은 다음의 사항을 포함해 작성해야 한다.(「근로기준법」제93조)

① 업무의 시작과 종료 시각, 휴게시간, 휴일, 휴가 및 교대 근로에 관한 사항

② 임금의 결정·계산·지급 방법, 임금의 산정 기간·지급 시기 및 승급昇給에 관한 사항

③ 가족수당의 계산·지급 방법에 관한 사항

④ 퇴직에 관한 사항

⑤ 「근로자퇴직급여 보장법」 제4조에 따른 퇴직금, 상여 및 최저임금에 관한 사항

⑥ 근로자의 식비, 작업용품 등의 부담에 관한 사항

⑦ 근로자를 위한 교육시설에 관한 사항

⑧ 출산전후휴가·육아휴직 등 근로자의 모성 보호 및 일·가정 양립 지원에 관한 사항

⑨ 안전과 보건에 관한 사항

⑩ 근로자의 성별·연령 또는 신체적 조건 등의 특성에 따른 사업장 환경의 개선에 관한 사항

⑪ 업무상과 업무 외의 재해부조災害扶助에 관한 사항

⑫ 표창과 제재에 관한 사항

⑬ 그 밖에 해당 사업 또는 사업장의 근로자 전체에 적용될 사항

Tip **근로자 인원수별 사업주의 의무**

1. 근로자 5인 미만

원천세 신고 의무

4대 보험 가입 의무

근로계약서 작성: 법령에 정해진 근로조건 서면 명시

근로자 명부 작성: 성명, 성별, 주소, 종사 업무 등을 기재하고 3년간 명시

임금대장 작성

성희롱 예방교육: 전 근로자 대상 1년에 1회 이상 실시

퇴직금 지급 의무: 30일분 이상의 평균임금 지급

해고예고수당 지급: 해고 30일 전에 예고하거나 30일분의 통상임금 지급

주휴수장

재해보상 의무

건강진단 의무

최저임금: 2024년 9,860원, 2023년 9,620원(2022년 9,160원)

2. 근로자 5인 이상 10인 미만

연차 유급휴가: 1년간 80% 이상 근로 시 15일, 계속 근속 2년당 가산휴가 1일, 1년 미만자 1월 개근 시 1일 발생(최대 11일까지 부여)

안전보건 교육 의무

해고 사유 서면 통지

부당해고 구제 적용

연장근로수당: 주 12시간 한도, 50% 가산임금 지급

야간·휴일근로수당 지급: 50% 가산임금 지급

휴업수당

3. 근로자 10인 이상

취업규칙 작성 신고 의무

4. 근로자 30인 이상

노사협의회 설치 의무

고충처리위원회 설치 의무

안전관리자 선임

직원을 채용할 때
챙겨야 하는 서류는?

● ●

먼저 개원한 선배들의 이야기를 들어보면 직원들이 오래 있지 못하고 들락날락하는 것만큼 힘든 일도 없다고 한다. 신중을 기해 직원을 채용했지만 과연 직원들이 얼마나 한마음이 되어 병원을 위해 일할 것인지 걱정스럽다. 직원들을 좀 더 검증할 만한 서류를 받아보고 싶은데 어떤 서류가 필요한지 잘 모르겠다.

직원 관리에 도움이 되는 서류 필요

회사에 따라 직원을 채용할 때 요구하는 서류가 조금씩 다르다. 돈과 관련된 업무를 담당할 직원에게는 보증서를 요구하기도 하고 건강검진, 졸업증명서 등을 요구하기도 한다. 실제로 간단한 이력서와 면접만으로 직원을 뽑았다 낭패를 보는 경우가 종종 생긴다. 따라서 직원의 경력이나 환경을 입증할 만한 서류를 챙기는 것은 어느 정도 필요하다.

직원을 채용할 때 필요한 서류는 법률적인 문제보다는 직원 관리 측면에서 중요한 의미를 지닌다. 원장과 직원이 합의한 약속을 잘 지키고, 직원들을 잘 관리해 불협화음을 사전에 막는 데 의의가 있다.

챙겨야 할 서류는 다음과 같다. 각 병원의 사항에 따라 서류를 구비하면 된다. 단, 병의원은 반드시 근로자 명부를 작성하여 비치해야 할 의무가 있다. 따라서 인사기록카드를 잘 기록해 보존해 두도록 한다.

근로계약서

근로조건과 급여를 결정해서 노동법규에 의한 근로계약서를 작성한다.

서약서

병원의 취업규칙과 규정을 준수한다는 내용, 병원의 정보 및 기밀에 대한 사항을 보안, 유지한다는 내용을 담은 서약서가 필요하다. 대부분 취업규칙 내용에 포함되어 있다.

이력서

직원 경력과 근무 상태를 파악함으로써 업무 분담에 필요하다.

인사기록카드

직원의 근태 사항, 상벌 및 진급 사항을 기록·보존한다.

주민등록등본

직원의 가족관계 등을 확인하고, 4대 보험에 가입할 때 필요하다. 건강보험 피부양자를 등재할 때 동거하지 않는 가족을 포함시키려면 가족관계증명서를 추가로 받아야 한다. 형제자매를 등재하고자 하는 경우 혼인관계증명서를 첨부하여 미혼임을 증명해야 한다.

거래 은행 계좌번호

급여를 지불할 때 필요하다. 은행 계좌로 입금하면 급여대장에 직원이 날인하지 않아도 입금증으로 대신할 수 있다.

03

비과세 적용수당과
4대 보험료 절약 방법은?

직원들이 몇 명 안 될 때는 괜찮았는데, 병원이 번창하면서 직원 수가 늘어나니 4대 보험료로 지출해야 하는 액수가 만만찮다. 특히 국민연금이나 건강보험은 액수가 커서 부담스러울 때가 많다. 직원들은 직원들대로 4대 보험료와 세금을 공제하고 나면 남는 것이 없다고 툴툴 거린다. 합법적으로 4대 보험을 절약할 수 있는 방법이 없을까?

비과세 수당을 활용하자

원칙적으로 근로자에게 지급되는 급여는 과세가 된다. 하지만 비과세 수당을 적절히 활용하면 세금을 공제하지 않고 4대 보험료도 부과되지 않는다. 비과세 항목은 여러 가지가 있으나 업종별로 적용할 수 있는 항목이 조금씩 다르다. 병원에서 적용할 수 있는 비과세 항목은 다음과 같다. 다음에 열거한 내용 이외의 수당,

즉 야간·연장근로수당, 상여금, 인센티브, 직책수당 등은 모두 과세 대상이다.

식대

월 20만원 이내의 금액을 식대 명목으로 지급하는 경우 비과세가 적용된다. 단, 구내식당 등을 통해 식사를 제공하거나 식사 비용을 병원 비용으로 별도 지급하는 경우에는 비과세 적용을 할 수 없다.

자가운전보조금

근로자 소유의 차량을 업무용으로 사용하는 경우 월 20만원 이내의 금액을 비과세할 수 있다. 반드시 근로자 소유의 차량이어야 하며 출퇴근용이 아닌 업무용임을 분명히 해야 한다. 병의원의 경우 근로자 소유의 차량을 업무상으로 사용하는 경우가 많지 않으므로 적용할 때 주의해야 한다.

출산보육수당

6세 이하의 자녀가 있는 근로자의 경우 월 10만원 이내의 금액을 출산보육수당 명목으로 지급하면 비과세 적용이 가능하다. 과세기간 개시일을 기준으로 자녀가 6세 이하에 해당하면 당해 연도 말까지 비과세 적용을 받을 수 있다.

일직료, 숙직료, 여비

회사의 사규 등에 의하여 그 지급기준이 정하여져 있고 사회통념상 타당하다고 인정되는 범위 내에 해당하는 금액을 비과세한다.

근로자 본인의 학자금

근로자 본인의 학자금으로 학교(대학원 포함)와 직업능력개발훈련 시설의 입학금, 수업료, 수강료로 다음 요건을 모두 갖춘 경우 비과세된다.

● 업무와 관련된 교육·훈련을 위하여 지급받아야 하며

- 정해진 지급 기준에 의하여 지급되고

- 교육·훈련 기간이 6개월 이상인 경우 교육·훈련 이후 교육 기간을 초과 하여 근무하지 않는 경우 반환하는 조건일 것.

제복, 제화, 피복

법령이나 근무환경상의 작업복, 제복, 제화, 피복 등은 비과세 된다.

경조금 등

사업주가 근로자에게 지급한 경조금 중 사회 통념상 타당하다 고 인정되는 범위 내의 금액은 이를 지급받은 자의 근로소득으로 보지 않는다(2009년 이후 20만원으로 보고 있다).

4대 보험 신고의무

국민연금, 국민건강보험, 고용보험, 산업재해보상보험(산재보험) 을 4대 보험이라 부른다. 직원들 입장에서 보면 실생활에 큰 도움 을 주는 유용한 보험들이다. 사업자는 직원을 채용했을 때 이 4대 보험을 신고해야 할 의무를 지닌다.

4대 보험 중 국민연금과 국민건강보험 보험료는 사업자와 직원 이 반반씩 부담하고, 고용보험은 사업자가 직원보다 많은 금액을 부담한다. 산재보험은 사업자가 전부 부담하도록 되어 있다.

| 4대 보험 신고 및 납부 방법 |

	국민연금	건강보험	고용보험	산재보험
가입 대상	18세 이상 60세 미만인 자	모든 근로자 및 사용자	모든 근로자	모든 근로자

가입
제외
대상
	• 월 근로시간 60시간
	  미만 단시간 근로자
	• 1개월 미만 일용근
	  로자
	• 국민기초생활수급자
		• 월 근로시간 60시
		  간 미만 단시간 근
		  로자
		• 1개월 미만 일용근
		  로자
		• 의료급여수급권자
			• 월 근로시간 60
			  시간 미만 단시
			  간 근로자
			• 65세 이후에 새
			  로이 고용된 자
				없음

보험료	9% 사용자: 4.5% 부담 근로자: 4.5% 부담	7.09% 사용자: 3.545% 부담 근로자: 3.545% 부담 장기요양보험료: 건강보험료의 12.81%	1.8%(2022.7.1) 사용자: 1.15% (150인 미만) 근로자: 0.9%	0.72~0.74% (병의원의 경우) 사용자가 전부 부담

두루누리 사회보험 지원제도

소규모 사업을 운영하는 사업주와 소속 근로자의 사회보험료(고용보험·국민연금)의 일부를 국가에서 지원함으로써 사회보험 가입에 따른 부담을 덜어주고, 사회보험 사각지대를 해소하기 위한 사업

지원 대상

근로자 수가 10명 미만인 사업에 고용된 근로자 중 월 평균보수 260만원 미만인 근로자와 그 사업주에게 사회보험료(고용보험·국민연금)를 최대 80%까지 각각 지원

성립일이 당해 연도 이전인 사업

– 전년도 월평균 근로자 수가 10명 미만이고 신청월 말일 기준 근로자 수가
  10명 미만인 사업

– 전년도 월평균 근로자 수가 10명 이상인 경우 신청 월 직전 3개월간(매월 말일 기준) 연속 10명 미만이고 신청 월 말일 기준 근로자 수가 10명 미만인 사업

성립일이 당해 연도인 사업

– 지원신청일이 속한 달의 직전 3개월 동안 (성립일 이후 3개월이 지나지 않은 경우에는 그 기간 동안) 근로자 수가 연속 10명 미만이고 신청월 말일 기준 근로자 수가 10명 미만인 사업

– 「고용보험 및 산업재해보상보험의 보험료징수 등에 관한 법률」 제5조제2항에 따라 고용보험 가입신청을 하거나 제11조에 따른 기한 내 보험관계성립신고를 하면서 지원신청을 하는 경우에는 그 신청일 또는 신고일을 기준으로 근로자 수가 10명 미만인 사업(이 때는 지원신청일 속한 달의 말일 기준으로 근로자 수 10명 미만 기준 미적용)

지원 제외 대상

지원 대상에 해당하는 근로자가 아래의 어느 하나라도 해당되는 경우에는 지원 제외

– 지원신청일이 속한 보험연도의 전년도 재산의 과세표준액 합계가 6억원 이상인 자

– 지원신청일이 속한 보험연도의 전년도(소득자료 입수 시기에 따라 보험연도의 전년도 또는 전전년도) 종합소득이 4,300만원 이상인 자

지원수준

신규지원자*	10인 미만 사업장	80% 지원
기지원자	10인 미만 사업장	2021년부터 지원되지 않음

* 신규지원자: 지원신청일 직전 6개월간 피보험자격 취득 이력이 없는 근로자와 그 사업주

출산전후휴가로 직원과 병원이 누릴 수 있는 혜택은?

● ●

　출산을 앞둔 여직원이 있다. 워낙 일을 잘하는 직원이라 출산 후 충분히 휴식을 취하고 건강한 몸으로 다시 병원에 출근했으면 좋겠다. 그렇지만 직원이 출산휴가에 들어가면 임시로 다른 사람을 고용해야 하므로 그에 따른 비용 부담도 없지 않다. 직원도 행복하게 출산휴가를 보내고, 병원의 부담도 줄일 수 있는 방법이 없을까?

직원과 회사 모두가 행복한 출산전후휴가제도

　예전과 달리 출산이 개인의 문제를 넘어 사회적 문제여서 출산으로 인해 여성이 불이익을 받는 일이 있어서는 안 된다는 데는 대부분이 공감한다. 또한 당연히 출산휴가가 필요하고 출산휴가 기간에도 적정한 임금을 지불해야 한다고 생각하면서도 현실적으로 부담을 느낄 수 있다. 회사 입장에서는 출산휴가를 낸 직원과

대체 인력 모두에게 임금을 지불해야 하기 때문이다.

　이런 상황에서는 직원도 마음 편하게 출산휴가를 갖기가 어렵다. 출산휴가 중에 임금은 제대로 받을 수 있을지, 출산 후 정상적으로 복직할 수 있을지 불안할 수밖에 없다.

　직원이 마음 편하게 출산휴가를 받고, 회사도 부담을 줄일 수 있는 방법이 있다. '출산전후휴가제도'가 바로 그것. 출산전후휴가제도는 출산한 여성 근로자의 근로의무를 면제하고 임금 상실 없이 휴식을 보장하는 제도이다. 임신 중이거나 출산한 여성 근로자는 누구나 신청할 수 있고, 출산전후휴가 중인 근로자를 해고할 수 없도록 법으로 규정해놓고 있다.

언제, 어디에서 신청할까?

출산전후휴가를 시작한 날 이후 1개월부터 휴가가 끝난 날 이후 12개월 이내 신청하여야 하며, 근로자가 온라인, 방문, 우편의 방법으로 주소지 또는 사업장 관할 고용지원센터에 신청하면 된다.

● **필요 서류:** 출산전후휴가 확인서(사업주), 출산전후휴가급여 신청서(근로자), 통상임금을 확인할 수 있는 자료

출산 전후 90일의 휴가 보장, 산후 45일 이상 확보 필수

이 제도에 의해 임신 중인 여성에 대하여 출산 전후를 통하여 90일(다태아일 경우 120일)의 휴가를 주되, 휴가기간의 배분은 출산 후에 45일(다태아일 경우 60일) 이상 확보되도록 부여해야 한다.(「근로기준법」 제74조)

210만원까지는 고용지원센터에서 지급

출산전후휴가 기간에는 90일분의 통상임금을 지불해야 하는데, 통상임금 중 월 최대 210만원까지는 고용지원센터에서 지급한다. 통상임금이 월 210만원을 초과하는 경우 90일 중 60일분은 그 초과금액을 병원에서 보조해줘야 한다. 예를 들어 직원의 통상임금이 250만원일 경우 210만원을 뺀 차액인 40만원을 병원에서 부담해야 한다.

이처럼 60일분의 통상임금 중 병원이 월 210만원을 초과하는

금액을 지급해야 하는 이유는 휴가 기간 90일 중 최초 60일은 유급휴가이므로 종전과 같이 사용자가 급여를 지급할 의무가 있기 때문이다. 그래도 통상임금 전부를 병원이 지급하지 않아도 되니 그만큼 병원도 부담을 더는 셈이다. 만약 통상임금이 210만원 미만인 경우 해당 금액을 고용지원센터가 지급하므로 병원의 부담은 전혀 없다.

4대 보험은 어떻게?

출산전후휴가 중 4대 보험은 어떻게 처리해야 할까? 국민연금은 납부예외를 통해 납부하지 않을 수 있다. 단, 이때 납부하지 않은 기간은 연금 가입 기간에서 제외된다.

국민건강보험은 국민연금과는 달리 출산전후휴가 기간 중에도 계속 납부해야 한다. 하지만 건강보험을 정산할 때 고용보험에서 받은 금액은 제외하고 정산하므로 그 금액만큼은 납부하지 않은 것과 동일한 효과를 기대할 수 있다.

유산, 사산 휴가도 있다?

사업주는 임신 중인 여성이 유산 또는 사산한 경우에는 근로자의 청구에 의하여 임신기간에 따라 30일부터 90일까지 유산 또는 사산휴가를 부여하여야 한다.

11주 이내	유산 또는 사산한 날로부터 5일까지
12주~15주	유산 또는 사산한 날로부터 10일까지
16주~21주	유산 또는 사산한 날로부터 30일까지
22주~27주	유산 또는 사산한 날로부터 60일까지
28주 이상	유산 또는 사산한 날로부터 90일까지

Tip ▶ 통상임금? 평균임금?

통상임금이란 근로자에게 정기적·일률적으로 근로에 대하여 지급하기로 정한 시간급 금액·일급금액·주급금액·월급금액 또는 도급금액을 말한다(「근로기준법 시행령」 제6조제1항).

통상임금은 수당, 임금, 휴가보상금을 산출할 때 기본이 되는 임금이다.

하지만 이런 정의만으로는 급여명세서의 항목 중 어떤 것이 통상급여에 해당하는지 구분하기가 어렵다. 실제로 통상급여를 산정하기란 상당히 복잡해 전문가의 도움이 필요할 때가 많다. 또한 통상임금에 포함되는 임금의 범위는 그 명칭만으로 판단해서는 안 되며, 통상임금의 의의, 근로계약, 취업규칙, 단체협약 등의 내용, 직종, 근무 형태, 지급 관행 등을 종합적으로 고려해야 한다(「통상임금 산정지침」 제5조의2).

통상임금에 포함되는 임금의 범위

통상임금을 산정할 때에는 정규적인 근로와 관련된 모든 대가가 포함된다. 따라서 작업수당·기술수당·위험수당 등과 같이 일률적으로 지급되는 것은 통상임금에 포함되며, 연장근로수당·야근수당 등과 같이 작업시간에 따라 변동되는 것은 제외된다. 다만 가족수당·주택수당과 같은 급여가 모든 근로자에게 적용될 때에는 통상임금에 포함한다. 통상임금에 포함되는 임금은 명칭만으로 판단하면 안 되며, 통상임금의 의의, 근로계약·취업규칙·단체협약 등의 내용, 직종·근무형태, 지급관행 등을 종합적으로 고려해야 한다(「통상임금 산정지침」 제5조의2).

평균임금이란 이전 3개월 동안에 근로자에게 지급된 임금의 총액을 그 기간의 총 일수로 나눈 금액을 말한다(「근로기준법」 제2조제1항제6호).

평균임금은 퇴직급여, 휴업수당, 연차 유급휴가수당, 재해보상 및 산업재해보상보험 급여, 구직급여 산정의 기준이 된다.

평균임금에 포함되는 임금의 범위

평균임금 산정에 포함되는 임금에는 기본급, 연·월차 유급휴가수당, 연장·야간·휴일근로수당, 특수작업수당, 위험작업수당, 기술수당, 임원·직책수당, 일·숙직수당, 장려·정근·개근·생산독려수당 등이 해당된다. 또한 단체협약 또는 취업규칙에서 근로조건의 하나로서 전 근로자에게 일률적으로 지급하도록 명시되어 있거나 관례적으로 지급되는 상여금, 통근비(정기승차권), 사택수당, 급식대(주식대보조금, 잔업식사대, 조근식사대), 월동비, 연료수당, 지역수당(냉, 한, 벽지수당), 교육수당(정기적 일률적으로 전 근로자에게 지급되는 경우), 별거수당, 물가수당, 조정수당 등이 포함된다. 단, 결혼축하금·조의금·재해위문금·휴업보상금 등은 임금이 아니므로 평균임금에 포함하지 않는다.

05

육아휴직제도,
병원에도 유리할까?

출산휴가를 마치고 병원에 복귀해야 할 직원이 울먹이는 목소리로 전화를 했다. 아기를 봐줄 사람을 구하지 못해 출근하기가 어렵다고 한다. 놓치기 아까운 직원이라 육아휴직을 주려고 하는데, 그 기간에 부족한 인력을 어떻게 감당해야 할지 난감하다. 육아휴직을 제공했을 때 병원에 돌아오는 혜택이 혹시 있을까?

육아휴직제도

아이를 맡길 곳이 없어 고민하는 근로자가 많다. 일을 하고 싶어도 아이를 키워줄 사람이 없어 직장을 포기해야 하는 것만큼 딱한 일도 없다. 이런 근로자들을 위해 마련된 것이 육아휴직제도이다.

육아휴직은 만 8세 이하 또는 초등학교 2학년 이하의 자녀를 둔 근로자가 자녀를 양육하기 위하여 신청, 사용하는 휴직을 말하는데 근로자의 육아부담을 해소하고 계속 근로를 지원함으로써 근로자의 생활과 고용 안정을 도모하는 한편, 기업의 숙련인력 확보를 지원하는 제도이다.

육아휴직을 사용할 수 있는 기간은?

육아휴직의 기간은 30일 이상 1년 이내이다. 자녀 1명당 1년 사용가능하므로 자녀가 2명이면 각각 1년씩 2년 사용 가능하며, 모든 근로자의 권리이므로 한 자녀에 대하여 아빠도 1년, 엄마도 1년 사용이 가능하다.

얼마가 지원되나?

1년 이내의 육아휴직 기간에 대하여 통상임금의 100분의 80(상한액: 월 150만원, 하한액: 월 70만원)을 육아휴직급여액으로 지급한다. 단 육아휴직급여액 중 일부(100분의 25)를 직장복귀 6개월 후에 합산하여 일시불로 지급한다.

언제, 어디에서 신청할까?

육아휴직을 시작한 날 이후 1개월부터 매월 단위로 신청하되, 당월 중에 실시한 육아휴직에 대한 급여의 지급 신청은 다음 달 말일까지 해야 한다. 매월 신청하지 않고 기간을 적치하여 신청도 가능하다. 근로자가 온라인, 방문, 우편의 방법으로 주소지 또는 사업장 관할 고용지원센터에 신청하면 된다.

단, 육아휴직이 끝난 날 이후 12개월 이내에 신청하지 않을 경우 동 급여를 지급하지 않으니 유의해야 한다.

● **필요 서류:** 육아휴직 확인서(사업주), 육아휴직급여 신청서(근로자), 통상임금을 확인할 수 있는 자료

4대 보험은 어떻게?

육아휴직기간 중 4대 보험은 어떻게 처리해야 할까? 국민연금은 납부예외를 통해 납부하지 않을 수 있다. 단, 이때 납부하지 않은 기간은 연금 가입 기간에서 제외된다.

국민건강보험은 납부를 유예할 수 있으며, 유예한 보험료는 복직 후 휴직 전월 보수월액(상한 250만원) 기준으로 산정한 보험료의 60% 감면된 금액으로 소급하여 납부하면 된다.

근로자에게 육아휴직 등을 부여하는 병원에 주는 혜택

육아휴직제도는 근로자의 생활과 고용 안정을 도모하는 역할도 하지만 기업 입장에서도 유능한 인력을 확보할 수 있도록 지원하는 역할도 한다. 육아휴직을 준 기업에게 육아휴직 장려금과 대체인력채용 장려금을 줌으로써 직원이 육아휴직을 하는 동안 감당해야 하는 부담을 줄여주고 있다.

육아휴직 지원금

고용보험 피보험자인 근로자에게 육아휴직을 30일 이상 부여한 사업주에게는 근로자 1인당 월 30만원을 지원한다(자녀 연령이 만 12개월 이내인 경우 첫 3개월은 200만원 지원).

육아기 근로시간 단축 지원금

육아기 근로시간 단축을 30일 이상 부여한 사업주에게는 근로자 1인당 월 30만원을 지원한다(최초 근로시간 단축을 허용한 경우에는, 세 번째 허용사례까지 월 10만원 추가로 지급).

단, 육아휴직 또는 육아기 근로시간 단축 사용 기간 중 지원금의 50%를 3개월 주기로 지급하고, 나머지 50%는 해당 근로자를 복직 후 6개월 이상 계속 고용한 것이 확인된 후 일괄 지급한다.

대체인력지원금

출산전후휴가, 유산·사산휴가 또는 육아기 근로시간 단축 등의 시작일 전 2개월이 되는 날 이후 대체인력을 고용하여 30일 이상 고용한 경우 월 80만원의 대체인력 지원금을 지원한다(인수인계 기간 1개월 지급액 월 120만원).

단, 새로 대체인력을 고용하기 전 3개월부터 고용 후 1년까지 고용조정이 있는 경우는 별도의 인력채용으로 보아 지원금 지급 대상에서 제외됨에 주의해야 한다.

06

퇴사한 직원이 실업급여를 신청하면 병원에 불이익은 없나?

● ●

퇴사한 직원이 실업급여를 받는 데 필요하다며 병원의 권고사직으로 인해 퇴직한 것으로 해달라고 한다. 직원의 사정을 이해하지 못하는 것은 아니지만 권고사직을 한 것이 되면 병원이 불이익을 당할 수 있다는 말을 들은 적이 있어 썩 내키지 않는다. 직원이 원하는 대로 해주어도 괜찮을까?

실제 퇴사 사유가 정당하다면 문제없다

실업급여는 이직일 이전 18개월간 피보험 단위기간이 통산하여 180일 이상인 근로자가 권고사직, 계약기간 만료, 원거리 출근, 경영 악화 등의 비자발적 사유로 인해 퇴사했을 때 근로자가 받을 수 있는 급여이다(근로의 의사와 능력이 있음에도 불구하고 취업하지 못한 상태에 있고, 재취업을 위한 적극적인 노력 필요). 실제 퇴사 사유가 이러한 경우라면 권고사직 처리된 근로자가 실업급여를 신청하는 것은 병원과 아무런 상관이 없다.

그러나 실제 퇴사 사유와 상관없이 실업급여 수급을 위해 퇴사 사유를 임의로 신고하는 경우 부정수급에 해당되어 수급금액 반환은 물론 부정수급 금액의 최대 5배가 추가 징수될 수 있으며, 최대 5년 이하의 징역 또는 5천만원 이하의 벌금이 부과될 수 있다. 또한, 부정수급을 받거나 받으려고 한 날로부터 소급 10년간 3회 이상 실업급여 지급이 제한된 경우, 최대 3년간 새로운 실업급여 지급이 제한된다.

따라서 근로자의 퇴사 사유를 정확히 하여 신고하는 것이 중요하다. 퇴사 사유를 자주 변경한다든가 계속적으로 실업급여 지급 사유로 직원을 퇴사시키는 경우 조사 대상으로 선정될 수 있으므로 주의해야 한다.

Tip 실업급여는 재취업 활동을 돕기 위한 것

실업급여는 실업에 대한 위로금이나 고용보험료 납부의 대가로 지급되는 것이 아니다. 실업급여는 실직 후 재취업 활동을 하는 기간에 소정의 급여를 지급함으로써 실업으로 인한 생계 불안을 극복하고 생활의 안정을 도와주며 재취업의 기회를 지원하는 제도이다. 그런데 몇몇 병의원에서 직원이 다른 병의원으로 직장을 옮기는 것이 확정되었는데도 퇴사 사유를 둘러싸고 다투는 경우를 종종 볼 수 있다. 실업급여는 실직했다고 주는 것이 아니라 실직 기간에 재취업 활동을 돕기 위해 주는 것임을 잊지 말아야 한다.

직원을 내보낼 때
권고사직을 할까, 해고를 할까?

지각을 밥 먹듯이 하고, 업무 시간에도 종종 다른 사람과 잡담을 하거나 차를 마시는 직원이 있다. 여러 차례 주의를 주었는데도 그때뿐, 도무지 나아지질 않는다. 할 수 없이 퇴사시키려고 하는데 혹시라도 직원이 억울하다며 분쟁을 일으킬 수도 있다는 생각이 든다. 별 말썽 없이 잘 내보낼 수 있는 방법은 없을까?

권고사직, 병원과 직원 모두에게 원만

직원은 채용하는 것도 중요하지만 잘 내보내는 것도 중요하다. 병원 입장에서는 정당한 이유로 퇴사시켰다고 생각해도 직원 입장에서는 다르게 받아들일 수 있다. 이런 경우 분쟁이 발생할 수 있는데, 이를 막을 수 있는 방법이 '권고사직'이다.

권고사직은 사용자가 근로자에게 퇴사를 권유하고, 근로자가

회사의 퇴사 권고에 응하여 퇴사하는 경우를 말한다. 이때 병원에
서는 반드시 퇴사하는 직원의 사직서를 받아두어야 한다. 사직서
를 받아두면 차후 근로자는 부당해고를 당했다고 주장할 수 없다.
그 대신 실업급여를 받을 수는 있으므로 병원과 근로자 모두에게
원만한 퇴사 절차라 할 수 있다.

해고는 신중에 신중 필요

해고는 근로자의 의사와 상관없이 사용자의 일방적인 의사표시
로 근로관계가 종결되는 것을 말한다. 따라서 「근로기준법」 제23
조에는 사용자가 정당한 이유 없이 근로자를 해고할 수 없음을 명
시해 근로자가 불이익을 당하지 않도록 하고 있으며 이는 근로자

가 5인 이상 있는 모든 사업장에 적용된다.

정당한 사유로 직원을 해고해도 해고 절차를 분명히 밟지 않으면 문제가 생긴다. 해고를 할 때는 해고하고자 하는 날의 30일 전에 해고예고 통지를 해야 한다. 이를 하지 않으면 30일분 이상의 통상임금을 해고예고수당으로 지급해야 한다. 특히 5인 이상 사업장은 해고 사유를 서면으로 통지하게 되어 있으므로 이를 유념해두자. 다만, 천재지변이나 근로자가 고의로 사업에 막대한 지장을 초래한 경우, 기타 부득이한 사유로 사업을 계속하는 것이 불가능한 경우 등 노동부령이 정하는 사유에 해당하는 경우에는 해고예고수당을 지급하지 않아도 된다.

해고예고의 적용제외(「근로기준법」 제26조)

근로자가 계속 근로한 기간이 3개월 미만인 경우

천재·사변, 그 밖의 부득이한 사유로 사업을 계속하는 것이 불가능한 경우

근로자가 고의로 사업에 막대한 지장을 초래하거나 재산상 손해를 끼친 경우로서 고용노동부령으로 정하는 사유에 해당하는 경우

해고의 적법한 절차를 밟지 않으면 차후 근로자와 부당해고 분쟁이 일어날 수 있다. 해고 후 근로자의 부당해고구제신청이 발생하는 경우 근로자를 복직시켜야 하거나 해고기간 동안의 급여나 합의금을 지급해야 할 수도 있으니 주의한다.

연말정산을 할 때
꼭 확인해야 하는 사항은?

직원들은 연말정산을 좋아한다. 연말정산을 하면 대부분 미리 납부한 세금 중 일부를 돌려받을 수 있기 때문이다. 오죽하면 연말정산을 '13월의 급여'라 부를까. 병원에서도 직원들의 기대에 부응해 최대한 소득공제를 많이 해 직원들의 주머니를 두둑하게 만들어주고 싶다.

중간에 입사한 직원의 연말정산 시 주의 사항

1월부터 근무하지 않고 중간에 입사한 직원의 경우, 연말정산 시 이전 직장의 근로소득 원천징수영수증을 꼭 받아 와서 합산하여 신고해야 한다. 병의원의 경우 관행적으로 근로자와 실수령 계약을 하는 경우가 있는데, 이렇게 실수령 계약을 하면 원장이 근로소득세와 지방소득세를 모두 부담하게 된다. 그런데 중간에 입사한 직원에 대해서는 연말정산 추가 납부세액 발생 시 그 납부

책임에 대한 명확한 설명이 필요하다. 특히 급여가 높은 연도 중 입사한 페이 닥터와의 세금문제는 확실히 해두는 것이 좋다.

근거 없는 과다 공제, 독화살이 되어 돌아온다

소득공제를 최대한 많이 해서 직원들에게 돈을 더 많이 돌려주려는 마음은 좋지만, 연말정산을 할 때 소득공제를 실제와 다르게 신청하여 과다 공제를 받은 경우에는 과소 납부한 세액과 함께 신고불성실가산세와 납부불성실가산세를 추가로 부담해야 하기 때문에 조심해야 한다. 국세청은 '연말정산 소득공제 관리 시스템'을 구축하여 연말정산 신고 내역을 전산으로 분석하여 과다 공제 내역이나 중복 공제 등을 국세통합전산망으로 관리하고 있다. 자주 발생하는 다음의 오류 유형에 유의하여 연말정산을 해야 한다.

소득기준(100만원) 초과 부양가족 공제

근로소득, 사업소득, 부동산임대소득, 퇴직소득 등의 소득금액이 100만원을 초과한 부양가족에 대해 기본공제를 하는 경우에는 공제받을 수 없다. 소득금액이 100만원을 초과한 부양가족의 추가공제 및 보험료, 교육비, 신용카드, 현금영수증 등도 공제받을 수 없다.

부양가족 중복 공제

맞벌이 부부가 자녀를 중복으로 공제하는 경우, 형제자매가 부모님을 중복으로 공제하는 경우는 부당공제에 해당된다.

연금저축 과다공제

개인연금저축(납입금액의 40% 공제, 72만원 한도)을 연금저축(납입금액의 12% 또는 15% 공제, 600만원 한도)으로 착오기재하여 연금계좌세액공제를 적용해서는 안 되며, 배우자 등 부양가족 명의의 연금저축 납입액은 세액공제 적용대상이 아니다. 또한, 연금저축을 중도해지한 경우 해지한 과세기간의 연금저축액은 세액공제 대상이 아님을 유의해야 한다.

보험료 과다 공제

본인 또는 기본공제 대상자가 아닌 부양가족이 피보험자로 되어 있는 보험료도 공제 대상이 아니다.

교육비 과다 공제

맞벌이 부부가 자녀의 교육비를 중복으로 공제하는 경우, 장학금에 해당하는 금액을 포함하여 교육비를 공제하는 경우 모두 부당공제에 해당된다.

의료비 과다 공제

형제자매가 부모 의료비를 나누어 공제할 수 없다. 부모를 실제로 부양하는 1인만 공제를 받을 수 있다. 또한 보험회사로부터 지급받은 보험금으로 지불한 의료비도 공제할 수 없다.

주택자금 과다 공제

2주택 이상 보유한 근로자가 주택마련저축 불입액을 공제하는 경우, 근로자가 배우자 명의로 된 주택에 대해 장기주택저당 차입금 이자상환액을 공제하는 경우, 주택을 보유한 세대의 세대주인 근로자가 주택임차 차입금 원리금상환액을 공제하는 경우 등도 과다 공제에 해당한다.

기부금 과다 공제

소득요건을 충족하지 못한 부양가족이 지출한 기부금은 세액공제 대상이 아니며, 정치자금기부금, 고향사랑기부금 및 우리사주조합기부금은 근로자 본인 지출분만 공제 가능하며, 적격 기부금 영수증 발급단체가 아닌 자로부터 받은 기부금 영수증은 공제대상이 아니다.

신용카드 과다 공제

형제자매의 신용카드 사용금액은 공제가 불가능하며 자동차 구입비, 현금서비스, 보험료 납부에 사용한 신용카드금액도 공제가 불가능하다.

09

법정퇴직금은
언제, 어떻게, 얼마를 주어야 하나?

● ●

　개원한 지 1년이 넘으니 이런저런 이유로 퇴직하는 직원이 생겨나기 시작했다. 1년 이상 근무한 직원에게는 퇴직금을 지급해야 하는데, 어떻게 지급해야 하는지 혼란스럽다. 1년에 해당하는 퇴직금이 한 달 급여라고 하던데, 기본급과 수당 모두를 합한 급여를 지급하면 될까?

평균임금이 중요한 잣대

　1년 이상 계속 일한 직원이 퇴직할 때는 퇴직금을 지급해야 한다. 그렇다면 퇴직금을 얼마나 지급해야 할까? 퇴직금의 최저한도는 법으로 정해놓았다. 계속근로기간 1년에 최저 30일분의 평균임금을 지급해야 한다. 법정퇴직금을 산출하는 공식은 다음과 같다.

> 퇴직금의 법정 최저한도 = 1일 평균임금×30일×계속근로연수

　간혹 특별한 사정으로 평균임금이 현저히 적거나 많은 경우가 있다. 예를 들어 병원이 일시적으로 자금난을 겪으면서 몇 달 동안 직원 월급을 50%밖에 지급하지 못했다든가, 그 반대로 병원 수익이 크게 올라 상여금을 많이 지급한 경우이다.

　이때 이를 그대로 반영해 평균임금을 산출할 것인지를 둘러싼 논란이 많다. 판례는 "그 사유가 발생한 날 이전 3개월간에 그 근로자에게 지급된 임금이 특별한 사유로 통상의 경우보다 현저하게 적거나 많을 경우에도 이를 그대로 평균임금 산정의 기초로 삼는다면, 이는 근로자의 통상의 생활을 종전과 같이 보장하려는 제도의 근본 취지에 어긋난다"고 하여 부정하고 있으므로 평균임금 산정 시 고려해야 한다.

　평균임금을 산정할 때 근로자가 퇴직 직전에 의도적으로 높인 임금이나 퇴직 시 당월 보수 전액을 지급한다는 규정에 따라 지급한 금액이 있다고 하더라도 이를 전부 포함해 산정하지 않는다. 또 퇴직으로 인해 지급 사유가 발생한 연차 유급휴가, 미사용수당 또한 평균임금 산정에서 제외된다.

퇴직 후 14일 이내 지급

퇴직금은 퇴직 사유가 발생한 날로부터 14일 이내에 지급해야

한다. 단, 특별한 사정이 있는 경우 당사자 간의 합의에 의해 그 지급기일을 연장할 수 있다.

2010년 12월 1일부터 근로자 1인 이상의 모든 사업장으로 퇴직금 지급이 전면 확대되었으므로 현재 5인 미만 사업장도 2010년 12월 1일을 계속근로기간의 기산 시점으로 하여 1년 이상 근무한 근로자에게도 퇴직금을 지급해야 한다(단, 2012년 12월 31일까지는 퇴직금 부담금의 50%만 지급 허용).

앞에서 언급한 대로 근속연수 1년에 대해 30일분의 평균임금이 퇴직금으로 지급된다. 이를 보통 1개월로 간주하고 연봉을 산정할 때 12개월분의 임금에 1개월분의 임금을 합해 13개월분의 임금으로 연봉을 책정하는 경우가 많은데 이것은 옳은 방법이 아니다. 따라서 연봉을 13으로 나누어 1개월분을 퇴직금으로 지급하는 것은 잘못된 방식이다. 실제 퇴직금을 산정해보면 매월 동일한 금액을 지급했다 하더라도 퇴직 시점에 따라 그 금액이 변동될 수 있고 1년 내내 동일한 금액을 지급하는 경우도 드물기 때문이다.

앞서 언급했듯이 퇴직금을 포함한 금액을 연봉으로 정해 근로계약을 맺는 것은 바람직하지 않다. 실제 12개월분의 급여만을 명시한 근로계약서를 작성하는 게 바람직하다.

퇴직연금제도

퇴직연금이란 근로자들의 노후 소득보장과 생활 안정을 위해 근로자 재직기간 중 사용자가 퇴직급여 지급 재원을 금융회사에 적립하고, 이 재원을 사용자 또는 근로자가 운용하여 근로자 퇴직 시 연금 또는 일시금으로 지급하는 제도이다.

퇴직연금 가입 시 병원은 사용자가 매년 불입하는 시점마다 비용 처리할 수 있기 때문에 비용처리 측면에서도 용이하고, 직원 퇴사시점에 퇴직금 지급으로 목돈의 부담도 덜 수 있다.

| 퇴직연금제도 유형 |

구분	확정급여형(DB)	확정기여형(DC)
개념	근로자가 퇴직할 때 받을 퇴직급여가 사전에 확정된 퇴직연금제도 • 사용자가 매년 부담금을 금융회사에 적립하여 책임지고 운용하며, 운용 결과와 관계없이 근로자는 사전에 정해진 수준의 퇴직급여를 수령	사용자가 납입할 부담금(매년 연간 임금총액의 1/12 이상)이 사전에 확정된 퇴직연금제도 • 사용자가 근로자 개별 계좌에 부담금을 정기적으로 납입하면, 근로자가 직접 적립금을 운용하여 사용자가 납입한 부담금과 운용손익을 최종 급여로 지급받는 것
추가적립	개인 부담금 없음	가능
운용책임	사용자	근로자
위험부담	사용자	근로자
사용자 세무처리	퇴직급여충당금 한도 내 100% 사외 적립 손비 인정	납입 부담금 전액 손비 인정
급부	확정(계속근로기간 1년에 대하여 30일분의 평균임금 이상)	운영 실적에 따름
원천징수의무 (일시금수령 시)	사용자	퇴직연금사업자

Tip **IRP(개인퇴직계좌) 무엇인가?**

취업자가 재직 중에 자율로 가입하거나 이직 시 받은 퇴직급여 일시금을 계속해서 적립·운용할 수 있는 퇴직연금 제도로서 연간 1,800만원까지 납입할 수 있으며, 최대 900만원까지 세액공제 대상이 된다(연금저축에 가입한 경우. 연금저축(600만원 한도)을 합산하여 총 900만원 세액공제).

운용기간에는 운용수익에 대한 과세이연 혜택이 부과되며, 퇴직급여 수급 시 연금 또는 일시금으로 수령할 수 있다. 운용수익에 대한 세금이 퇴직급여 수급 시 부과된다.

실수령액을 기준으로
연봉을 요구한다면?

● ●

　페이 닥터를 고용하려고 하는데, 페이 닥터가 실수령액을 기준으로 연봉 계약을 요구한다. 페이 닥터의 요구를 들어주려면 4대 보험은 물론 근로소득세와 주민세까지 병원에서 부담해야 한다. 그 금액이 얼마나 되는지 궁금하다.

실질 인건비 부담액을 기준으로 연봉 계약

　페이 닥터뿐 아니라 간호사들도 실수령액을 기준으로 연봉 계약을 하는 경우가 많다. 이때 근로자에게 귀속되는 4대 보험료를 비롯해 소득세와 주민세를 병원 측에서 부담해야 하는데, 그 금액이 만만치 않다. 실수령액을 기준으로 실질 인건비 부담이 어느 정도인지 표로 정리해보았다.

| 실수령액을 기준으로 했을 때의 실질 인건비(2023년 12월 기준) |

(단위: 원)

지급 총액	국민 연금	건강 보험	장기 요양	고용 보험	근로 소득세	지방 소득세	공제 총액	실수령액
2,317,560	104,290	82,158	10,524	20,858	90,663	9,607	317,560	2,000,000
3,537,850	159,203	125,417	16,066	31,841	186,657	18,666	537,850	3,000,000
4,845,820	218,062	171,784	22,066	43,612	354,869	35,487	845,820	4,000,000
6,174,540	265,500	218,887	28,039	55,571	551,401	55,141	1,174,540	5,000,000
7,585,230	265,500	268,896	34,446	68,267	861,928	86,193	1,585,230	6,000,000
8,995,330	265,500	318,884	40,849	80,958	1,171,943	117,195	1,995,330	7,000,000

표에 나타난 4대 보험 및 세금 등의 금액은 근로자가 내야 하는 것이지만 실제 받는 금액을 기준으로 근로계약을 한 경우 위의 금액을 병원에서 대신 내주는 형태가 된다. 여기에서 병원 부담분은 당연히 병원에서 내야 하는 금액이기 때문에 표에 나타나지 않는다. 표에서 근로자는 '실수령액'란의 금액을 받지만, 병원의 관점에서는 '지급 총액'란의 금액을 급여로 지급한 것이다. 이 금액을 급여대장에 기록해야 세법상 비용처리를 하는 데 문제가 없다.

표에서 실수령액 500만원을 예로 들어보자. 실수령액이 500만원이면 연봉이 6000만원인데, 이때 병원이 실제 부담해야 하는 인건비는 월 6,074,540원이다. 따라서 연봉계약을 할 때는 6,074,540×12개월 = 72,894,480원으로 계약해야 한다.

페이 닥터 소득을
어떤 유형으로 신고하는 게 좋을까?

● ●

페이 닥터를 채용한 김 원장은 고민에 빠졌다. 유능한 닥터라 연봉이 꽤 높은데, 실수령액을 기준으로 연봉을 요구해 병원이 추가로 부담해야 하는 금액이 꽤 많다. 페이 닥터의 소득을 근로소득이 아닌 사업소득으로 신고하면 4대 보험의 부담이 없어 도움이 될 것 같은데, 그렇게 했을 때 문제는 없는지 궁금하다.

사실관계에 의한 판단이 유불리를 따지는 것보다 중요

페이 닥터를 채용할 때 근로소득으로 신고할지 사업소득으로 신고할지를 많이 고민한다. 사업소득으로 신고하면 4대 보험의 부담이 없고 원천징수하는 세금도 적어 병원 측에 유리할 것이라 생각하기 쉬운데, 그리 간단한 문제가 아니다.

근로소득 또는 사업소득 중 어떤 유형으로 신고할지는 병원에

유리하고 불리할지를 고려해 선택하는 것이 아니라 사실관계에 의해 판단할 사항이다. 근로소득은 고용관계에 의해 근로를 제공하고 받는 대가를 의미하며, 사업소득은 고용관계 없이 독립된 자격으로 용역을 제공하고 성과에 따라 지급받는 금액을 의미한다.

근로소득과 사업소득의 구분은 소득자를 기준으로 사실관계를 판단하도록 되어 있다. 대부분의 페이 닥터는 매월 동일한 급여를 받고, 한 병원에서만 계속적으로 용역을 제공하기 때문에 근로자로 판단해야 한다. 근로자로 판단되는 페이 닥터를 사업소득으로 신고하는 경우 세무서에서 근로소득으로 간주해 근로소득세를 한꺼번에 추징하거나 4대 보험공단에서 4대 보험료를 한꺼번에 청구할 수 있으니 유의해야 한다. 다만 여러 병원에서 용역을 제공하거나 진료 건수, 수술 건수에 따라 보수를 산정하여 지급하는 경우라면 사업소득으로 신고할 수 있다.

또한 사업소득으로 신고하는 경우 페이 닥터에게 종합소득세 신고의무가 있다는 것도 고려하자.

직원이 퇴직금 중간정산을 요구한다. 퇴직금 중간정산, 해주어도 되는 걸까?

수년째 일하고 있는 직원이 어느 날 찾아와 이번에 집을 사게 되어 목돈이 필요하니 지금까지의 퇴직금을 중간정산하여 받고 싶다고 한다. 성실한 직원이기도 하고 목돈이 필요하다니 퇴직금을 미리 주는 것도 나쁘지 않을 것 같다. 직원이 요청하는 대로 퇴직금을 계산해 주어도 괜찮을까?

퇴직금 중간정산이란

근로자가 퇴직금 중간정산 사유로 퇴직하기 전에 계속근로기간에 대한 퇴직금을 미리 정산하여 지급받을 수 있는 것을 말한다. 근로자는 퇴직금 중간정산을 사업주에게 요청할 수 있지만, 이러한 요구에 대해 의무적으로 퇴직금을 지급해야 하는 것은 아니다. 병원 자금사정에 맞춰 수용하면 된다.

단, 근로시간 단축으로 근로자의 퇴직금이 감소될 우려가 있는 경우에는 사업주가 퇴직금 감소를 예방하기 위한 조치를 해야 할 의무가 있기 때문에 무조건 거부할 수는 없으니 참고 바란다.

퇴직금 중간정산 사유

퇴직금 중간정산은 근로자 퇴직급여보장법 시행령 제3조에 그 사유를 규정하고 있다. 해당 사유가 발생하였을 때 퇴직금 중간정산이 가능하다.

1. 무주택 근로자가 본의 명의의 주택을 구입하는 경우
2. 무주택 근로자가 주거 목적으로 전세금 또는 보증금을 부담하는 경우(당해 사업장에서 1회에 한정한다.)
3. 6개월 이상 요양을 필요로 하는 본인, 배우자, 부양가족의 질병이나 부상에 대한 요양 비용을 근로자가 부담하는 경우
4. 최근 5년 이내 파산선고를 받거나 개인회생절차 개시 결정을 받은 경우
5. 임금피크제를 실시하여 임금이 줄어드는 경우
6. 근로시간의 단축으로 근로자의 퇴직금이 감소되는 경우
7. 천재지변으로 고용노동부장관이 정한 사유와 요건에 해당하는 경우

제**4**장

비용관리

개원 전 지출한 비용,
모두 경비로 처리할 수 있나?

● ●

김 원장은 개원 준비에 한창이다. 정식 개원까지는 앞으로 3개월 정도 더 걸릴 예정이다. 사업자등록도 빨라야 2개월 후쯤이나 할 수 있을 것 같다. 들리는 말로는 사업자등록 20일 전 이내에 사용한 금액만 비용으로 인정받을 수 있다던데, 그 말이 사실이라면 손해가 이만저만한 것이 아니다. 현재 지출하는 많은 비용은 정말 경비로 인정받지 못하는 것일까?

개원자금은 모두 경비처리 가능

부가가치세 과세사업자는 사업자등록 신청일로부터 소급하여 공급시기가 속하는 과세기간이 끝난 후 20일 이내 등록 신청한 경우 그 과세기간 내에 매입 세금계산서 관련 부가가치세액을 환급받을 수 있다. 이 규정 때문에 종종 많은 분이 병의원도 개원 전

20일까지의 지출만 경비로 인정되는 것으로 혼동한다. 예를 들어 개원을 준비하면서 건물은 9월 1일에 인수하고, 사업자등록 및 의료기관 개설신고를 11월 20일에 했다면 9~10월에 지출한 비용은 경비로 인정받을 수 없는 것으로 아는 사람이 많다.

결론부터 말하면 개원 전 지출한 경비는 부가가치세 과세사업자나 면세사업자(병의원) 모두 세금계산서만 제외하고는 기간에 구애받지 않고 경비처리를 할 수 있다.

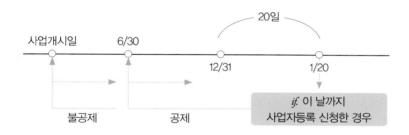

「소득세법」상 필요경비는 총수입금액에 대응하는 비용으로서 일반적으로 용인되는 통상적인 것의 합계액을 말한다. 사업자등록 및 사업 개시일 전에 개업 준비 과정에서 사업과 관련하여 발생한 비용은 개업일 이후인 당해 연도 총수입금액에 대응하는 비용으로 볼 수 있다. 따라서 개원을 준비하면서 지출한 비용은 기간에 구애받지 않고 개업일이 속하는 연도의 사업소득금액을 계산함에 있어 필요경비로 인정받을 수 있다.

그러면 개원 전 어떤 비용들이 경비로 인정받을 수 있을까? 보건소에 의료기관 개설을 신청하면서 발생하는 인지대, 신용카드 단말기 설치비, 개원자금을 빌리면서 발생하는 대출수수료, 전세권설정등기를 위한 법무사 비용, 부동산중개수수료 등 모두 경비에 해당한다. 이 밖에도 개원을 준비하면서 인테리어 공사 계약이나 의료기기 구매 계약을 위해 사람을 만난다든지, 직원 채용을 위해 외부 장소에서 면접을 본다든지 하는 경우 그 장소까지 이동하는 데 소요된 대중교통 이용료나 유류비, 식사비 혹은 음료값 등도 경비로 처리할 수 있다.

단, 어떤 비용이든 경비처리를 하려면 반드시 세금계산서, 계산서, 신용카드 매출전표, 현금영수증, 간이영수증, 거래명세서, 이체 내역 등의 증빙 자료가 있어야 한다. 각종 영수증을 보관하기 어려울 때는 신용카드로 결제하고 신용카드 월별 이용 명세서를 보관해도 된다.

주요경비는 무엇이고,
주요경비가 중요한 이유는?

치과 개원 5년 차인 김 원장은 최근 세무조사를 받았다. 매출도 매년 적당히 증가한 것으로 정리돼 있고, 수익률도 적정 수준으로 잡혀 있었는데 세무조사에서 상당한 세금을 추징당하는 일을 겪었다. 나름 꼬투리를 잡히지 않으려고 세무사의 도움을 받아 열심히 장부를 작성했는데 왜 이런 일이 생겼는지 알 수가 없다. 대체 뭐가 문제였을까?

국세청 감시의 대상, 주요경비

김 원장은 세무조사를 당한 후 다른 세무사에게 의뢰를 했다. 세무사는 김 원장 병원의 최근 3년 동안의 신고 내용을 분석하기 시작했다. 매출액은 3억원에서 매년 1천~2천만원씩 증가했고, 2023년 이익률도 38% 수준이고, 비보험 현금 매출분도 업종 평균치와 비슷한 수준이어서 세무신고서만 봐서는 이렇다 할 문제를 찾아낼 수가 없었다.

그런데 최근 3년 동안 신고한 자료에서 경비 부분을 자세히 보니 주요경비가 매출액에서 차지하는 비율이 60%에 달했다. 주요경비란 인건비, 임차료, 재료비 등을 말하며, 반드시 사업용 계좌에서 이체되어야 하는 비용이다.

인건비에는 정규직 직원의 급여와 상여, 각종 수당, 퇴직금, 그리고 일용직 급여가 모두 포함된다. 인건비는 종업원에게 지급될 때 근로소득세를 원천징수해 세무서에 신고, 납부해야 경비로 인정받을 수 있다. 임차료는 병원 건물 및 직원 기숙사의 월세 등을 말하며, 임대보증금은 임대차계약이 만료됐을 때 돌려받는 금액이므로 경비가 아닌 자산으로 처리된다.

재료비는 병의원의 진료 과정에 사용되는 주요 의약품이나 의료 소모품 등을 구입하는 데 드는 비용으로 당해 사업연도에 사용한 금액을 말한다. 이 비용은 구입한 금액을 모두 경비로 처리하는 것이 아니라 사용액만을 경비로 처리하며 사용하고 남은 재료는 기말재고로 이월된다.

주요경비 중 김 원장의 경우 치과 재료와 기공료가 상당한 비중을 차지하고 있었다. 세무사는 김 원장이 세무조사를 받은 것은 바로 이 때문이라 판단했다. 김 원장도 세무조사를 받을 때 조사관이 임플란트 재료와 기공료 자료를 꼬치꼬치 캐물어 난처했다고 말했다.

비보험 진료가 많은 치과의 경우 임플란트를 포함한 재료 구입비와 기공료만으로 매출액을 역산할 수 있다. 김 원장은 환자로부터 진료비로 받은 현금 중 일부를 매출로 잡지 않은 상태에서 임플란트를 포함한 재료 대금에 대해서는 빠짐없이 세금계산서를 받아 처리하고 기공료 역시 100% 계산서를 받아 세무사 사무실에 넘겼고, 세무사는 세금계산서와 계산서를 전부 당기비용으로 넣어 신고한 것이다.

주요경비는 국세청에서도 예의 주시하는 경비이며 해마다 주요경비율을 고시하고 있다. 주요경비율은 치과의 경우 44.5%, 성형외과 26.6%, 피부과 42.4%, 안과 40.8%, 한의원 37.7% 등이다.

Tip **국세청 사후 검증 시스템이란?**

예전에는 국세청에서 병원에 대한 신고 후 사후 검증 방법으로 매출액 점검 차원에서, 사업장현황신고서를 검토하여 카드 매출 대비 현금 매출 비율, 보험 매출 대비 비보험 매출 비율 등으로 매출액 신고에 대한 사후 검증을 했다면 최근에는 현금영수증 의무발급으로 인해 매출액이 많이 양성화되어 매출액에 대한 사후 검증보다는 경비에 대한 사후 검증이 이루어지고 있다.

경비 사후 검증의 방법은 전체 경비 중 세금계산서와 인건비, 카드 매입분 등 전산상으로 병원의 경비로 인정할 수밖에 없는 적격증빙 비율을 판단하여 적격증빙이 높으면 문제가 없지만 적격증빙 비율이 낮으면 그만큼 임의 경비가 많이 사용된 것으로 판단하여 해당 비적격증빙에 대한 소명을 요구하거나 소명되지 않으면 수정신고를 권장하고 불응하면 실제 세무조사를 진행한다.

03

병과별 재료 재고관리는
어떻게 해야 하나?

한의원을 개원한 송 원장. 열심히 일했고 운도 좀 따라주어 첫해 매출이 나쁘지 않다. 그런데 1년 결산을 해보니 매출에 비해 수익률이 그리 높지 않다. 원인을 따져보니 재고관리를 잘못해 낭비한 비용이 너무 큰 게 문제였다. 앞으로 벌고 뒤로 밑지는 사업을 한 격이다. 이런 사정에도 불구하고 매출에 비해 재료비가 차지하는 비중이 크면 세무조사 대상이 될 수 있다니 억울하기 짝이 없다.

총매출액 대비 비율 조정하며 관리

재고관리는 병원관리의 기본이다. 재고관리를 잘해야 매출원가가 얼마인지, 이익률이 얼마인지 알 수 있기 때문이다. 따라서 병과별로 재료(의료용품)나 의약품에 대해서는 재고수불부(입고와 출고 및 재고 현황을 기록한 장부)를 작성해 출납 현황을 세심하게 관리해야

한다.

당해 연도 매출액에 대응하는 매출원가를 정확하게 산출하려면 기말재고를 확실하게 파악해야 한다. 당기 매출원가를 계산하는 식은 다음과 같다.

기초재고 + 당기 매입 − 기말재고 = 당기 매출원가

병의원의 경우 매년 면세사업자 사업장현황신고서를 제출할 때 매출액과 병과별 재료 사용 현황을 함께 신고해야 한다. 그러려면 기말재고를 정확히 파악해야 하는데, 아무리 관리를 잘해도 한 치의 오차도 없이 기말재고를 관리하기란 쉽지 않다. 재고관리가 허술하면 매출원가가 높아져 이익률이 낮아질 뿐만 아니라 향후 세무 처리를 할 때 문제가 생길 수 있으니 조심해야 한다. 주요 병과별로 재료 재고관리를 할 때 주의해야 할 사항은 다음과 같다.

한의원

한의원의 특성에 따라 편차가 있을 수 있지만 평균적으로 총매출액에서 한약재가 차지하는 비율은 15~25% 수준이다. 그리고 한의원의 경우 사업장현황신고서 부표에 주요 한약재라 하여 당귀, 감초, 녹용 등의 기초재고와 당기 구입, 기말재고, 당기 사용액을 기재해야 한다. 보통 당귀는 총 한약재의 5~7%, 감초는 총 한약재의 2~3%, 녹용은 보약 관련 수입의 15~20% 수준이면 적절하다고 본다.

치과

치과는 전문 분야별로 다소 차이가 있지만 평균적으로 총매출액에서 치과 재료가 차지하는 비율은 11~14% 정도이다. 치과도 사업장현황신고서 부표에 임플란트, 금, 브래킷 등의 기초재고와 당기 구입, 기말재고, 당기 사용액을 기재해야 한다. 일반적으로 산정되는 재료비 또는 기공료 비중의 경우 임플란트 재료는 임플란트 매출액의 20~35%이고, 금은 보철 매출액의 7~10%이며, 기공료는 비보험 매출액의 10% 내외이다.

성형외과, 피부과 등

성형외과는 마취제(보건소에 제출하는 마약장부), 보톡스 구입량과 투입량, 실리콘, 콜라겐과 같은 수술재료 매입과 사용량 관리가 중요하다. 피부과 역시 미용 진료와 관련한 보톡스, 필러 등의 의약품 매입과 사용량, 화장품 재고를 파악하고 있어야 세무조사 시 중요하게 점검하는 재료비 사용량에 대해서 대응하기가 쉽다.

대출을 갚지 않고 계속 이자를 내면
절세효과가 있나?

● ●

　개원해 4년 동안 열심히 일한 결과 김 원장은 개원 때 대출받은 자금을 갚을 수 있을 만큼 여유 자금을 모았다. 대출을 상환하려고 하니 주위에서는 대출을 그대로 유지하고 다른 곳에 투자하는 게 더 유리하다고 조언한다. 정말 빚을 갚지 않고 그대로 유지하는 것이 더 유리한지 궁금하다.

자산을 초과하지 않으면 경비처리 가능

　병원과 관련해 받은 대출금에 대한 이자는 병원을 운영하기 위한 비용이므로 경비처리가 가능하다. 즉, 신용대출이든 담보대출이든 해당 대출이 병원을 위해 쓰였다면 모두 경비처리가 가능하다. 단, 개원 시점의 자산(유형자산, 임차보증금, 의료용품 재고) 범위 이내 대출금에 대한 이자비용만 경비로 처리됨을 주의해야 한다. 자

산을 초과하는 대출금은 사실상 병원에 사용된 것이 아니라 병원과 무관한 개인적 용도로 사용한 것이기 때문에 경비처리를 할 수 없다.

자산 범위를 초과하지 않아 경비로 인정받을 수 있는 대출금에 대한 이자비용은 병원이 존속하는 한 계속 경비로 처리할 수 있다. 하지만 대출금 규모를 계속 같은 수준으로 유지하기는 어렵다. 왜냐하면 병원의 연차 수가 늘어나면서 유형자산들은 매해 감가상각이 일어나 장부상의 자산 규모가 계속 줄어든다. 따라서 개원 당시에는 자산 범위 안에 있던 대출금 규모가 일정 시점이 되면 자산을 초과하기 때문이다.

대출금에 대한 이자를 경비로 계속 처리하려면 자산과 대출금을 6개월이나 분기별로 점검해 자산을 초과하는 대출금 정도만 상환한다. 유형자산이 감가상각을 통해 0이 되면 결국 임차보증금만 남게 되는데, 이때도 임차보증금 금액만큼 대출금을 유지하는 것이 절세 측면에서 유리하다.

| 상황별 대출금을 경비로 처리하는 방법 |

구분		상황	경비처리 여부
개원 시	CASE 1	자 산 200 보증금 100 대출금 300	총자산(300) 범위 내의 대출금(300)이므로 100% 경비처리 가능
	CASE 2	자 산 200 보증금 100 대출금 400	총자산(300) 범위를 초과하는 대출금(400)이므로 초과 인출금(100)에 대한 경비처리 불가능
×년 후(감가상각)		자 산 200 − 100 = 100 보증금 100 대출금 200	감가상각으로 자산이 감소하므로 총자산(200) 범위 내로 대출금을 상환하여 경비로 처리함
×년 후 (감가상각 종료)		자 산 200 − 200 = 0 보증금 100 대출금 100	감가상각 종료로 자산이 0이 되었으므로 남은 자산, 보증금(100) 범위 내로 대출금 유지하여 경비로 처리함

대출금을 갚지 않고 투자하는 것이 이익

상가를 임차해 개원한 경우 상가(토지 및 건물)를 포함한 자산 범위 내에서 대출금을 계속 유지하면서 병원에서 발생한 이익을 다른 곳에 투자하는 게 좋다. 투자 수익이 대출금 이자와 같은 수준만 돼도 절세효과를 감안하면 훨씬 이익이다.

병원에서 발생한 이익 중 1억원을 대출금 상환에 쓰는 경우와 저축은행에 예치하는 경우를 비교해보자. 대출이자율과 저축이자율이 연간 6%로 동일하다고 가정하면 대출이자와 예금이자는 600만원으로 같은데, 대출금을 갚지 않고 이자 600만원을 경비로 처리하면 소득세율만큼 이익을 볼 수 있다. 병원 수입 규모가 커서 가장 높은 세율인 46.2%를 적용해 소득세를 내는 상황이라면 277.2만원을 절세할 수 있다. 저축은행에 예치해 받은 이자는 대출금 이자로 상쇄돼 수익이 0이 되지만 대출금에 대한 이자를 경비로 처리함으로써 얻게 되는 절세액만큼 이익을 볼 수 있는 것이다. 만일 1억원으로 대출금을 상환했다면 매달 내야 하는 이자에 대한 부담이 없어지고 은행 빚이 줄었다는 심리적인 안정감을 얻을 수는 있겠지만, 절세효과는 없어진다.

| 대출금 상환했을 때와 상환하지 않고 투자했을 때의 절세효과 비교 |

	CASE 1 대출금 상환	CASE 2 상환하지 않고 투자
이익	투자이익 없음	1억원×6% = 6,000,000원
비용	이자비용 없음	1억원×6% = 6,000,000원
절세효과	절세효과 없음	6,000,000원×46.2% = 2,772,000원

※ 대출이자율 = 저축이자율 = 6%로 가정

병원을 운영하는 도중 인테리어 공사를 새로 하거나 의료장비를 새로 도입할 때, 자동차를 구입할 때도 할부나 리스보다는 대출을 받는 것이 유리하다. 이에 대한 이자 역시 경비로 처리할 수 있기 때문이다. 그러므로 여유 자금이 있더라도 자금이 필요할 때 대출을 받는 게 좋다. 대출을 받으면 이자비용이 경비처리가 되고 동시에 감가상각도 일어나기 때문에 이중으로 혜택을 누릴 수 있다. 이런 전략은 병원의 경비가 모자란다는 전제가 있어야 한다. 경비가 남거나 충분한 상태에서는 여유 자금으로 투자하는 것이 유리하다.

대출금을 상환할 때는 경비처리 할 수 없는 것부터

개원 당시 자금을 마련하기 위해 주택담보대출과 병원신용대출을 받았던 김 원장은 그동안 모은 자금으로 대출 일부를 상환하려고 한다. 대출이 있으면 이자를 경비로 처리할 수 있어 유리하지만, 대출액 규모를 줄여 현금흐름에 대한 부담을 덜어야겠다고 생각한 것이다. 어떤 대출부터 갚아야 할까?

단순히 이자율 측면에서 본다면 병원신용대출에 대한 이율이 주택담보대출의 이율보다 높으므로 병원신용대출을 먼저 상환해야 이자 부담을 줄일 수 있다. 그러나 병원 경비처리 측면에서 보면 병원신용대출은 이자비용을 경비로 처리할 수 있어 절세효과가 있지만 주택담보대출은 경비처리를 할 수 없으므로 주택담보대출을 먼저 상환하는 것이 좋다.

따라서 병원의 자산을 초과하는 대출이 있다면 초과하는 금액을 1순위로 상환하되 병원신용대출이 병원 자산 범위 내에 있다면 주택담보대출을 먼저 상환해야 한다. 그리고 주택담보대출을 전부 상환하고 병원신용대출만 남아 있다고 해도, 병원의 자산 범위를 넘지 않는다면 신용대출을 그대로 유지해 이자를 경비로 처리하면서 소득은 다른 곳에 투자하는 것이 유리하다. 신용대출도 대출이자율이 더 낮은 금융기관이 있다면 대환해도 대출이자를 경비처리 하는 데 전혀 문제가 없다.

05

접대비로 인정받을 수 있는
항목과 한도액은?

● ●

김 원장은 병원을 개업해 자리를 잡을 때까지 물심양면으로 도움을
준 고객에게 접대를 하려고 한다. 그 고객은 종합검진부터 지병 치료까
지 김 원장을 믿고 맡겼고, 주변 지인도 많이 소개해주었다. 고마운 분이
라 제대로 대접하고 싶은데, 얼마까지 접대비로 인정받을 수 있는지 궁
금하다. 또 개인적인 모임에서 쓴 비용도 모두 접대비로 처리하고 싶은
데 가능할까?

사업 규모에 따라 한도액 있어

접대비란 사업자가 업무와 관련하여 접대, 향응, 선물, 위안의
제공 등의 행위를 위해 지출한 금액을 말한다. 진료과목에 따라
차이는 있지만 병의원 업종은 다른 업종에 비해 접대비가 많이 발
생하지 않는다. 고액 진료를 받은 고객이나 소개 환자가 많은 고

객들에게 상품권이나 선물을 제공하거나 거래처 경조사비 등이
병원 접대비의 전부나 마찬가지이다.

정도를 넘는 과도한 접대를 통해 경쟁자들을 물리치고 사업상
이득을 얻는 것은 공정한 상거래 분위기를 해치는 일이다. 그런
일이 일어나지 않도록 제어하고, 한편으로 접대비를 모두 경비로
인정함으로써 세원이 줄어드는 것을 방지하기 위해 세법에서는
경비로 인정되는 접대비의 한도액을 설정하고 있다. 일반적으로
병의원의 접대비 한도는 기본금액과 수입금액 기준 금액의 합으
로 결정된다.

접대비 한도액 = 기본금액 + 수입금액 기준 금액

기본금액은 연간 1200만원(중소기업은 3600만원)이고, 수입금액
기준 금액은 일반적으로 병의원의 매출액이 100억원 이하이므로
수입금액에 0.3%를 곱한 금액이 된다. 회계연도 중에 개원했다면
기본금액을 12로 나눠, 개원해 운영한 개월 수를 곱한 금액으로
계산하는데, 1개월 미만은 1개월로 간주한다.

예를 들어 2023년 9월 20일 개원했고 2023년 수입금액이 3억
원이면, 2023년도 병원 운영 기간은 3개월 11일이다. 이런 경우 4
개월로 보고 기본금액을 산출한다. 접대비 한도액을 계산해보면
다음과 같다(기본금액 1200만원 기준시).

$$4,900,000원 = (12,000,000 \times 4 / 12) + (300,000,000 \times 0.003)$$

개인적 경조사비를 경비처리 하는 건 위험

병의원 원장들은 종종 경조사비로 지출한 금액을 접대비로 처리한다. 내용을 보면 친구나 선후배, 친인척의 경조사비가 대부분이다. 이는 사실상 병원과 무관한 개인적 경조사비여서 훗날 세무조사를 받을 때 경비처리를 한 내용이 인정되지 않을 확률이 높다. 접대비란 병원과 관련해서 업무상 지출되어야 한다. 예를 들면 충성 고객이나 병원 재료상, 제약회사에 지출된 접대비는 접대비로 인정되지만 원장의 친구나 선후배, 친인척은 병원과 관련이 없으므로 이 같은 경조사비는 엄밀히 따져 접대비라고 할 수 없다.

사회 통념상 타당하다고 인정되는 범위에서 지급되는 축의금, 조의금 및 장례비 등은 경조사비로 경비처리가 된다. 직원에게 지급하는 경조사비는 복리후생비로, 거래처 등에 지급한 경조사비는 접대비로 경비처리 할 수 있다. 여기서 '사회 통념상 타당하다고 인정되는 범위'란 경조사비 지급 규정과 경조사 내용, 지급 능력 등을 종합적으로 감안해 판단해야 한다.

경조사비의 경우도 다른 지출과 마찬가지로 지출 증빙이 있어야 경비로 처리할 수 있다. 결혼의 경우 청첩장이 증빙이 될 수 있지만, 조의금은 증빙을 갖추기가 어렵다. 그 때문에 경조사비의 증빙 자료 수취가 현실적으로 곤란한 점을 감안하여 건당 20만원 이하로 지출된 경조사비는 증빙이 없어도 필요경비에 포함시키고 있다. 단, 지급일, 지급처, 지급금액에 대한 기록은 남겨 둬야 한다.

06

자동차가 필요한데
어떤 방식으로 구입하는 것이 좋을까?

김 원장은 병원 환자가 많아지고 수입이 늘면서 병원 일이 바쁘게 돌아가자 효율적인 업무를 위해 자동차를 구입하기로 했다. 이미 자신의 승용차를 운용리스로 구입해 이용하고 있는데, 새로 구입하는 차량은 어떤 방식으로 사야 할지 고민이다. 이왕이면 값이 비싸더라도 오래 쓸 수 있고 병원의 품격도 높일 수 있는 차량으로 구입하고 싶은데, 혹 너무 비싸면 경비처리에 문제가 생기지는 않을까?

고가의 차량 구입이 과연 답일까?
차량 구입의 경비 인정 여부는 그 차량의 구입과 지출비용이 병의원의 업무와 관련되어 있느냐에 좌우된다. 환자를 수송하거나 병의원의 업무상 외근, 방문 진료 등의 목적으로 쓰인 차량은 업무와 관련된 차량이므로, 그 구입과 유지비(차량 보험료, 유류비, 자동

차세, 차량 수리비 등)가 모두 필요경비로 인정된다.

차량을 구입하는 방법은 크게 네 가지가 있다. 일시불, 할부, 리스, 렌트가 그것이다. 리스에는 금융리스와 운용리스가 있다. 리스료를 매월 부담해야 하는 측면에서는 금융리스와 운용리스가 같다. 금융리스의 경우 리스 대상 차량의 법적 소유권이 병·의원에 있고, 운용리스의 경우에는 법적 소유권이 리스회사에 있다는 것이 다르다.

리스 방식에 따라 경비처리 내용도 다르다. 현금 구입, 할부 구입, 금융리스 등은 차량이 병·의원의 자산이기 때문에 감가상각의 방법으로 경비처리 된다. 반면 운용리스와 렌트는 법적 소유권이 리스회사와 렌트 회사에 있으므로 감가상각으로 경비처리가 되지 않고 매월 부담하는 리스료와 렌트료로 경비처리가 된다.

일시불, 할부, 리스, 렌트 중 어떤 방식으로 차량을 구입하든 병의원 업무와의 관련성이 확실하다면 모두 100% 경비처리 할 수 있다. 성급하게 어떤 방식이 제일 좋다고 말하기는 어렵다. 최근 성실신고확인 대상 병의원(연간 매출액 5억원 이상)의 경우 성실신고 확인서에 병의원의 차량 내역을 기재해야 하므로 특별히 운용리스로 해서 유리한 것은 없어졌다.

따라서 어느 방식을 사용하느냐는 차량 구입과 관련해서 최종 지출되는 총 합계금액으로 판단해야할 것이다. 종전에는 고가의 수입차를 직접 또는 리스로 구입해 사용하는 경우에는 세무조사에서 문제가 될 수 있었다. 그러나 2016년 업무용 승용차에 관한 비용 한도 규정이 신설됨에 따라 1대당 연간 1500만원 한도 내에서 처리 가능하게 되었다. 따라서 업무 관련성에 대한 입증 및 경비처리 인정여부도 한도 내에서만 가능하게 되었음을 주의해야 한다.

자동차 관련 경비
얼마까지 인정될까?

● ●

김 원장은 병원을 개원하여 병원과 관련된 차량을 구입하고 100% 경비처리를 해왔다. 차량을 구입한지 5년이 넘어서 차량을 바꾸려고 하는데, 1년에 경비처리한도가 생겨났다고 들었다. 또한 현재 차량을 중고로 팔려고 하는데 차익이 나면 세금도 내야한다고 하는데 얼마에 팔아야 하나 순간 고민도 생긴다.

업무용 승용차 관련 비용 연간 1천만원 한도?

2016년부터 업무용 승용차 관련 비용한도 규정이 신설됨에 따라 2017년부터는 복식부기의무자 개인사업자에게까지 해당 규정을 적용해야 한다. 원칙적으로 연간 업무용 승용차에 관한 비용은 1,500만원까지 경비처리가 가능하다. 1,500만원에는 차량 감가상각비(리스료, 렌털료도 포함) 800만원 및 차량유지비(유류비, 통행료, 수

선비, 자동차세, 자동차 보험료 등) 700만원을 합쳐서 1,500만원까지는 차량운행일지를 작성하지 않아도 인정된다. 단, 업무전용 자동차 보험에는 반드시 가입하여야 한다.

만약 감가상각비와 유지비용이 1,500만원을 초과하는 경우에는 차량운행일지를 작성하여 보관하여야 하고, 해당 차량운행일지로 입증된 업무사용비율에 따라서만 비용이 인정된다.

업무용 승용차에 대한 감가상각비와 처분손실은 연간 800만원 한도로 인정되는데, 초과되는 비용은 이월해서 공제가능하다. 2016년 이후로 취득한 차량의 경우 5년간 정액법으로 연간 800만원 한도 내로 강제 상각해야 한다. 다만, 한도 초과로 이월된 감가상각비 및 처분손실은 처분일로부터 10년이 경과하는 연도에는 모두 경비처리가 가능하다.

업무상 사용하던 차량 매각 시 소득세 과세?(사업용으로 사용하던 고정자산 처분 시 과세)

개인사업자가 사용하던 승용차를 매각할 경우에 매각차익이 발생해도 과세되지 않았으나, 세법이 개정됨에 따라 성실신고확인 대상 사업자의 경우 2016년 1월 1일, 복식부기의무자는 2017년 1월 1일부터 업무용 승용차를 매각함에 따른 차익 발생 시 종합소득세를 과세하며, 업무용 승용차뿐만 아니라 그 외 기타 유형자산 처분에 따른 매각이익에 대해 2018년 1월 1일부터 과세한다.

따라서 2018년 이후부터는 개인사업자도 유형자산을 처분하기 전에 매각에 따른 이익과 그에 따라 과세되는 세금을 고려하여야 할 것이다.

의료기기 80 (장부가액*)	의료기기 100 (양도가액)
※ 처분 이익 20	

※ 처분이익 20에 대해 과세한다(＊ 장부가액이란, 취득한 가액에서 감가상각비누계를 제외한 가액을 의미함).

업무용 승용차에 관한 비용 한도 및 매각차익에 따른 과세규정이 신설됨에 따라 업무용 승용차 관련 비용관리 또한 중요하다. 종전에는 원장이 출퇴근 목적으로 사용한 경우에 업무용으로 인정하지 않았으나, 원장의 출퇴근, 세미나 참석 등도 업무용으로 인정된다. 차량 1대당 연간 한도 금액이 적용되므로 차량대수가 늘어나면 승용차 관련 비용 한도를 늘릴 수 있으나, 업무용인지 입증할 수 있는 증빙관리는 더욱 철저하게 해야 할 것이다. 또한 업무용 승용차 관련 한도는 세법상 정해져 있는 차량에 한해서이므로, 병원의 앰뷸런스 차량의 경우 대수와 상관없이 전액 비용처리 가능하다.

증빙 없는 임차료를
경비로 처리할 수 있을까?

● ●

자리가 무척 마음에 들어 건물 주인이 임차료 세금계산서 금액을 낮추자는 요구를 수락한 김 원장은 고민에 빠졌다. 실제 내는 임차료는 월 300만원인데, 세금계산서는 200만원만 끊으니 100만원이라는 큰돈이 공중에 붕 떠버렸다. 꽤 큰돈을 그냥 날리는 것 같아 속이 상하다. 세금계산서를 발급받지 않고도 임차료를 낸 금액 모두를 경비처리 할 수 있을까?

증빙 있으면 전액 경비처리 가능

요즘은 거의 없어진 일이지만, 임대사업자들이 실제 임대료보다 금액을 낮춰 적는 다운계약서를 요구하는 경우가 있다. 임대사업자가 소득세를 적게 내기 위해 자신의 임대료 소득을 줄여서 신고할 목적인 것이다.

　그러나 현재의 국세청 시스템은 임대인이 부가가치세를 신고할 때 '부동산 임대공급가액 명세서'를 제출하도록 요구한다. 부동산 임대공급가액 명세서에 층별, 호수별로 임차인의 상호, 사업자등록번호, 임대차 기간, 보증금, 월 임대료 등을 자세히 기재해 신고하도록 의무화하고 있다. 또 임차인은 사업자등록증 발급 신청을 할 때 임대인의 상호, 사업자등록번호, 임대차 기간, 보증금, 월 임차료 등을 자세히 기재하도록 해 임대인의 신고 현황과 임차인의 신고 현황에 대해 크로스 체크를 하고 있다. 그래서 현재는 과거보다는 임대료를 다운해서 신고하는 경우가 많이 줄어든 상태이다.

　그런데도 여전히 실제 임차료보다 금액을 낮춘 세금계산서를 발급하거나 세금계산서를 발급해주지 않는 건물주가 있다. 하지만 걱정할 필요가 없다. 실제로 지불한 임차료를 100% 경비처리할 수 있는 방법이 있다. 임차료는 주요경비로서 사업용 계좌에서 이체해야 하는 대상이다. 다운계산서가 있다고 해도 실제 임차료를 사업용 계좌에서 이체했다면 그 증빙만으로도 전액 경비처리가 가능하다.

법은 멀고 주먹은 가깝다

원칙적으로 임차료를 사업용 계좌에서 이체했으면 이체한 금액모두를 경비처리 할 수 있다. 하지만 법은 멀고 주먹은 가까운 법이다. 원칙은 가능해도 현실적으로는 비용으로 인정받기가 쉽지만은 않다.

예를 들어 실제 임차료는 300만원인데 건물주가 200만원으로 낮춰 세금계산서를 발급했다고 가정해보자. 건물주는 부가가치세를 신고할 때 자신이 발급한 세금계산서 내용대로 부동산 임대공급가액 명세서에 월 220만원(VAT 포함)으로 기재해 신고할 것이다. 하지만 임차인인 원장이 실제로는 320만원을 임차료로 지불했으므로 세금계산서 금액인 220만원에 100만원을 더해 월 320만원(VAT 포함)으로 장부에 계상하여 손익계산서를 제출할 것이다.

이런 일이 벌어지면 임대인과 임차인의 자료를 크로스 체크하는 과정에서 둘 중 누군가는 잘못 신고한 것이므로 당연히 과세 당국에서는 서로 맞지 않는 부분을 확인하기 위해 소명하라는 안내문을 보낼 것이다. 소명하는 과정에서 임대인이 월 임차료를 의도적으로 줄여 신고한 것이 드러나면 과세 당국은 과거 5년치까지 부가가치세 및 소득세를 건물주에게 추징할 수 있다.

이런 세금 추징이 임차인의 신고에 의해 일어났음을 건물주인 임대인이 알게 된다면 가만히 있을 건물주가 어디 있겠는가? 아마도 추징된 세금의 일부를 책임지라는 식으로 나올 것이고, 임대차 기간이 만료되면 재계약이 불가능할 것은 불 보듯 뻔한 일이다. 따라서 다운계약서를 요구하는 건물이라면 경비로 처리할 수 있는 부분을 포기하고 건물주가 발행해준 세금계산서 금액대로 신고하기로 하고 그곳에서 개원할지, 아니면 다른 곳을 찾아볼지 고민해야 할 것이다. 건물주의 요구를 수용했다고 해도 사업용 계좌에서 임차료 전액을 이체했다면 세무조사를 받을 때 문제가 될 수 있다. 임대사업자가 편법을 요구하는 건물에는 입주하지 않는 게 상책이다.

임대사업자가 일반과세자일 때는 월 임대료에 대해 무조건 세금계산서를 발행할 의무가 있으나 간이과세자라면 세금계산서를 발행하지 못하기 때문에 세금계산서를 받을 수 없다. 이때 임차인은 월 임차료에 대해 무조건 사업용 계좌에서 이체해 금융거래 근거를 남겨야 사업용 계좌 미사용가산세(0.2%)를 면할 수 있다.

'정규지출증빙'은 신용카드 매출전표(직불카드, 기명식 선불카드, 현금영수증 등 포함), 세금계산서, 계산서, 매입자 발급 세금계산서를 말한다. 2023년 현재 건당 3만원을 초과하는 거래에 대해서는 반드시 정규지출증빙을 수취해야 하며, 수취하지 않을 경우 그 금액의 2%에 해당하는 '증빙불비가산세'가 부과된다.

3만원 이하 거래에 대해서는 간이영수증을 수취해도 가산세가 없다. 만일 3만원을 초과하는 거래에 대해 정규지출증빙이 아닌 간이영수증을 받더라도 경비로 처리할 수는 있다. 다만, 정규증빙 수취 의무를 위반하였으므로 증빙불비가산세를 부담해야 한다. 그리고 거래 대금이 3만원을 초과했을 때 그 금액을 쪼개 여러 장의 간이영수증으로 나누는 방법을 가끔 쓰는데 이는 하나의 거래로서 증빙불비가산세 부과 대상이다.

병원 물품을 구입할 때
꼭 기업카드로 결제해야 하나?

● ●

　직원에게 간단한 병원 물품을 사 오라고 했는데, 깜빡 잊고 기업카드를 주지 못했다. 할 수 없이 직원이 개인 신용카드로 결제를 했는데, 이 경우에도 경비처리를 하는 데는 문제가 없는지 궁금하다. 또, 경비처리가 된다 해도 증빙 자료로 인정을 받지 못해 증빙불비가산세를 물어야 하는 것은 아닌지 걱정스럽다.

필수는 아니지만 기업카드가 편리

　병원 업무와 관련된 지출은 기업카드나 원장의 개인카드, 직원의 신용카드로 결제해도 경비처리 할 수 있다. 법인과 달리 개인사업자는 업무와 관련하여 지출한 비용을 직원 명의의 신용카드로 결제해도 증빙불비가산세의 적용 대상에 해당되지 않는다.

　다만 직원의 신용카드를 사용했다면 직원에게 사용금액을 지급하고 그 내역을 보관하고 있어야 한다. 이처럼 직원 명의의 신용카드를 사용하면 병원 업무 관련 지출이라는 사실을 입증해야 하는 번거로움이 있으므로, 되도록 대표자 명의 또는 병원 앞으로 발행된 기업카드 등의 신용카드를 사용하는 것이 바람직하다.

최근 금융기관에서 병의원을 대상으로 포인트를 넉넉히 주거나 일반 카드보다 혜택이 많은 카드상품을 적극적으로 마케팅한 결과 많은 병의원에서 기업카드를 사용하게 됐다. 의료용품 등 재료를 구매하거나 업무를 처리할 때 이 기업카드로 결제하면 간단하게 경비로 처리할 수 있다.

한편 국세청은 소득−지출 분석시스템이라고 해서 국세청에 신고된 소득금액보다 '자산취득 + 신용카드 사용금액'이 더 많으면 초과하는 금액은 탈루 소득으로 분석하는 시스템을 사용하고 있는데 의료용품 등 재료 구매 대금을 원장 개인 신용카드로 결제하면 개인 지출금액이 과다한 것으로 분석될 수 있으므로 병의원의 의료용품 구매 등 지출이 큰 금액은 기업카드로 결제하는 것이 더 안전하고 편하다.

카드전표와 세금계산서 중복 조심

이처럼 카드로 구매 대금을 결제하면 거래처에서 발행한 세금계산서와 신용카드 매출전표가 중복으로 들어오게 된다. 신용카드로 대금을 결제했다면 카드 매출전표나 월별 이용명세서에 반

드시 세금계산서와 중복되었음을 표시해서 세무사 사무실로 넘겨
야 한다. 표시하지 않아 이중으로 경비처리가 되면 세무조사를 할
때 세금을 추징당할 수 있다.

인건비를 줄여 신고하는 게
과연 유리할까?

직원 수가 점점 늘어나 매달 내야 하는 4대 보험료도 점점 불어 꽤 많아졌다. 환자 수가 평소보다 적은 달에는 보험료 내기가 적잖이 부담되는 것도 사실이다. 직원들 급여액을 실제보다 적게 신고하면 세금과 4대 보험 부담을 줄일 수도 있을 것 같은데…. 병원 매출이 거의 다 노출되는 상황에서 인건비를 줄여 신고하는 게 득이 될까? 작은 이익을 취하려다 오히려 큰 손해를 보는 것이 아닐까?

인건비 줄여 신고하면 오히려 손해
과거에는 병의원들이 비보험 부분의 매출을 신고하지 않는 방법으로 병원 매출을 줄이는 일이 종종 있었다. 매출을 줄인 상태에서 직원 인건비를 100% 신고하면 인건비의 비중이 너무 높아지는 문제가 생긴다. 그래서 병의원은 주요경비 중 인건비가 차지하

는 비율을 적당한 수준으로 조절하고 4대 보험료도 아끼기 위해 직원 인건비를 낮춰서 신고하는 경우가 있었다.

그러나 신용카드 사용 증가, 10만원 이상 현금영수증 의무발급, 의료비 연말정산 소득공제 등의 제도가 시행되면서 상황이 많이 달라졌다. 비보험 병의원의 경우라도 거의 모든 매출액이 노출돼 인건비를 낮춰 신고하기도 어려워졌을 뿐만 아니라 오히려 손해를 보기 쉽다.

보험 병과도 매출액이 100% 신고되기 때문에 오히려 경비가 모자라는 상황이므로 인건비를 줄여 신고하는 병의원은 거의 없다. 간혹 페이 닥터를 고용한 병원이 높은 급여에 비례해서 납부해야 하는 4대 보험료 부담을 덜어보려고 급여액을 줄여서 신고하기도

했으나 이것도 옛날 얘기다. 매출이 고스란히 노출되어 전체적으로 경비가 모자라기 때문에 페이 닥터의 급여를 줄여서 신고하면 오히려 손해다.

즉, 인건비를 줄여서 신고하면 매월 납부하는 4대 보험료는 감소하지만 5월에 납부해야 하는 대표 원장의 종합소득세는 증가한다는 사실을 잊지 말아야 한다. 다만, 아래 표와 같이 페이 닥터의 세전 연봉이 대표 원장의 사업소득의 구간별 금액보다 초과할 경우에는 절세 효과가 없어지므로 참고하여 페이 닥터의 세전 연봉한도를 고려해야 한다.

| 종합소득세 절세 효과를 볼 수 있는 페이 닥터의 세전 연봉한도 |

당기순이익	세전 총 급여	세율
1억5천만원 초과 시	1억7천만원 미만	38%
3억원 초과 시	3억2천만원 미만	40%
5억원 초과 시	5억2천만원 미만	42%

예를 들어(35% 세율구간에 해당되는 경우) 월 100만원의 인건비를 신고한다고 가정할 때 원장이 4대 보험을 직원 부담분까지 100% 부담한다면 인건비 대비 19% 정도 4대 보험료가 발생하지만, 종합소득세는 인건비 대비 38.5% 정도 감소하기 때문에 인건비를 실제대로 신고하는 것이 전체 세금 면에서 20% 내외 유리하며, 4대 보험료를 규정대로 부담하는 경우 그 차이는 30% 정도가 된다. 물론 개원 연차 수가 얼마 되지 않는 경우(소득금액이 최고 세율

구간에 해당하지 않는 경우)에는 그 부담이 비슷할 수도 있다.

또한 인건비를 줄여서 신고했는데 만약 직원이 산전후휴가를 신청하거나 해고되어서 실업급여를 신청하는 경우에는 해당 직원의 통상임금이 줄어들게 되어서 직원과 분쟁할 소지가 있으므로 특히 주의해야 한다.

> **Tip** **인테리어 철거에 따른 기존 시설장치 폐기 시 비용 인정?**
>
> 기존에는 병·의원의 폐업 또는 사업장 이전 등으로 인하여 기존 인테리어를 철거하는 경우 시설 장치에 대한 폐기손실이 당기 비용으로 인정받을 수 없었다. 세법이 법인과 개인을 달리 취급하고 있었는데, 세법 개정을 통해 개인도 사업의 폐지(2017년 과세기간부터 적용), 사업장 이전(2018년 과세기간부터 적용)으로 임대차 계약에 따른 원상회복을 위해 기존 인테리어를 철거해야 할 경우 기존 인테리어에 대한 미상각 잔액을 비용으로 인정받을 수 있게 되었다. 다만, 2018년 1월 1일 이후부터는 복식부기의무자의 경우 사업용 유형고정자산(의료기기, 차량운반구, 비품 등)을 처분함으로써 발생하는 처분이익에 대해서 소득세를 과세하도록 개정되었으므로 유형자산을 처분 시 사전에 더 유리한 금액을 검토해 보아야 한다.

환자 가족에게 지급한
위로금의 경비처리는?

성형외과를 개원한 최 원장은 자신의 병원에서 성형수술을 받고 회복 중이던 환자가 음식을 먹다가 사망하는 일을 당했다. 자신의 실수는 아니지만 자신의 환자에게 일어난 일이어서 도의적 책임을 느껴 유가족에게 위로금을 지급하기로 합의했다. 위로금으로 지급한 비용이 적지 않은데, 경비로 처리할 수 있는 방법이 있을까?

의료과실이 아닌 합의금은 경비 인정

성형외과 전문의인 김 원장은 홍길동에게 턱, 광대, 이마 성형수술을 시술했다. 회복 과정에서 병문안 온 친구와 간병인이 건넨 호박죽을 먹다 이물질이 기도를 막아 호흡곤란이 발생했다. 응급조치 후 종합병원으로 후송 조치했지만 안타깝게도 환자가 사망했다. 홍길동의 사체검안서에 따르면, 적정 사인은 '정성호흡부전의

증'으로, 선행 사인은 '이물질에 의한 기도폐쇄증'으로 나타났다.

김 원장은 홍길동 사망 후 유족들과 절충하는 과정에서 사망 사고가 사실과 다르게 외부에 알려지면 병원 이미지가 크게 나빠질 것이 걱정돼 조용히 해결하기를 원했다. 김 원장은 고인과 그 유족을 위로하는 차원에서 유족 대표와 합의하여 위로금 4억7500만 원을 지급했다.

그러나 처분청(세무서)에서는 해당 성형외과를 세무조사 하는 과정에서 이 합의금을 업무상 고의 또는 중과실에 의한 손해배상금으로 보아 필요경비로 인정하지 않았다. 김 원장은 이 같은 결정을 받아들일 수 없어 조세심판원에 심판을 청구했다.

사체검안서와 공증받은 합의서 등을 검토한 결과 성형외과 전문의가 고의 또는 중대한 과실에 의해 홍길동을 사망에 이르게 했다면 유가족과의 합의와 관계없이 업무상 과실치사 혐의로 형사처분을 받아야 한다. 처분청은 성형외과 전문의가 이 사망 사고 건과 관련하여 고의 또는 중과실로 형사처분 받은 사실을 입증하지 못했다. 조세심판원은 처분청이 쟁점 합의금을 "고의 또는 중대한 과실로 타인의 권리를 침해하여 지급된 손해배상금"으로 보아 필요경비에 불산입한 것은 타당하지 아니한 것으로 판단했고, 김 원장은 고지된 세금을 취소받았다.

병의원은 의료사고를 해결하기 위해 손해배상금, 합의금 및 위로금을 지불하는 경우가 있다. 진료행위와 관련해 '선량한 관리자의 주의 의무'를 다했어도 의료사고가 발생할 가능성이 존재하는

데, 고의나 중대한 과실로 인해 타인의 권리를 침해한 것이 아닌 경우에 지급하는 손해배상금은 필요경비로 인정된다. 물론 경비 처리를 위해서는 합의서, 합의금 이체 내역, 진료 내역 등 증빙을 갖춰야 한다.

경비처리를 할 수 있는 보험

병의원은 항상 의료사고, 화재 등 여러 가지 사고가 일어날 수 있는 곳이다. 한 번 사고가 나면 그 피해액이 상당해 그만큼 부담도 큰데, 보험을 잘 활용하면 불의의 사고에 대비할 수도 있고, 경비로 처리할 수 있어 일석이조의 효과를 얻을 수 있다.

병의원에서 경비처리가 되는 보험에는 병원화재보험, 의료사고배상책임보험, 병원자동차보험, 직원의 단체보장성보험, 병원에서 부담하는 국민건강보험, 장기요양보험, 고용보험, 산재보험 등이 있다. 원장 개인의 종신보험이나 변액보험, 연금보험은 경비로 처리되지 않는다.

병원의 화재보험이라 하더라도 저축성 보험과 소멸성 보험이 있는데 소멸성 보험은 보험료 전액이 경비처리가 되지만, 만기 환급되는 저축성 보험은 경비처리가 되지 않고 자산으로 처리된다. 이런 규정을 혼동해 저축성 보험도 경비로 처리했다면 경비의 과대계상으로 소득세와 신고불성실 및 납부불성실가산세가 부과된다.

세금에 이의가 있는 경우 구제받는 방법

고지 전

세금이 정식으로 고지되기 이전에는 과세전 적부심사제도를 이용할 수 있다. 세무조사 결과 통지서나 과세예고통지서를 받은 날부터 30일 이내에 해당 세무서나 지방국세청에 청구서를 제출하면 된다. 과세 당국에서 30일 이내에 결과를 통지해준다.

고지 후

세금이 고지된 이후에는 이의신청(세무서나 지방국세청), 심사청구(국세청), 심판청구(조세심판원), 감사원 심사청구(감사원), 행정소송(법원) 등의 방법으로 이의 제기를 할 수 있다. 이때는 고지서를 받은 날부터 90일 이내에 사유서를 제출해야 한다.

먼저 이의신청, 심사청구, 심판청구, 감사원 심사청구 중 하나를 청구할 수 있으며, 이 단계에서 구제받지 못했을 때는 법원에 행정소송을 제기할 수 있다. 이의신청을 했을 때는 심사나 심판청구를 거쳐 법원으로 갈 수 있다.

병의원에서 경비처리가 되는 항목을
총정리하면?

최 원장은 자신의 병원에서 어떤 것들이 경비처리가 가능한지 항상 궁금했다. 이참에 어떤 경비들이 병의원의 세무신고 시 경비처리가 가능한지 항목별로 정리해보고자 한다.

① 인건비
페이 닥터, 간호사, 위생사, 간호조무사, 물리치료사, 방사선사, 코디네이터, 사무장 등의 급여로 4대 보험 공제 전 총급여액을 말한다.

② 퇴직금
실제 지급한 퇴직금 및 퇴직연금 불입액

③ 임차료
병의원 건물과 기숙사 임차료

④ **의약품비**

병의원에서 구입하는 의약품(재고관리가 필요한 큰 금액의 의약품으로, 매출원가로 신고)

⑤ **의료소모품비**

병의원에서 구입하는 소모성 의료소모품(재고관리가 필요 없는 판매관리비로 신고)

⑥ **복리후생비**

직원을 위한 식대, 유니폼비, 회식대, 축의금, 학원 수강비 등 직원을 위해 지출한 경비

⑦ **여비교통비**

직원들의 외근 및 교육을 위해 지출되는 경비와 차량이 없는 원장의 출퇴근 경비

⑧ **접대비**

앞서 언급한 세법상 접대비 한도 범위 내 금액

⑨ **차량유지비**

병의원 등록 차량의 주유비, 수리비, 통행료 등의 경비(단, 차량운행일지를 작성하지 않은 경우에는 감가상각비 포함 연간 1천5백만원 한도)

⑩ 소모품비

병의원을 위해 사용되는 문구류, 사무용품비 등의 경비

⑪ 지급수수료

카드수수료, 세무기장료, 방범용역비, 프로그램 사용료, 기타
지급된 수수료

⑫ 감가상각비

병의원에서 구입한 자산에 대한 세법상 연간 한도 내 금액

⑬ 이자비용

병의원의 자산한도 내의 부채에 대한 이자비용, 장비 구입과 관
련된 리스, 할부 이자 포함

⑭ 보험료

병의원을 위한 화재보험료, 의료사고배상책임보험료, 병원자동
차보험료, 직원들을 위한 단체보장성보험료, 고용산재보험료, 건
강보험료(예전에는 건강보험료를 복리후생비로 처리했으나 최근에는 적격증
빙 검증시스템상 보험료 항목으로 경비처리를 하는 것이 유리하다.)

⑮ 세금과 공과

병의원에서 지출한 의사면허세, 국민연금보험료, 각종 공과금

성격의 경비

16 통신비

전화요금, 인터넷 사용료, 택배비, 마케팅을 위한 직원 스마트
폰 사용료 등

17 전력비

전력요금, 기숙사 전력비

18 도서인쇄비

신문 구독료, 진료를 위한 도서 구입비, 대기실 잡지 구입비
등, 판촉물비용, 병의원 차트와 명함 인쇄비 등

19 광고선전비

광고료로 지급된 비용으로 과도한 광고선전비 지급은 세무조사
유인이 될 수 있다.

20 리스료

의료장비 리스료, 차량 리스료

21 협회비

의사회 협회비 등

22 잡이익, 잡손실

건강보험공단에 청구한 후 삭감되거나 추가 지급되는 금액을 잡이익 또는 잡손실로 처리한다.

23 의료사고배상비용

혹시나 발생할 수 있는 의료사고에 대한 보상금으로 계좌이체 내역과 합의서 등을 구비하면 된다. 다만, 의사에게 중대한 책임이 있는 경우는 제외된다.

24 기부금

근로소득자는 기부금에 대해 세액공제가 되지만 사업소득자는 기부금을 경비로 처리해야 한다. 그러므로 최고 세율을 적용받는 사업소득자가 근로소득자보다 기부금으로 인한 세금 절감효과가 크다. 기부금에 대한 한도는 복잡하지만, 쉽게 대략적으로 법정기부금은 소득금액(순이익)의 100%, 지정기부금은 소득금액의 30%, 종교단체기부금은 소득금액의 10% 범위 내의 기부금을 경비로 처리할 수 있다.

제⁵장

병의원 관련 세금

01

1년에 한 번 한다는 사업장현황신고, 주의할 점은?

● ●

치과를 운영하는 김 원장은 연초에 해야 하는 사업장현황신고를 꼼꼼하게 처리하지 않고 서류를 적당히 작성해 신고했다. 병원은 부가가치세 면세사업자이기 때문에 특별히 세금과 관련해서는 종합소득세 신고만 잘하면 된다고 생각했기 때문이다. 하지만 국세청에서는 김 원장이 신고한 내용에 문제가 있다면서 사업장 현지 확인조사를 나왔다. 세무조사로 이어질 수도 있다고 한다. 어떤 점을 간과했기에 이런 일을 당하는 걸까?

사업장현황신고 한 번으로 끝난다

개인사업자인 병의원이 순수한 면세사업장이라면 사업장의 현황을 과세기간(1/1~12/31) 종료 후 그다음 해 2월 10일까지 사업장 관할 세무서장에게 신고해야 한다. 과세사업자로 전환한 성형외과, 피부과, 일부 치과 등의 사업자는 매 6개월마다 부가가치세 신고 시 매출액을 신고하면 되고, 부가가치세 면세사업자인 병원은 1년에 한 번 매출 신고를 하게 된다. 1년 동안의 수입금액과 매입세금계산서 합계표나 매출·매입 계산서 합계표를 신고하는 것이 주 내용이다.

만약 사업장현황신고를 하지 않거나 미달 신고를 한 경우에는 무신고, 미달 신고 수입금액의 0.5%(의료, 수의, 약사업만 해당)에 해당하는 가산세가 부과된다. 또한 세금계산서 및 계산서 합계표를 제출하지 않으면 미제출하거나 불명금액의 0.5%에 해당하는 가산세가 부과되므로 반드시 함께 제출해야 한다. 사업장현황신고를 할 때 사업장현황신고서와 함께 제출해야 하는 서류는 다음과 같다.

- 매입처별 세금계산서 합계표
- 매출·매입처별 계산서 합계표
- 의료업자 수입금액검토표
- 수입금액검토부표(성형외과, 안과, 치과, 피부과, 한의원에 한함)

사업장현황신고서는 병의원이 폐업 또는 휴업할 때도 제출해야 한다. 「소득세법」 제78조에 의해 사업자(해당 과세기간 중 사업을 폐업 또는 휴업한 사업자를 포함한다)는 대통령령으로 정하는 바에 따라 해당 사업장의 현황을 해당 과세기간의 다음 연도 2월 10일까지 사업장 소재지 관할 세무서장에게 신고(이하 '사업장 현황신고'라 한다)하여야 한다.

수입금액검토부표 작성은 신중하게

한편 성형외과, 치과, 피부과, 한의원, 안과 등은 일반 병의원과 달리 수입금액검토부표를 별도로 작성해서 제출해야 한다. 수입금액검토부표는 비보험 수입을 진료 유형별로 구분하여 인원수를 포함해 기재하도록 되어 있다. 진료 유형별 비보험 수입금액을 인원수로 나누면 병의원의 의료수가가 산출된다. 이렇게 계산된 의료수가가 같은 병과의 전국 평균 및 지역 평균과 비교해서 너무 낮거나 높으면 세무조사의 사전 단계인 사업장 현지 확인조사를 받게 될 확률이 높아진다. 따라서 수입금액검토부표를 작성할 때 사실에 근거해 성실하게 작성해야 한다.

수입금액검토부표는 진료 유형별 비보험 수입금액과 연동하여 해당 병과의 주요 재료를 기초재고액과 당기 매입액, 당기 사용액 및 기말재고액 등으로 구분해 기재하도록 하고 있다. 이 자료를 근거로 진료 유형별 주요 재료 당기 사용액을 진료 유형별 비보험 수입금액으로 나누면 진료 유형별 비보험 수입금액의 원가율이 나온다. 이 역시 해당 병과의 전국 평균과 지역 평균과 비교해서 너무 낮거나 높으면 사업장 현지 확인조사를 받을 확률이 높아진다.

주요 재료의 기초재고액과 당기 매입액, 당기 사용액 및 기말재고액 등을 기재할 때 주의할 사항이 있다. 기초재고액은 전기 기말 재고액을 넘지 않아야 하고, 당기 매입액은 사업장현황신고를 할 때 함께 제출한 매입처별 세금계산서 합계표와 매입처별 계산서 합계표에 나타난 당해 재료를 거래한 거래처의 1년간 거래금액을 넘지 않도록 기재해야 한다. 또 당기 사용액은 당해 재료를 사용한 비보험 수입금액의 원가 상당액과 비슷한지를 확인하고, 기말재고 액은 당기 말 기말재고액 범위 안에서 기재해야 뒤탈이 없다.

2월 10일 사업장현황신고 시 제출하는 신고서와 의료업자 수입금액검토표, 병과 수 입금액검토표를 제출할 때 들어가야 하는 명세서 항목을 살펴보자.

사업장현황신고서 항목
☑ **수입금액과 수입금액 결제 수단별 구성 명세**

합계	신용카드 매출	현금영수증 매출	그 밖의 매출	
			계산서 발행금액	기타 매출
	카드단말기 수입	국세청 현금영수증	검진진료 수입, 예방접종 수입,	보험진료 수입금액과 현금 수입

☑ **적격 증명 수취금액:** 계산서, 세금계산서, 신용카드 수취금액
☑ **시설 현황:** 건물면적, 임차보증금, 차량, 그 밖의 시설, 종업원 수
☑ **기본 경비:** 연간 임차료, 재료 매입액, 인건비
(2019년 1월 1일 이후 사업장의 현황을 신고하는 분부터는 시설 현황, 임차료·매입액·인건비 등의 비용 내역 삭제)

의료업자 수입금액검토표 항목

☑ **사업장 시설 현황:** 진료실, 수술실, 병실, 대기실 면적, 의사, 간호사 등 직원 인원

☑ **총수입금액 및 차이 조정 명세:** 건강보험공단 수입의 당해 기간 수령금액과 진료 후 청구분 미수령액, 직전 기간 진료분 당해 기간 수령액 기재

☑ **의약품(한약재) 등 사용 검토:** 치료의약품, 의료소모품의 기초재고, 당기 매입액, 사용금액과 기말재고 금액

☑ **마취제 취급량:** 마취 사용 의약품 기초재고, 당기 매입, 사용과 기말재고 각 용량과 금액

해당 병과 수입금액검토표 항목(치과, 성형외과, 피부과, 한의원, 안과)

☑ **주요 의료기기 현황**

☑ **진료 유형별 비보험 수입금액과 인원**

☑ **주요 사용 재료 현황:** 주재료 의약품의 기초재고, 당기 매입과 사용금액, 기말재고 금액

종합소득세 신고할 때
꼭 챙겨야 하는 것은?

● ●

피부과를 운영하는 이 원장은 지금까지 종합소득세를 충실하게 신고하고 세금을 잘 냈다고 자부한다. 그런데 국세청에서 성실신고 안내문을 보내왔다. 안내문은 수입금액을 누락한 것으로 보이니 신고를 정확하게 하라는 취지의 내용이었다. 세무사에게 알리고 내용을 확인해보니 자동차보험회사로부터 받은 현금이 누락된 사실이 발견되었다. 또다시 이런 일이 생기지 않도록 하려면 어떻게 해야 할까?

사소한 부분도 충실하게 챙기는 게 좋다

종합소득금액이란 이자, 배당, 사업, 근로, 연금, 기타소득 금액을 모두 합한 것을 말한다. 이렇게 개인별로 합산해서 나온 종합소득금액을 기준으로 소득세가 과세되는데, 그것이 바로 종합소득세이다.

종합소득세 계산 구조를 살펴보자. 종합소득금액에서 소득공제를 차감하면 종합소득 과세표준이 되고, 종합소득 과세표준에 세율(6~45%)을 적용해 나온 결과치가 산출세액이다. 산출세액에서 감면세액과 공제세액을 빼면 결정세액이 되고, 결정세액에 가산세를 더하고 미리 납부한 기납부세액을 빼면 납부할 세금이 된다.

개인사업자는 매년 1월 1일부터 12월 31일까지 1년 동안 벌어들인 소득을 모두 모아 종합소득금액을 산출하고 이를 토대로 계산한 종합소득세를 신고·납부해야 한다. 종합소득세 신고·납부 기간은 소득이 발생한 연도의 그다음 해 5월 1일부터 5월 31일까지이다(성실신고확인 대상 사업자는 6월 30일까지).

종합소득신고를 할 때는 병의원 사업소득 외에도 금융소득, 부

| 종합소득세 세액 계산 흐름도 |

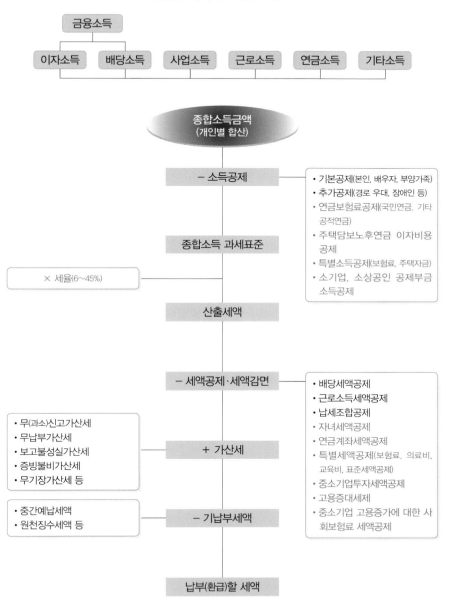

| 금융소득 |

| 이자소득 | 배당소득 | 사업소득 | 근로소득 | 연금소득 | 기타소득 |

종합소득금액 (개인별 합산)

− 소득공제

- 기본공제(본인, 배우자, 부양가족)
- 추가공제(경로 우대, 장애인 등)
- 연금보험료공제(국민연금, 기타 공적연금)
- 주택담보노후연금 이자비용 공제
- 특별소득공제(보험료, 주택자금)
- 소기업, 소상공인 공제부금 소득공제

종합소득 과세표준

× 세율(6~45%)

산출세액

− 세액공제·세액감면

- 배당세액공제
- 근로소득세액공제
- 납세조합공제
- 자녀세액공제
- 연금계좌세액공제
- 특별세액공제(보험료, 의료비, 교육비, 표준세액공제)
- 중소기업투자세액공제
- 고용증대세제
- 중소기업 고용증가에 대한 사회보험료 세액공제

- 무(과소)신고가산세
- 무납부가산세
- 보고불성실가산세
- 증빙불비가산세
- 무기장가산세 등

+ 가산세

- 중간예납세액
- 원천징수세액 등

− 기납부세액

납부(환급)할 세액

동산임대소득, 근로소득, 기타소득 등이 있는 경우에는 사업소득과 금융소득 등을 합산해야 한다. 소득 유형별로 주의해야 할 사항들을 정리해놓았으니 종합소득신고를 할 때 참조하기 바란다.

금융소득

이자소득과 배당소득은 금융소득이다. 개인 단위로 연간 금융소득금액이 2천만원을 초과하는 경우, 2천만원(종합과세 기준금액)에 대해서는 원천징수세율 14%를 적용하고, 2천만원을 초과하는 금액은 금융소득금액 외의 다른 소득금액과 합산해 과세된다. 금융소득종합과세를 피하려면 비과세가 되는 보험상품이나 분리과세가 되는 금융상품에 가입하고 이들 금융상품의 만기를 조절해 이자소득금액을 분산시키는 방법을 활용해야 한다.

사업소득

병의원 사업소득 이외에 원장이 제약회사 세미나나 학술대회 등에서 정기적으로 강의한 대가를 사업소득으로 3.3%의 원천징수세율로 원천징수한 다음 받은 금액이 있을 수 있다. 이 금액은 당연히 사업소득으로 종합소득에 합산하여 신고해야 한다.

부동산임대소득(사업소득)

부동산임대소득은 기장을 하고 정당하게 처리한다. 보통 개원 5년에서 10년 차 병원장의 경우 임대용 부동산 1~2개는 보유하고 있다. 이들 부동산에서 나오는 임대소득은 병의원 사업소득과 합산하되 기장할 수 있는 방안을 모색해야 한다. 의사는 전문직 종사자여서 복식부기의무자에 해당하는데, 부동산임대소득 부분에 대해 기장을 하지 않고 추계에 의해 신고하면 무기장가산세가 붙기 때문이다. 개원한 지 오래된 원장은 수입이 많아 십중팔구 부동산임대소득에 대해서도 38% 이상의 세율을 적용받을 확률이 높으며, 소득금액에 따라 최대 45%의 세율을 적용받는 경우도 있다. 여기에 무기장가산세까지 부담하면 임대수익이 은행이자보다 못한 경우가 생긴다.

근로소득

근로소득은 개원하는 그해에 개원하기 앞서 대학병원 전공의 또는 공중보건의사로 근무한 경우에 발생한다. 이런 근로소득이 있을 때는 개원한 병의원의 사업소득과 합산해 종합소득세를 신고해야 한다. 물론 근로소득의 경우 퇴직할 때 퇴직자 연말정산에 의해 소득세를 정산하지만 개원한 이후 사업소득이 발생한 경우라면 연말정산한 근로소득과 병의원 사업소득을 합산해 신고·납부해야 한다. 자칫 방심하면 이 같은 개원 전 근로소득을 병의원 사업소득과 합산하는 것을 놓칠 수 있다. 대학병원이나 대학에 자문을 했거나 강의를 한 다음 받은 고문료나 강의료도 근로소득으로 잡힐 수 있는데, 이러한 근로소득도 병의원 사업소득과 합산해야 한다.

연금소득

연금소득은 공적 연금소득과 사적 연금소득 두 종류로 나뉜다. 공적 연금소득은 국민연금소득, 공무원연금법 등에 의한 연금 등이 있고, 사적 연금소득은 퇴직보험연금, 개인연금, 퇴직연금, 기타 유사 연금 등이 있다. 이러한 연금소득은 총연금액에서 연금소득공제 액수를 뺀 금액을 다른 종합소득과 합산해야 한다.

기타소득

공동사업에서 탈퇴하면서 받은 금액, 병의원을 매각하면서 받은 영업권 상당액, 일시적·비정기적인 강의료 등이 기타소득에 속한다. 기타소득은 총수입금액에서 필요경비를 빼고 남은 금액이 연간 300만원 이하일 때는 소득자가 종합과세와 분리과세 중 선택할 수 있다. 즉 종합소득에 합산해 신고할 수도 있고 따로 분리해 22%의 원천징수로 과세가 종결되는 방법도 가능하다. 하지만 연간 기타소득 금액이 300만원을 초과하면 무조건 다른 소득과 합산해 종합소득으로 신고해야 한다.

국세청에서는 세원 관리를 위해 다음과 같이 다양한 방법으로 성실신고를 유도하고 있다.

세무조사 후 신고소득률 하락자

- 대상자: 세무조사가 종결된 사업자로서 종결 이후 신고소득

률 평균이 조사 귀속연도보다 10% 이상 하락한 사업자

- 안내 내용: 조사 이후의 신고소득률이 특별한 사유 없이 낮아지면 성실도 검증에서 좋지 않은 평가를 받아 불이익을 받을 수 있음을 안내

기세무조사자

- 대상자: 세무조사를 받은 사업자
- 안내 내용: 세무조사 결과 수입금액 누락, 가공 원가, 접대비 및 유보 경비 등 드러난 문제점이 다시 틀리지 않도록 안내

가공인건비 계상 혐의자

- 대상자: 부동산임대소득자 또는 인적 용역소득자로서 손익계산서 및 원가명세서상 급여계정의 합계와 제출된 근로소득지급명세서의 합계 차이가 1천만원 이상인 사업자
- 안내 내용: 소득세 신고 시 '비용을 허위로 신고하지 않도록' 안내

기타경비 문제 사업자

- 대상자: 수입금액 2억원 이상으로서, 기타경비계정이 1억원 이상, 기타계정비율이 30% 이상인 사업자
- 안내 내용: 소득세 신고 시 '비용을 허위로 신고하지 않도록' 안내

소득금액 조절 혐의자

● 대상자: 세무대리인(지방청별 수입금액 상위 20% 이내) 수임업체 중 최근 5년간 신고소득률이 업종별 소득 조절 혐의 범위 이내인 귀속연도가 3개 이상인 사업자

● 안내 내용: 인위적으로 소득금액을 조절하는 일이 없도록 최근 5년간 신고소득률 등을 안내

세대원에게 인건비를 지급한 사업자

● 대상자: 근로소득지급명세서와 가구 사항 정보를 비교 검토해, 기업주 본인 또는 기업주와 주민등록상 동일 세대를 구성하는 세대원에게 지급한 인건비가 일정 금액 이상인 사업자

● 안내 내용: 개인사업자가 사업주 본인(공동사업자 포함) 또는 사업에 직접 종사하지 않는 가족에게 인건비를 지급하는 경우 필요경비로 인정받을 수 없음을 안내

소득공제와 세액공제는
뭐가 다를까?

● ●

김 원장은 종합소득금액을 빠짐없이 낱낱이 신고했다. 조금 덜 신고해 세금을 줄여보려다 세무 당국에 주목을 받고 결국 세무조사를 받느니 차라리 있는 그대로 신고하고 세금을 내자는 게 김 원장의 생각이다. 하지만 굳이 내지 않아도 되는 세금까지 낼 필요는 없지 않은가! 공제받을 수 있는 항목들을 살펴보니 소득공제와 세액공제라는 것이 눈에 띈다. 어떤 차이가 있을까?

소득공제보다 세액공제가 더 크다

소득공제는 종합소득 과세표준을 결정하는 금액이다. 1년 동안 벌어들인 종합소득금액에서 소득공제액을 뺀 금액이 종합소득 과세표준이다. 소득공제의 절세효과는 사업자가 자신의 소득 규모에 따라 적용되는 세율만큼 기대할 수 있다. 소득공제액의

6~45%만큼 절세효과가 있는 것이다. 예를 들면 종합소득금액
이 8천만원이고 소득공제가 1천만원이라면 종합소득 과세표준은
7천만원이 되는데, 이 경우 당해 사업자가 적용받는 최고 세율은
24%이므로 소득공제액 1천만원의 소득세 절세 금액은 240만원
(10,000,000×24%)이 된다. 또 소득세의 10%인 지방소득세도 절세
되므로 총 264만원을 절세할 수 있다.

세액공제는 산출세액에서 차감되는 금액이다. 종합소득 과세
표준에 세율을 곱한 금액이 산출세액인데 산출세액에서 세액감면
및 세액공제를 차감하여 결정세액을 구하는 데 적용되는 것이다.
소득공제는 공제금액에 소득세율을 곱한 만큼 절세가 되지만 세
액공제는 세액공제 자체 금액이 절세가 된다는 점에서 소득공제

보다 세액공제의 절세효과가 더 크다고 할 수 있다.

소득공제

소득공제는 다음 표에서 보는 바와 같이 소득 구분에 따라 공제 가능할 수도 있고 불가능할 수도 있다.

| 소득공제 체계 |

구분		종류	공제 대상
인적공제	기본공제	본인공제	종합소득이 있는 거주자
		배우자공제	
		부양가족공제	
	추가공제	경로우대자공제	
		장애인공제	
		부녀자공제(일부 제한)	
		한부모소득공제	
		자녀양육비공제(세액공제로 개정)	
		출산·입양자공제(세액공제로 개정)	
연금보험료공제			종합소득이 있는 거주자
특별소득 공제		보험료 특별소득공제	근로소득이 있는 거주자
	주택자금 공제	장기주택 저당차입금 이자상환액 공제	
		주택임차 차입금 원리금상환액 공제	
		주택청약종합저축 등에 대한 소득공제	
주택담보노후연금 이자비용 공제			연금소득 있는 거주자

기타소득 공제	벤처투자조합 출자 등에 대한 소득공제	「조세특례제한법」상 소득공제 종합소득이 있는 거주자
	고용유지 중소기업 등에 대한 소득공제	
	개인연금저축에 대한 소득공제	
	소기업·소상공인 공제부금에 대한 소득공제	
	청년형 장기집합투자증권저축에 대한 소득공제	
	신용카드 등 사용금액 소득공제	근로소득이 있는 거주자
	우리사주조합 출연금에 대한 소득공제	
	고용 유지 중소기업 근로자에 대한 소득공제	
	장기집합투자증권저축에 대한 소득공제	

① 인적공제

인적공제는 기본공제, 추가공제로 구분된다. 기본공제에는 본인, 배우자, 부양가족 등 세 가지 공제가 있다. 세 가지 모두 150만원씩 공제된다. 배우자는 연간 소득금액이 100만원 이하여야 공제받을 수 있다. 부양가족은 20세 이하 또는 60세 이상이어야 한다. 추가공제에는 경로우대, 장애인, 부녀자, 한부모 소득공제 등 네 가지 공제가 있다. 경로우대공제는 70세 이상이면 받을 수 있다. 다자녀추가공제는 자녀세액공제로 자녀 1명은 연 15만원 공제, 2명은 30만원, 자녀 3인 이상은 2인 초과 시 1명당 30만원씩 세액공제하며, 출산하거나 입양신고한 공제대상 자녀 수에 따라 30만원, 50만원, 70만원씩 공제하는 자녀세액공제가 있다.

| 인적공제 내용 |

구분	명칭	공제금액(원)	기타사항
기본공제	본인공제	1,500,000	배우자공제, 부양가족공제는 연간 소득액 100만원 이하여야 하고, 부양가족은 20세 이하이거나 60세 이상이어야 한다. 단, 장애인은 연령 제한이 없음.
	배우자공제	1,500,000	
	부양가족공제	1,500,000	
추가공제	경로우대공제	1,000,000	추가공제는 기본공제 대상자를 공제의 전제 조건으로 한다. 경로우대공제는 70세 이상인 경우 적용한다.
	장애인공제	2,000,000	
	부녀자공제	500,000	
	한부모공제	1,000,000	

2 **특별공제**

병의원 사업자는 특별공제 중에서 의료비, 보험료, 교육비 등 근로소득자들을 대상으로 하는 소득공제에는 해당 사항이 없다. 근로소득자들도 앞의 소득공제 사항들이 세액공제로 바뀌었기 때문에 소득공제 해당 사항이 없다. 성실신고 사업자의 요건을 갖춘 경우에는 의료비공제와 교육비공제를 받을 수 있었는데 이 역시 세액공제 사항으로 전환되어 병의원 성실신고 사업자의 경우 의료비, 교육비 사용액의 15%를 세액에서 차감해주는 형태로 2014년에 개정되었고 앞서 설명한 바와 같이 기부금은 기존처럼 소득공제가 아닌 장부상 경비로 처리해야 한다.

3 **연금보험료공제와 주택담보노후연금 이자비용 공제**

대표적인 공적연금인 국민연금에 의해 부담하는 연금보험료는 전액 소득공제 대상이 된다. 또 주택담보노후연금 이자비용 공제란 연금소득이 있는 거주자가 주택을 담보로 노후연금을 지급받은 경우에는 그 지급받은 연금에 대하여 해당 연도에 발생한 이자 상당액을 당해 연금소득금에서 공제하는 것을 말한다. 한도는 200만원이며 연금소득이 있는 해당 소득자에게만 한정된 소득공제 사항이다.

④「조세특례제한법」상 소득공제

병의원 사업자가 받을 수 있는 「조세특례제한법」상 소득공제에는 소기업·소상공인 공제로서 분기별로 300만원 이하의 공제부금을 납입하는 공제에 가입하여 납부하는 공제부금이 있다. 2017년 납입부금부터 소득금액에 따라 최대 소득공제 한도에 차등을 두었으며 그 내용은 아래 표와 같다.

| 소기업·소상공인 공제부금에 대한 소득공제 절세효과 분석 |

구분	사업(또는 근로) 소득금액	최대 소득공제한도	예상 세율	최대 절세효과
개인· 법인의 대표자	4천만원 이하	500만원	6.6%~16.5%	330,000원 ~825,000원
개인	4천만원 초과 1억원 이하	300만원	16.5%~38.5%	495,000원 ~1,155,000원
법인의 대표자	4천만원 초과 5,675만원 이하	300만원	16.5%~26.4%	495,000원 ~792,000원

| 개인 | 1억원 초과 | 200만원 | 38.5%~49.5% | 770,000원
~990,000원 |

※ 위 예시는 노랑우산공제 소득공제만을 받았을 경우의 예상 절세효과 금액입니다.

※ 2023년 종합소득세율(지방소득세 포함) 적용 시 절세효과이며, 세법 제·개정에 따라 변경될 수 있습니다.

※ 법인대표자(2016. 01. 01 이후 가입)는 총급여액 7천만원(근로소득금액 5,675만원) 초과 시 소득공제를 받을 수 없습니다.

＊ 2015년 12월 31일 이전 가입자는 종합소득금액을 한도로 소득공제 받으실 수 있습니다.

※ 개정세법

- 조세특례제한법(법률 제14390호, 2016. 12. 20 일부개정) 제86조의 3제1항, 부칙 제23조

세액공제

병의원의 경우 세액공제를 받을 수 있는 항목은 다음과 같다.

1 의료비공제

병의원 사업자와 그 부양가족이 사용한 의료비는 세액공제 사항이 아니다. 다만, 수입금액 5억원 이상 신고가 확정된 성실신고 확인 대상자는 의료비공제를 할 수 있다. 사용금액의 15%를 세액에서 공제할 수 있다. 공제받을 수 있는 범위는 본인, 장애인, 65세 이상자의 경우 한도 금액이 없고, 그 외 부양가족 합계 한도는 105만원이다. 무조건 사용금액의 15%를 공제하지는 않고 총의료비 대상 금액이 총사업소득금액의 3% 이상 되어야 세액공제가 가능하다.

2 교육비공제

병의원 사업자와 그 부양가족이 사용한 교육비도 세액공제에

해당하지 않는다. 다만, 수입금액 5억원 이상 신고 확정된 성실신고확인 대상자는 교육비공제를 할 수 있다. 사용금액의 15%를 세액에서 공제할 수 있는데 유치원·보육시설·학원 및 체육시설, 초·중·고등학교는 1인당 연 300만원, 대학교는 1인당 연 900만원이 한도 금액이다.

③ 표준세액공제

근로소득이 없는 거주자는 연 7만원의 세액공제를 받고, 근로소득이 있는 거주자로서 특별세액공제, 특별소득공제 및 월세세액공제를 신청하지 아니한 경우 연 13만원의 세액공제를 한다(종합소득이 있는 거주자로서 성실신고사업자에 대한 의료비 등 세액공제를 신청하지 않은 경우에는 연 12만원).

④ 「조세특례제한법」상 세액공제

● 고용증대세제

기존에 존재하던 고용창출투자세액공제와 청년고용증대세제를 통합, 재설계하여 고용증대세제가 신설되었다. 2018년 1월 1일 이후 개시하는 과세연도 분부터 적용되는 이 제도는 기존 고용창출투자세액공제가 투자가 있음을 요건으로 하였다면 개정된 내용에는 투자가 없더라도 고용증가 시 1인당 연간 일정금액을 공제하도록 하였으며, 2022년 12월 31일 조세특례제한법 개정으로 기존의 고용증대 세액공제, 사회보험료 세액공제, 경력단절여성 세

액공제, 정규직전환 세액공제, 육아휴직 복귀자 세액공제를 「통합
고용세액공제」로 통합·단순화하였다.

• 적용 대상

내국인(소비성 서비스업 등 제외)이 2024년 12월 31일이 속하는 과
세연도까지의 기간 중 해당 과세연도의 대통령령으로 정하는 상
시근로자의 수가 직전 과세연도의 상시근로자의 수보다 증가한
경우에는 다음의 금액을 해당 과세연도의 소득세에서 공제한다.

(단위: 만원)

구분	중소기업		중견기업	대기업
	수도권	지방		
상시근로자	700	770	450	–
청년정규직, 장애인 등	1,100	1,200	800	400

• 공제기간

청년 등 상시근로자 수가 감소하지 아니한 경우 중소기업의 경
우 3년간 연속하여 공제한다.

• 상시근로자

「근로기준법」에 따라 근로계약을 체결한 내국인 근로자로서 다
음의 근로자는 제외한다.

① 근로계약기간이 1년 미만인 근로자

② 단시간근로자(1개월간 60시간 이상 근로자는 제외)

③ 임원, 최대주주, 최대출자자 및 그 배우자, 직계존비속 등

＊ 계산방법 해당 과세연도 매월 말 상시근로자수의 합÷해당
과세연도의 개월 수

・청년 정규직 근로자, 장애인, 60세 이상인 근로자

＊ (청년정규직)「근로기준법」에 따라 근로계약을 체결한 내국인
근로자 중 15세 이상 29세 이하인 자(병역 이행 시 6년을 한도로
연령 상향 조정)

＊ (장애인)「장애인복지법」의 적용을 받는 장애인

＊ (60세 이상 근로자) 근로계약일 체결일 현재 60세 이상인 사람

・사후관리

세액공제를 받은 과세연도의 종료일부터 2년이 되는 날이 속하
는 과세연도의 종료일까지의 기간 중 각 과세연도의 청년 등 상시
근로자 수 또는 전체 상시근로자 수가 공제를 받은 과세연도보다
감소한 경우에는 공제받은 세액에 상당하는 금액을 소득세 또는
법인세로 납부하여야 한다.

・주의사항

① 해당 과세연도의 상시근로자 수가 직전 과세연도의 상시근

로자 수보다 증가한 경우, 해당 과세연도부터 2년간(중소·중
견기업은 3년간) 세액공제를 적용하되, 2년 이내에 상시근로자
수가 감소하는 경우 공제금액을 추징한다.

② 창업중소기업 감면 중 고용증가에 따른 추가감면(조특법 제6
조 제7항)을 제외하고 다른 감면과 중복적용 가능하며, 다른
세액공제와도 중복적용이 가능하다.

예시) 고용증대 세액공제와 사회보험료 공제 중복(○), 고용증대 세액공
제와 중소기업 특별세액감면 중복(○)

③ 최저한세 적용대상이며, 결손, 최저한세 등으로 공제받지
못한 세액은 10년간 이월공제가 가능하다.

④ 농어촌특별세에 해당하며, 2년 내 인원 감소로 인한 공제세
액 추징 시기에 납부한 농특세는 환급된다.

● **통합투자세액공제**

병의원 업종을 영위하는 사업자가 의료기기에 새로 투자한 경
우 투자금액의 10%를 소득세에서 공제할 수 있으며, 해당 과세연
도에 투자한 금액이 직전 3년간 연평균 투자 또는 취득금액을 초
과하는 경우 그 초과하는 금액의 3%를 추가공제한다. 다만, 중고
자산 및 리스에 의한 투자는 제외하며 수도권과밀억제권역 안에
서는 기존의 의료기기를 교체하는 대체투자만 가능하다.

● 중소기업 고용 증가 인원에 대한 사회보험료 세액공제

2024년 12월 31일이 속하는 과세연도까지의 기간 중 상시 고용인원이 증가한 병의원의 경우는 고용증가 인원에 대하여 사용자가 부담하는 사회보험료를 소득세액에서 공제할 수 있다. 해당 과세연도와 해당 과세연도의 종료일부터 1년이 되는 날이 속하는 과세연도까지 세액공제를 적용해 준다(총 2년간). 이때 사회보험료란 사업주가 근로자에 대하여 부담하는 4대 보험 관련 국민연금, 고용보험, 산재보험, 건강보험과 장기요양보험 금액을 말한다.

만 15세에서 29세 이하인 청년 직원을 정규직으로 고용했다면 병의원 원장이 부담하는 사회보험료를 전액 소득세에서 공제할 수 있고, 그 이상의 직원 고용 시에도 사회보험료 50%를 세액에서 절감할 수가 있다.

고용 증가 구분	세액공제금액
청년 상시 근로자가 증가 시	증가 인원에 대한 사용자가 부담하는 사회보험료×100%
청년 외 상시 근로자가 증가 시	증가 인원에 대한 사용자가 부담하는 사회보험료×50%

● 근로소득을 증대시킨 기업에 대한 세액공제(조특법 제29조의4)

병의원 업종을 영위하는 사업자가 2025년 12월 31일이 속하는 과세연도까지 상시근로자의 평균임금 증가율이 직전 3개 과세연도의 평균임금 증가율의 평균보다 크고, 상시근로자 수가 직전 과

세연도의 상시근로자 수보다 크거나 같을 경우에는 직전 3년 평균 초과임금 증가분의 20%에 상당하는 금액을 소득세에서 공제한다.

이에 해당하여 세액공제를 받으려는 경우에는 근로소득 증대기업에 대한 세액공제 신청서를 관할 세무서에 제출해야 한다.

● 성실신고확인비용에 대한 세액공제

성실신고확인 대상 사업자가 성실신고확인서를 제출하는 경우에는 세무대리인에게 직접 지출한 성실신고확인비용에 대하여 60%에 해당하는 금액을 소득세에서 공제한다. 병의원 기준, 성실신고확인 대상 기준은 수입신고금액 5억원 이상인 병의원 사업자이다. 또한 세액공제 한도는 최대 120만원이다.

예를 들어 6억원의 수입을 신고하는 원장이 그해 성실신고확인서를 제출하면서 220만원의 성실신고확인비용이 들었다면 220만원의 60%인 132만원을 모두 세액공제 받는 것이 아니라 120만원까지만 받을 수 있다.

● 정치자금기부금 세액공제

2014년 1월 1일 이후 「정치자금법」에 따라 정당(후원회와 선거관리위원회 포함)에 기부한 정치자금 중 10만원까지는 기부금액의 100 / 110을, 10만원 초과 3천만원까지 기부금액은 15%, 3천만원 초과금액에 대해서는 25%의 세액공제를 한다.

기부금액 구분	공제율
100,000원까지	기부금액×100 / 110
100,000원 초과 30,000,000원 이하	기부금액×15%
30,000,000원 초과금액	기부금액×25%

● 현금영수증 발급 세액공제

현금영수증 가맹점이 거래 건별 5천원 미만의 거래에 대해 현금영수증을 발급하는 경우 해당 과세기간별 현금영수증 발급 건수에 20원을 곱한 금액을 해당 과세기간의 소득세 산출세액에서 공제받을 수 있다.

5 기타 사항

세액공제와 세액감면을 동시에 적용할 때 중복 적용 배제, 세액공제 중복 시 중복 적용 배제, 수도권과밀억제권역 안의 투자에 대한 조세감면 배제, 최저한세 적용, 농어촌특별세 과세 여부 등과 같은 규정이 있다. 복잡한 세법 규정이지만 종합소득세 신고 시 반드시 검토해야 한다.

맞벌이 부부, 소득공제와 세액공제를 누가 받는 것이 좋을까?

●　●

　20세 이하 자녀 두 명을 둔 강 원장은 연간 소득금액이 1억원이다. 강 원장의 아내는 직장인인데 근로소득금액(총급여액 - 근로소득공제)이 4천만원이다. 이 경우 자녀 두 명은 누구의 부양가족으로 하는 것이 좋을까? 또 자녀 모두를 의사인 강 원장이 부양가족으로 공제했다면 자녀의 교육비, 의료비, 보험료 공제를 아내가 받을 수 있을까?

소득금액이 많은 사람이 공제받는 것이 유리

　맞벌이를 할 경우 기본공제와 추가공제 같은 인적공제를 누가 받는 것이 유리한지를 놓고 고민하게 된다. 기본공제든 추가공제든 일단 소득이 많은 쪽에서 받는 것이 절세효과가 크다.

　현행 소득세율은 6%(1400만원 이하), 15%(1400만원 초과~5000만원 이하), 24%(5000만원 초과~8800만원 이하), 35%(8800만원 초과~1억 5000

만원이하), 38%(1억5천만원 초과~3억원 이하), 40%(3억원 초과~5억원 이하), 42%(5억원 초과~10억원 이하), 45%(10억원 초과)이다. 연간 소득이 1억원인 강 원장은 해당 세율 구간인 35%를 적용받고, 연간 소득이 4천만원인 아내는 15%의 세율을 적용받는다.

만약 자녀 두 명에 대한 기본공제를 강 원장이 받는다면 1,500,000원×2(명)×35% = 1,050,000원의 절세효과를 얻을 수 있다. 반면 아내가 받는다면 절세효과가 1,500,000원×2(명)×15% = 450,000원으로 강 원장이 부양가족공제를 받았을 때보다 훨씬 작다.

| 강 원장과 강 원장 아내가 소득공제를 받았을 때의 절세효과 비교 |

	강 원장	강 원장 아내
연간 소득	100,000,000원(35% 세율 적용)	40,000,000원(15% 세율 적용)
절세 효과	1,500,000원×2명×35% = 1,050,000원	1,500,000원×2명×15% = 450,000원

자녀 기본공제는 남편이, 자녀양육비는 아내가 공제받을 수 있을까?

2014년 귀속 소득 전에는 자녀의 기본공제와 자녀양육비 추가공제 사항을 분리할 수 있었다. 예를 들어 자녀 2인에 대한 기본공제는 남편이 받더라도 자녀양육비는 아내가 받을 수 있어서 소득금액과 세금 부담을 적절히 조절할 수 있는 구조였다. 하지만 2014년 귀속 소득금액부터는 자녀양육비공제, 출산·입양자공제, 다자녀추가공제가 폐지되고 자녀세액공제로 통합·변경됨에 따라 자녀 모두를 부부 한쪽에서 공제하든 나누어서 공제하든 공제액에 차이가 없게 되었다.

기본공제를 받는 자녀 수에 따라 자녀세액공제도 자동적으로 따라가게 되어 있다.

기본공제	자녀 1인당 150만원 소득공제
자녀세액공제	기본공제를 받는 자녀의 수에 따라 아래 금액을 세액공제 1명: 15만원 2명: 30만원 3명 이상: 30만원 + {(자녀 수 − 2)×30만원}

따라서 자녀공제 전 과세표준이 높은 쪽에서 공제받는 것이 무조건 유리하고, 자녀 기본공제와 세액공제는 근로소득자뿐 아니라 사업소득자에게도 적용되므로 부부 한쪽이 사업소득자인 경우에도 같은 원칙을 적용하면 된다.

본인과 자녀 보장성보험료는 소득공제를 받을 수 있을까?

일단 보장성보험료로 세금 혜택을 받을 수 있는 사람은 근로소득자여야만 한다. 근로소득자 본인 외에 인적공제 대상자의 보장성보험료는 보험료 납입액의 12%가 세액에서 공제된다.

보험료별로 합계액이 각각 연 100만원까지 세액공제를 받는 한도 금액이며 사업자는 공제 사항이 아님을 유념하자.

그러므로 보장성보험료와 관련된 세액공제 사항은 부부 중 근로소득자인 사람이 공제받을 수 있다. 주의할 점은 계약자는 누구든 상관없지만 세액공제를 받는 기본공제 대상자들의 보험료는 피보험자가 반드시 기본공제 대상자여야만 세액공제 대상이 된다는 점이다.

올해 가족들 건강이 적신호라 의료비 부담이 컸는데 세금 혜택이 있을까?

의료비는 나이와 소득 제한이 없기 때문에 인적공제 대상자가 아니라도 직계존·비속, 배우자 등의 의료비 사용액의 15%를 세액에서 공제할 수 있다. 의료비 세액공제를 적용할 수 있는 당사자는 근로소득자와 성실신고확인 대상이 되는 사업소득자이다.

또한 의료비 사용액이 총급여액(성실사업자. 성실신고사업자는 총소득금액)의 3% 이상이 되어야만 세액공제가 가능하므로 부부의 소득 유형과 소득금액을 고려해보고 세제 혜택을 받을 한쪽을 선택하는 것이 좋다.

의료비공제가 좋은 점은 맞벌이 부부 간에 배우자의 의료비도 제한 없이 사용할 수 있다는 점이다. 배우자가 의료비 세액공제를 이용하지 못한다면 본인의 의료비 사용액으로 가져와서 세제 혜택을 받을 수도 있으니 배우자와 상의해 최적의 결정을 하도록 한다.

교육비도 비용처리가 된다는데 어느 쪽으로 몰아줄까?

교육비 역시 나이 제한이 없어서 본인은 물론 기본공제 대상자인 배우자, 직계비속, 형제자매, 입양자(직계존속은 제외) 등의 교육비 15%를 세액에서 절감할 수 있다. 교육비 세액공제 역시 근로소득자나 성실신고확인 대상이 되는 사업소득자가 해당된다. 배우자가 본인의 기본공제 대상자가 되어야 하므로 맞벌이 부부가 한쪽 또는 나누어서 공제받을 수 있는 사항은 아니다.

신용카드 등 사용액은 연봉이 낮은 배우자 명의 카드를 사용해야 하나?

신용카드, 체크카드, 현금영수증 사용금액 소득공제는 맞벌이 부부 중 근로소득자만 가능하다. 소득공제 혜택을 받으려면 최소 총급여액의 20% 이상을 사용해야 하기 때문에 맞벌이 부부가 모두 근로소득자라면 연봉이 낮은 배우자로 카드 사용액을 쓰는 것이 현명할 것이다.

그러나 근로소득자와 사업소득자, 또는 둘 다 사업소득자인 맞벌이 부부라면 상황은 달라진다. 근로자가 최대 혜택을 받을 수 있게 개인 사적 경비는 근로소득자에게, 나머지 병원 운영과 관련한 경비는 해당 병의원에 경비처리가 가능하도록 해야 한다.

기본공제와 신용카드공제도 부부가 나누어 받을 수 있다. 예를 들어 부모와 자녀 같은 직계존·비속에 대한 기본공제를 남편이 받았을 경우 그들이 사용한 신용카드 금액은 아내가 받을 수 있다. 이때 직계존·비속은 연간 소득금액이 100만원 이하여야 한다.

또한 각자 신용카드로 사용한 경비가 부부 간에 이중으로 경비처리가 되거나 소득공제를 받을 경우 국세청에서 수정신고 안내가 나올 수 있으니 중복 경비처리가 되지 않도록 주의한다.

05

병의원이 낸 부가가치세는
돌려받을 수 있나?

● ●

최근, 부가가치세가 과세되는 미용 목적의 진료를 시작한 최 원장은
기존 면세사업자에서 과세사업자로 변경 신고하여 사업자등록증을 새로
교부받았다. 부가가치세에 대한 기본 개념이 궁금하다.

▌ 과세사업자의 매입부가가치세는 부가세 공제

과세사업자가 된 원장이라면 일단 부가가치세에 대한 개념을
알아야 한다. 부가가치세는 간접세이고 세율은 공급가액의 10%
이다. 부가가치세는 사업자가 부담하는 세금이 아니라 최종 소비
자인 환자가 부담하는 세금인데, 국가를 대신해 사업자가 거두는
세금이다. 과세사업자는 공급가액(매출액)의 10%를 별도로 공급받
는 자인 환자에게 받고, 자신이 매입할 때 부담한 매입부가가치세
를 매출부가가치세에서 차감하여 차액만 신고·납부해야 한다. 부

가가치세의 신고·납부는 상반기와 하반기 두 차례에 나눠 신고하고 납부한다. 1기는 1월 1일부터 6월 30일까지이고, 2기는 7월 1일부터 12월 31일까지이다.

부가세 진료용역을 하는 병의원 사업자는 10만원 진료에 매출부가가치세 1만원을 붙여 진료 고객에게 11만원을 받고 부가세 신고 때 1만원을 납부하고, 병의원에서 매입 시 10만원 가격에 매입부가가치세 1만원을 붙여서 11만원의 대금을 지불하고 부가세 신고 때 1만원을 매출부가가치세에서 공제를 받는 것이다.

면세사업자의 매입부가가치세는 경비로 포함

부가가치세가 면세(단, 미용이나 성형 목적의 진료는 부가가치세가 과세되는 과세사업자)되는 진료를 하는 병의원은 공급가액(매출액)의 10%를 별도로 환자에게 거래징수를 할 필요가 없다. 단 일반과세자로부터 매입을 할 때는 부가가치세를 부담해야 한다. 그렇다 하더라도 별도로 부가가치세 신고를 할 필요는 없고, 1월 1일부터 12월 31일까지 1년 동안의 매출액과 매입 관련 세금계산서 및 계산서를 다음 해 2월 10일까지 사업장현황신고를 통해 신고하면 된다.

그렇다면 매입을 할 때 부담했던 부가가치세는 어떻게 처리될까? 면세사업자의 경우 매입할 때 부담한 부가가치세는 환급·공제받을 수 없지만, 매입부대비용으로 원가에 합산해 종합소득세 신고 시 경비처리를 할 수 있다.

한편 부가가치세 과세사업자든 면세사업자든 종합소득세 신고·납부는 다를 바가 전혀 없다. 매년 1월 1일부터 12월 31일까지의 사업소득은 다른 종합소득과 합산하여 이듬해 5월 31일(성실신고확인사업자는 6월 30일)까지 신고하고 납부해야 한다.

부가가치세는 최종소비자가 부담하는 세금

제조, 도매, 소매 등 3단계 유통 경로를 거쳐 제품이 소비자에게 판매될 때 부가가치세는 어떻게 신고·납부되는지 살펴보자.

- 제조업자가 원가 없이 제품을 1,000원(VAT 100원 별도)에 도매업자에게 판매
- 도매업자는 제조업자로부터 제품을 1,000원(VAT 100원 별도)에 매입해 소매업자에게 1,400원(VAT 140원 별도)에 판매
- 소매업자는 도매업자로부터 제품을 1,400원(VAT 140원 별도)에 매입, 최종소비자에게 2,200원(소비자가로서 VAT 200원 포함)에 판매

| 유통단계별 부가가치세의 변화 |

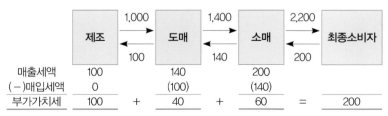

제조업자는 자기가 창출한 부가가치인 1,000원에 대한 부가가치세 100원을 도매업자로부터 거래징수해 납부했다. 도매업자는 자기가 창출한 부가가치인 400원에 대한 부가가치세 40원에 매입 시 부담한 부가가치세 100원을 포함해 소매업자로부터 140원을 거래징수해 매입 시 부담한 부가가치세 100원을 차감해 최종 40원을 납부한다. 소매업자는 자기가 창출한 부가가치인 600원에 대한 부가가치세 60원에 매입할 때 부담한 부가가치세 140원을 포함해 최종소비자로부터 200원을 받아 매입 시 부담한 부가가치세 140원을 차감해 최종 60원을 납부했다.

각 단계에서 부담한 부가가치세의 합계액은 200원(100원 + 40원 + 60원)이다. 이는 최종소비자가 전액 부담한 부가가치세 200원과 같아 결국 부가가치세는 간접세로서 최종소비자가 부담하는 세금이라는 의미가 여기에 있다.

06

미용, 성형 목적 진료용역의
부가가치세 과세 전환 내용은?

● ●

피부과를 운영하는 정 원장은 오래전부터 피부관리와 미용을 위한 장비를 들여놓고 관련 진료를 하고 있다. 외모가 중시되는 요즈음 경향에 따라 의료서비스 영역을 넓힌 것이다. 환자들 반응도 매우 좋아 치료와 관리를 같이하는 수요가 많이 늘었다. 새롭게 시행한 의료서비스이지만 세무는 일반 진료와 동일하게 처리하고 있다. 그런데 일부 의료서비스는 면세 대상이 아니라는 소리가 들린다. 맞는 말인가?

의료용역 일부가 부가가치세 과세로 바뀐다

의료 영역에서 부가가치세를 면세하는 지점을 어디까지로 할 것인지는 나라마다 조금씩 다르다. 유럽연합과 우리나라의 부가가치세 면세 기준에는 상당한 차이가 있다. 유럽연합에서 시행하는 규정 가운데 일부가 조만간 우리나라 의료 분야 세제에도 도입

되거나 비슷한 방향으로 변화할 것으로 예상된다.

유럽연합은 의료보건용역 대상을 인간으로 한정한 데 반하여, 우리나라는 동물 등에 대하여 수의사가 제공하는 용역까지 면세하고 있다. 또 유럽연합에서는 의사나 다른 자격이 있는 자가 제공하는 의료용역이라고 하더라도 원칙적으로 인간의 질병에 대한 진단과 치료 그리고 인간의 건강 유지 및 예방 목적이 아닌 다른 목적으로 제공한 의료용역은 정상 과세한다. 그런데 우리나라의 경우 이에 대한 세부적인 규정이 존재하지 않는다. 장의사가 제공하는 장례용역과 화장용역이 유럽연합에서는 경감세율reduced rates 대상인 데 비해 우리나라에서는 면세로 처리한다.

향후 부가가치세 세원 확대를 위해 의료보건용역의 면세 허용 범위를 점진적으로 축소한다고 했을 때, 유럽연합의 경우를 따를 수도 있다. 다음과 같은 원칙을 단계적으로 적용할 수 있을 것이다.

- 면세 의료보건용역의 대상은 인간에게 제공되는 것으로 한정
- 면세 의료보건용역은 공익성을 갖는 것으로 한정
- 공익성을 가진 의료보건용역이라 하더라도 제공하는 주된 목적이 인간의 질병에 대한 치료·예방인 의료보건용역만을 면세

이런 원칙을 근간으로 한다면 추진되는 면세 의료보건용역 범위 축소 방안은 다음과 같은 형태를 보일 것이다.

첫째, 인간의 건강을 돌보는 비용을 낮추고자 하는 목적에 해당하지 않는 용역은 정상 과세로 전환한다. 「수의사법」에서 규정하는 수의사가 제공하는 용역이 대표적인 예이다.

둘째, 의사 등이 제공하는 의료용역 중에서도 주된 목적이 인간 건강에 대한 치료 및 예방이 아닌 경우에는 정상 과세로 전환한다. 미용을 목적으로 행하는 성형수술이나, 보험이나 연금의 자격 여부 판단 및 사적 상해소송 등을 위한 건강진단서 발급용역 등을 예로 들 수 있다.

셋째, 위생용역은 인간의 건강에 미치는 효과로 인해 공익성이 있지만 엄밀한 의미의 의료용역은 아니기 때문에 이것도 면세 대상에서 제외하는 것을 검토할 수 있다(「우리나라 부가가치세제 정책과제의 경제적분석」, 김승래·박명호·홍범교, 한국조세연구원, 2007.).

세제 개편안이 통과되면서 세무 업무도 크게 변했다

위와 같은 연구 취지와 비슷한 논리로 기획재정부에서 2011년 7월 1일부터 미용 목적 성형수술과 수의사 및 동물병원에서 제공하는 애완동물 진료용역에 대해 부가가치세를 면세에서 과세로 전환하는 것을 최종 확정했다. 이는 단순히 법 통과의 의미만 있는 게 아니다. 면세되는 의료보건용역 중에서 인간에게 적용되고 공익성이 있으며, 인간의 질병에 대한 치료 및 예방 목적이 아닌 것은 단계적으로 계속 과세로 전환될 수 있다.

2011년 7월 이후 미용성형 부가가치세가 과세되는 진료 내용은 쌍꺼풀수술, 코성형수술, 가슴확대축소수술, 지방흡인술, 주름살제거술 등 다섯 가지였다. 그러나 과세와 면세 구분 기준이 모호해서 병원과 과세관청의 입장 차이가 있었다. 예를 들어 앞트임, 뒤트임, 상안검수술, 하안검수술 등 다양한 전문용어가 언급되지 않기 때문에 다양한 눈 성형 중에서 쌍꺼풀수술만 과세인지, 과세 부과를 둘러싸고 혼란을 겪었다. 또한 보톡스, 필러가 주름 관련 시술이 아니라면 면세인지 아닌지, 레이저시술에 대해서는 주름살제거술로 보아야 하는 것인지 등 관련 규정만으로는 과세 매출을 구분하기가 어려운 실정임에 보완이 필요했다.

그리하여 2014년도에 개정된 미용 성형 목적 부가가치세 규정은 대부분의 비보험 성형, 피부진료용역에 대하여 과세 사항으로 열거해 부가세 논란을 잠식시키는 역할을 하였다.

현재 부가가치세 과세로 개정된 의료용역의 범위는?

「부가가치세법 시행령」 제35조(면세하는 의료보건 용역의 범위)

Ⅰ 성형수술의 범위

구분	해당 의료용역
눈	쌍꺼풀수술, 상안검성형술[주1], 하안검성형형, 몽고주름성형술, 외안각성형술, 애교수술, 눈매교정술, 눈미백수술 등 주1) 눈 기능 개선을 위한 상안검성형술은 과세 제외 　　ㅡ 사시교정·안와격리증의 교정 등 시각계 수술, 안경·콘텍트렌즈 등을 대체하기 위한 시력교정술, 검열반 등 안과질환은 과세 제외
코	융비술, 매부리코·긴코축소술, 휜코성형술, 비첨(코끝)성형술, 비익(콧볼)성형술 등
안면 윤곽	사각턱축소술, 턱끝성형술, 광대뼈축소술, 광대확대술, 이마성형술 등
입술	입술확대술, 입술축소술 등
귀	귓불성형술, 누운귀성형술 등
체형	지방흡인술, 엉덩이성형술, 팔다리근육확대·축소술, 복부성형술, 배꼽성형술, 종아리퇴축술, 유방성형술(유방확대·축소술[주2], 유방하수교정술 등), 성기확대술[주3], 소음순성형술, 사지연장술[주4] 등 주2) 유방암 수술에 따른 유방재건술은 과세 제외 주3) 발기부전·불감증 또는 생식기 선천성기형 등의 비뇨생식기 질환 치료, 포경수술, 외상후 재건술, 기능 개선을 위한 시술은 과세 제외 주4) 신장을 늘리기 위하여 시행하는 경우에 한함
치아	치아미백, 라미네이트[주5], 잇몸성형술 주5) 충치치료에 사용되는 경우 과세 제외 　　ㅡ 치아교정치료는 과세 제외
기타	주름살제거술, 지방이식술 등

- 성형수술로 인한 후유증 치료, 선천성 기형의 재건수술, 종양 제거에 따른 재건수술은 과세 제외

- 양악수술, 주걱턱수술, 무턱수술, 돌출입수술 등

※ 치아교정치료가 선행되는 악안면교정술은 과세 제외

3 피부 관련 시술의 범위

- 색소모반·주근깨·흑색점·기미치료술

※ 검버섯, 오타모반, 염증 후 색소침착, 편평모반 등 기타 색소 질환은 과세 제외

- 여드름치료술[주6)]

주6) 약에 대한 처방전만 발급하는 경우는 과세 제외

- 제모술, 탈모치료술[주7)], 모발이식술

주7) 약에 대한 처방전만 발급하는 경우는 과세 제외

- 문신술 및 문신제거술, 피어싱

- 지방융해술

- 피부재생술[주8)], 피부미백술, 항노화치료술[주9)], 모공축소술

주8) 피부 개선을 목적으로 콜라겐·엘라스틴 등의 생성을 촉진하거나 피부의 일부를 벗겨
내어 새로운 피부층의 생성을 유도하는 등 피부 재생을 위한 시술로 자가혈소판풍부
혈장 주사술, PDRNPolydeoxyribonucleotide 주사술, PLLAPoly-L-Lactic-Acid 주사술,
조직 수복용 재료(예: 히알루론산) 주사술, 레이저·필링제를 이용한 시술 등을 말함
    - 화상흉터·수두흉터 등 반흔제거술, 상처치료, 튼살치료는 과세 제외

주9) 주름살 완화 및 피부 탄력(피부 처짐) 개선을 위한 시술로 보톡스(보툴리눔 톡신)·필
러·레이저·초음파·화학물질 등을 이용한 시술로 보툴리눔 톡신 주사술, 조직 수복
용 재료(예: 히알루론산) 주사술, 실을 이용한 안면거상술, 성장호르몬 주사술 및 남
성호르몬 주사술, 자하거(태반) 추출물 주사술, 항산화제 주사술 등을 말함
    - 체내 단백질 합성과 지방분해 촉진 등 신체 기능 개선을 주목적으로 한 항노화 치
료는 과세 제외

- 사마귀, 백반증, 딸기코, 대상포진, 아토피 피부염 등은 과세 제외

부가가치세 신고 시 주의 사항

부가가치세를 자진 신고하는 확정신고는 7월 25일, 1월 25일에 하고 국가에서 납부세액을 고지하는 예정신고는 4월 25일, 10월 25일에 한다. 또한 매 반기마다 부가가치세 신고를 하므로 2월 10일의 면세사업자 사업장현황신고는 하지 않아도 되고 수입금액검토표와 부표만 제출하면 된다.

부가가치세 신고 시 과세와 면세의 비율은 실제 상황에 맞추면 되기 때문에 매 신고 시 '과세 : 면세' 매출 비율은 변동될 수 있다. 과세 매출과 관련된 매입분은 부가가치세 신고 시 전액 공제가 되고, 과세와 면세에 공통되는 매입세액은 매출 비율에 따라 안분하여 매입세액 공제를 적용한다.

또한, 기존 면세사업자로 사용하던 2년 이내의 유형자산, 10년 이내의 건물과 관련된 매입세액은 확정신고 시 과세 면세 매출 비율에 따라서 추가로 공제받을 수 있다.

면세사업자에서 과세사업자로 변경하는 절차는 다음과 같다.

① 사업장 관할 세무서에서 기존 사업자등록증을 반납한 후 과세사업자로 전환 신청(사업자등록번호가 변경된다)

② 국민건강보험공단 심사평가원에 사업자등록번호 변경 신청

③ 사회보험의 사업장 가입 탈퇴 후 신규 가입(사업장 승계 처리)

④ 카드단말기 변경 신청(카드단말기는 면세, 과세 두 개로 설치해도 되고, 하나만 설치

할 경우 면세 매출과 과세 매출만 정확하게 구분해서 부가가치세 신고 시 세무대리인에게 알려주면 된다)

⑤ 기존 거래처에 사업자등록번호가 변경되었으므로 추후 세금계산서 발행 시 변경된 번호로 발급 요청

외국인 관광객 미용성형 의료용역에 대한 부가가치세 환급 특례

의료관광 활성화 등을 위하여 외국인 관광객이 특례적용의료기관에서 2016년 4월 1일부터 2025년 12월 31일까지 공급받은 환급대상 의료용역에 대해서는 해당 환급대상 의료용역에 대한 부가가치세액을 환급할 수 있다(조특법 제107의 3 ①).

외국인 관광객

미용성형 의료용역 등 환급대상 의료용역에 대한 환급대상이 되는 외국인 관광객이란 비거주자로서 대한민국에 주소 또는 거소를 두지 않은 개인을 말한다. 그러나 국내에 주재하는 외교관 및 국제연합군과 미국군의 장병 및 군무원은 이에 해당하지 않는다.

특례적용대상 의료기관 및 의료용역

외국인 환자를 유치하여 부가가치세 환급 특례를 적용받고자 하는 의료기관은 각 진료과목별로 의료법에 따른 전문의를 1명 이상 두고 의료사고배상책임보험 또는 의료배상공제조합에 가입

하는 등 요건을 갖추어 보건복지부장관에게 등록하여야 하며 특례가 적용되는 의료용역은 이러한 등록된 의료기관이 직접 외국인 관광객을 유치하거나 외국인관광객이 직접 특례적용의료기관에 방문한 경우의 의료용역을 말한다.

부정환급자 등에 대한 제재

특례의료용역에 대하여 환급대상 의료용역이 아닌 의료용역에 대하여 외국인관광객이 부가가치세를 환급받은 경우나 특례적용의료기관이 사실과 다른 의료용역공급확인서를 교부 또는 전송하는 등의 사유에 해당 되는 경우에는 해당 특례적용의료기관으로부터 해당 부가가치세액 및 가산세를 징수하기 때문에 정확한 요건을 갖추어 적법한 절차에 따라 부가가치세 신고를 하여야 한다.

07

병의원과 관련된 세법상
가산세 종류와 그 내용은?

3년 동안 소득을 부실하게 신고한 정 원장은 결국 세무조사를 받게 됐다. 조사에서 정 원장은 현금 매출을 누락하고, 증빙을 갖추지 않고 경비 처리 한 금액 등이 적발됐다. 특히 현금매출 누락은 현금영수증 미발급으로 연결되어 미발급액의 20%가 가산세로 부과되었다. 가산세는 오래된 것일수록 높아진다는데 정원장은 가산세를 얼마나 내야 하나?

꼭 알아두어야 할 가산세

정 원장은 3년 동안의 소득을 다음 표와 같이 신고하였고, 2023년에 특별세무조사가 나왔다고 가정하자. 국세청은 2020년, 2021년, 2022년 귀속분의 3개년을 조사하여 현금매출 누락(전액 건당 30만원 이상)을 제출했는데 그 금액은 2020년에 1억원, 2021년에 1억원, 2022년에 2억원이고, 사업과 무관한 가사 관련 경비 및 증빙

없이 경비처리 한 금액으로 2020년에 5천만원, 2021년에 6천만원, 2022년에 7천만원을 적출했다. 세무조사 결과를 토대로 2023년 11월 30일 자로 추가 납부세액과 가산세가 고지됐다. 과연 소득세는 얼마이고 가산세는 얼마가 부과되었을까?(세율은 2022년 세율로 고정된 것으로 가정하고 계산함)

| 정 원장의 소득신고 내용 |

(단위: 원)

항목	2020년	2021년	2022년
매출액	500,000,000	500,000,000	500,000,000
필요경비	300,000,000	300,000,000	300,000,000
소득금액	200,000,000	200,000,000	200,000,000
소득공제	20,000,000	20,000,000	20,000,000
과세표준	180,000,000	180,000,000	180,000,000
세율	6~45%	6~45%	6~45%
산출세액	49,000,000	49,000,000	49,000,000
세액공제	0	0	0
결정세액	49,000,000	49,000,000	49,000,000

| 세무조사 후 고지세액 |

(단위: 원)

	2020년	2021년	2022년
결정세액	49,000,000	49,000,000	49,000,000
세무조사 후 결정세액	158,498,890	159,345,310	236,955,450
세무조사 후 추가 납부세액	109,498,890	110,345,310	187,955,450

추가 납부사유			
• 매출누락과 기경비 부인세액	57,600,000	61,600,000	105,600,000
• 세금관련 가산세	31,898,890	28,745,310	42,355,450
• 현금영수증 미발급 가산세	20,000,000	20,000,000	40,000,000

앞 표에서 보면 수입금액 누락과 기경비 부인액으로 인한 세액 부담이 가산세의 비중이 본세와 비교하여 상당한 부분을 차지하고 있음을 알 수 있다. 그만큼 현행「국세기본법」과 각종 세목 관련 가산세 규정이 세세하고 엄중히 관리되고 있음을 명심하기 바란다.

| 계산 내역 |

항목	2020년	2021년	2022년
매출액	500,000,000	500,000,000	500,000,000
필요경비	300,000,000	300,000,000	300,000,000
소득금액	200,000,000	200,000,000	200,000,000
매출누락액(+)	100,000,000	100,000,000	200,000,000
사업무관경비(+)	50,000,000	60,000,000	70,000,000
수정 후 소득금액	350,000,000	360,000,000	470,000,000
소득공제	20,000,000	20,000,000	20,000,000
수정 후 과세표준	330,000,000	340,000,000	450,000,000
세율	6~45%	6~45%	6~45%
수정 후 산출세액	106,600,000	110,600,000	154,600,000
현금영수증 미발급 가산세	20,000,000[주1]	20,000,000[주6]	40,000,000[주11]
부당과소신고 가산세	19,381,810[주2]	20,818,820[주7]	37,104,000[주12]

사업장현황신고 불성실가산세	500,000[주3]	500,000[주8]	1,000,000[주13]
납부불성실가산세	12,017,080[주4]	7,426,496[주9]	4,251,450[주14]
세액공제	0	0	0
결정세액	158,498,890	159,345,310	236,955,450
기납부세액	49,000,000	49,000,000	49,000,000
차감고지세액	109,498,890	110,345,310	187,955,450

※ 세율은 계산 편의상 연도 구분 없이 계산함.

주1) $100,000,000 \times 20\% = 20,000,000$

주2) $(106,600,000 \times 150,000,000 / 330,000,000) \times 40\% = 19,381,810$

주3) $100,000,000 \times 0.5\% = 500,000$

주4) $(106,600,000 - 49,000,000) \times \{259일(214+45) \times 2.5 / 10,000 + 654일(320+334) \times 2.2 / 10,000\} = 12,017,080$

주5) $100,000,000 \times 50\% = 50,000,000$

주6) $100,000,000 \times 20\% = 20,000,000$

주7) $(110,600,000 \times 160,000,000 / 340,000,000) \times 40\% = 20,818,820$

주8) $100,000,000 \times 0.5\% = 500,000$

주9) $(110,600,000 - 49,000,000) \times 548일(214+334) \times 2.2 / 10,000 = 7,426,496$

주10) $100,000,000 \times 50\% = 50,000,000$

주11) $200,000,000 \times 20\% = 40,000,000$

주12) $(154,600,000 \times 270,000,000 / 450,000,000) \times 40\% = 37,104,000$

주13) $200,000,000 \times 0.5\% = 1,000,000$

주14) $(154,600,000 - 49,000,000) \times 183 \times 2.2 / 10,000 = 4,251,450$

| 가산세 종류와 세액 계산 방식 |

종류	적용 대상자	부과 사유	가산세액
무신고가산세	거주자	일반무신고	• 산출세액×20% • 복식부기의무자는 수입금액 ×7 / 10,000과 비교, 큰 금액
		부당무신고	• 산출세액×40% • 복식부기의무자는 수입금액 ×14 / 10,000와 비교, 큰 금액

과소신고가산세	거주자	일반과소신고	산출세액×일반과소신고과세표준 / 과세표준×10%
		부당과소신고	• 산출세액×부당과소신고과세표준 / 과세표준×40% • 복식부기의무자는 수입금액 ×14 / 10,000와 비교, 큰 금액
부정감면 가산세	거주자	부정세액감면· 세액공제	부정감면·공제세액×40%
납부·환급불성실 가산세	거주자	미납·초과환급	미납(초과환급)세액×미납일수 ×2.2 / 10,000
지급명세서 제출 불성실가산세	거주자	지급조서 미제출·불명	미제출·불분명분 지급금액× 1%(0.5%)
계산서보고 불성실가산세	사업자 (복식부기자에 한함)	• 계산서 미교부 (불명) • 계산서 (세금계산서) 합계표 미제출(불명)	미교부(불명)·미제출(불명·지연제출)분 공급가액×1%(0.5%) 미발급·가공수수분 공급가액 ×2%
증빙불비가산세	사업자 (소규모 사업자, 추계과세자 제외)	영수증 수취	영수증 수취금액×2%
영수증수취명세서 미제출가산세	사업자 (소규모 사업자, 추계과세자 제외)	영수증수취명세서 미제출 또는 불명	미제출·불분명분 지급금액× 1%
사업자현황신고 불성실가산세	의료업, 수의사업, 약사업	무신고·과소신고	무신고(과소신고)수입금액× 0.5%
공동사업장등록 불성실가산세	공동사업자	미등록·허위등록	총수입금액×0.5%
		손익분배비율 허위신고 등	총수입금액×0.1%
무기장가산세	사업자 (소규모 사업자 제외)	무기장·미달기장	산출세액×무기장·미달기장 소득금액 / 종합소득금액× 20%

사업용계좌 미사용가산세	복식부기의무자 (2008년 이후부터 적용)	미개설·미신고· 미사용	• 미사용 = 미사용금액×2 / 1,000 • 미개설(미신고) = MAX(수입 금액×2 / 1,000, 미사용금액 ×2 / 1,000)
신용카드거부 가산세	신용카드 가맹점	발급거부·불성실	발급거부(불성실)금액×5%
현금영수증 미발급 가산세	현금영수증 가맹점	발급거부·불성실	• 미가입 = 수입금액×1% • 발급거부(불성실)금액×5%
기부금영수증 불성실가산세	기부금영수증을 발급하는 자	불성실 발급	불성실기재금액×5%
		발급내역 미작성·미보관	미작성 등 금액×0.2%

원천징수납부
불성실가산세
	원천징수의무자	미납·미달납부	• 가산세 = ① + ②
			  ① 미납세액×미납일수×
			    2.2 / 10,000
			  ② 미납세액×3%
			• 한도: 미납세액×10 / 100

병의원 양수도 계약 시기와
계약서 작성 시 주의할 사항은?

강 원장은 그동안 운영하던 병원을 후배인 이 원장에게 넘기기로 했다. 강 원장은 병원을 넘기기로 마음먹은 참에 일을 빨리 처리하고 싶었다. 그런데 병원을 양도하는 문제로 상담한 세무사가 자칫하면 세금이 많이 나올 수 있다고 조언한다. 어떻게 해야 최대한 세금을 덜 내면서 병원을 잘 넘길 수 있을까?

양수도 계약서 작성과 거래금액의 계좌이체가 꼭 필요하다

원칙적으로 병의원을 양도하거나 양수하는 시기는 폐업 이전이든 이후이든 그리 중요하지 않다. 하지만 양도, 양수 시점에 따라 처리 절차나 내용에 차이가 있다.

양도자는 폐업신고 전에, 양수자는 사업자등록을 미리 내고 양도·양수 계약을 하는 경우에는 양도·양수금액에 대해 양도자가

양수자에게 의료기기 및 시설장치 매각에 대한 계산서를 발행해 주면 가장 완벽한 양수도 계약이 된다. 이런 경우 양수하는 원장의 입장에서는 적격증빙인 계산서가 발행되므로 향후 병원의 안정적인 세금 처리에 도움이 된다. 최근 국세청에서는 계산서 발행 없이 양수도한 병의원에 대해서 적격증빙(세금계산서, 계산서, 신용카드 사용분) 없이 자산이 증가한 이유에 대한 소명 안내를 많이 하고 있다. 그리고 양도자는 폐업한 사업장에 대한 사업장현황신고를 할 때 병의원 양도와 관련하여 발행한 계산서도 매출계산서합계표에 넣어 사업장 관할 세무서에 신고해야 한다. 물론 양수자도 사업장현황신고를 할 때 교부받은 계산서를 매입계산서합계표에 넣어 사업장 관할 세무서에 신고해야 한다. 2017년 개정 사항으로 기존에는 양도자가 계산서 신고를 한다 하더라도 의료기기 및 시설장치에 대한 매각에 대해서는 세금이 부과되지 않았으나, 복식부기의무자의 사업용 유형고정자산(부동산 제외)처분 소득에 대해서 사업소득으로 과세하게 되었다. 이때 과세대상 유형고정자산의 범위는 차량 및 운반구, 공구, 기구 및 비품, 선박 및 항공기, 기계 및 장치 등이며(소득세법 시행령 제62조제2항제1호에 따른 감가상각 자산) 이때 필요경비는 유형고정자산 양도 당시의 장부가액이다. 다만, 병의원 양도·양수금액에 영업권(권리금)이 포함되어 있는 경우 기타소득(권리금의 60%는 경비로 인정되어 권리금의 40%에 대해서만 다른 소득과 합산하여 종합소득세를 과세한다)으로 분류되어 양도자에게 종합소득세가 과세된다. 따라서 이때 권리금에 대해서는 총지급액의 8.8%를 원천징수하여 지급하며 원천징수된 세액은 세무서와 관할 구청에 납부하여야 한다.

그러나 폐업 이후에 양도·양수하면 사업자가 아닌 개인의 입장에서 양도·양수가 이루어지는 것이어서 계산서를 발행할 의무가 없다. 따라서 계약서만 작성하면 되므로 그 절차가 훨씬 간편해지지만, 양수자 입장에서는 계산서 등의 적격증빙에 의한 자산 증가가 아니어서 국세청에서 자산 취득에 대한 소명 안내가 나올 수 있다.

기존 사업자가 폐업하기 전에 해당 건물에서 사업자등록을 내기가 쉽지 않은 어려움이 있다. 그러므로 계산서 발행 없이 진행되는 경우가 대다수이며, 혹시 나올 수 있는 적격증빙 소명 안내를 위해 인수하는 자산 내역까지 기재된 양수도 계약서를 작성해 놓고 금융거래로 양수도금액을 소명할 수 있게 해야 한다.

09

성실신고확인제도란
무엇인가?

2011년 귀속분 종합소득세 신고 시부터 성실신고확인제도(구 세무검증제도)가 본격 시행되었다. 기존에는 현금영수증 의무발행 업종인 변호사, 회계사, 세무사 등과 종합병원, 일반 병의원, 학원, 골프장, 장례식장, 예식장 등 고소득 자영업자가 대상이었으나 다른 업종과의 형평성 등의 문제가 제기되어서 전 업종에 걸쳐 시행하는 것으로 최종 확정되었다. 이는 소득 투명성을 높이기 위해 세무신고 내역을 사전에 세무대리인을 통해 검증하여 세원 투명성을 높이겠다는 취지이다.

기존 성실신고확인 대상자 수입금액 기준은 병의원 업종의 경우 수입금액 7억5천만원 이상이었으나 2014년부터 수입금액 기준에 의한 기준금액이 당해연도 5억원 이상으로 인하되어 성실신고대상자가 확대되었으며, 2018년 귀속분부터 세액공제 한도 확

대(120만원) 및 성실신고확인서 미제출 가산세가 별도로 적용되고
있다.

| 성실신고확인에 대한 지원 및 제재 |

① 성실신고에 직접 사용한 비용의 60%를 120만원의 한도에서 소득세에서 공제
② 사업소득금액을 과소신고한 경우로서 경정된 사업소득금액의 10% 이상인 경우
  세액공제를 전액 추징
③ 과소신고로 경정된 경우 경정일이 속하는 과세연도의 다음 과세연도부터 3개 과
  세연도 동안 성실신고확인비용에 대한 세액공제를 허용하지 않음
④ 농어촌특별세가 비과세되며, 추계결정 시에는 적용되지 않음
⑤ 다른 세액감면과 중복적용이 가능하고, 최저한세 대상이 아니며, 5년간 이월 공
  제함
⑥ 의료비 및 교육비를 지출한 경우 그 지출한 금액의 15%(미숙아 및 선천성 이상아 의
  료비 20%, 난임시술비 30%)에 해당하는 금액을 소득세에서 공제
⑦ 월세액을 지급하는 경우 그 지급한 금액의 15%(종합소득금액이 4,500만원 이하인 경
  우 17%)에 해당하는 금액을 소득세에서 공제 (연간 월세액 한도 750만원)
⑧ 과세기간의 다음연도 6월 30일까지 제출하지 않은 경우 가산세로 납부
  성실신고확인서 제출 불성실 가산세 = MAX(Ⓐ, Ⓑ)
  Ⓐ 종합소득산출세액×5%, Ⓑ 총수입금액×2 / 10,000

기준금액 이상이면 성실신고확인 대상자가 되고 매출 누락이나
가공경비 여부, 업무 무관 경비 여부 등을 세무대리인이 확인하고
허위, 부실금액에 따라 그것을 확인한 세무대리인에게도 직무정
지, 과태료 등이 부과되기 때문에 병의원과 담당 세무사 쌍방에게
중요한 사안이다.

성실신고확인 대상자 및 체크 사항 검토에 주의하라

성실신고확인 대상자는 병의원의 경우 매출액 기준으로 5억원 이상인 자이다.

간혹 순이익 5억원 기준인지, 공동사업의 경우 1인별 매출액이 5억원인지 문의하는 경우가 있는데 순이익이 아닌 매출액 기준이며, 1인별 기준이 아닌 사업장(사업자등록번호) 단위별로 대상이 된다. 또 기존 공동사업장을 두 개로 분리하여 성실신고확인 대상에서 제외되려는 생각을 한다면 국세청으로부터 더 큰 의심을 받을 수 있으니 하지 않기 바란다.

기획재정부가 제정하고 고시한 성실신고확인자의 중점 확인 사항을 담은 체크리스트는 다음과 같다.

Check list

- 주요 매입처(전체 매입액의 5% 이상인 매입처 중 상위 5개)
- 주요 유형자산 기입
- 차입금 및 지급이자 확인, 차입금 용도 명시
- 수입금액 및 매출 증빙 발행 현황
- 필요경비 적격증빙(세금계산서, 신용카드, 현금영수증) 수취 확인
- 배우자 및 직계존·비속과의 거래 내역 확인
- 차량 소유 현황
- 사업용 계좌 사용 현황

앞의 체크리스트를 간략하게만 봐도 가공경비나 접대비 등의 업무 무관 경비 여부를 확인하는 내용이 구체적으로 명시되어 있다. 지출비용에 대해 세금계산서나 현금영수증, 신용카드 매출전표, 매입자 발행 세금계산서 등이 갖춰져 있는지를 확인하도록 했고, 3만원을 초과한 거래에 대해 이러한 증빙이 없는 경우에는 미수취 사유를 확인하고, 장부상의 거래액과 증빙금액의 일치 여부도 전수조사를 하도록 했다. 또 인건비나 복리후생비, 접대비, 여비교통비, 차량유지비 등도 실제 지출 내용이 업무와 관련이 있는지를 꼼꼼하게 따지도록 명시하고 있다. 가령 유학이나 군 복무 중인 직원의 인건비가 경비로 처리되어 있는지, 경영자의 가족이 개인적으로 지출한 경비를 복리후생비로 돌렸는지, 가정용 개인 차량유지비를 업무용 차량유지비로 변칙 계상하지는 않았는지 등을 검증해야 한다. 또한 매출과 관련해서는 실제 병의원의 매출액과 세무신고된 매출액이 일치하는지 사업용 계좌와 일일수납장부를 통해 확인해야 하므로 이에 대한 철저한 관리가 필요하다.

성실신고확인 대상이 되지 않는다 하더라도 성실신고확인 대상자의 순이익률이 증가한다면 그에 따라 업종 평균 순이익률 또한 올라갈 수밖에 없으므로 현재 매출액이 5억원 이상이 되지 않는 병의원이라도 매출과 매입, 경비 관련하여 증빙을 꼼꼼히 챙겨야 하고 경비 지출도 사전에 업무와의 관련성을 고려하여 소비하는 습관이 필요하다.

| 성실신고확인제 주요 내용 |

확인 대상	• **수입금액 15억원 이상**: 광업, 도·소매업, 농림어업, 부동산매매업 • **수입금액 7억 5천만원 이상**: 제조업, 음식숙박업, 전기·가스·수도업, 하수폐기물처리업, 건설업, 운수업, 출판방송통신업, 금융보험업 • **수입금액 5억원 이상**: 부동산임대업, 과학 및 기술 서비스업, 사업지원서비스업, 교육서비스업, 보건업 및 사회복지서비스업, 예술·스포츠·여가서비스업, 기타 개인서비스업
확인 주체	세무사, 세무법인, 회계사, 회계법인 ※ 기장 대리와 성실신고확인 업무 중복 가능
확인서 제출 시 사업자 지원	확인비용의 60% 세액공제(120만원 한도) 의료비공제, 교육비공제, 월세세액공제 종합소득세 신고기한 1개월 연장(5월 말→6월 말)
확인서 미제출 시 사업자 규제	가산세 5% 부과 세무조사 대상 선정
허위, 부실 확인 세무대리인 규제	• **허위 확인 금액 5억원 이상**: 직무정지 1~2년 • **허위 확인 금액 1억원 이상**: 직무정지 3개월~1년 또는 500만원~1000만원 이하 과태료 • **허위 확인 금액 1억원 미만**: 견책, 직무정지 3개월 이하 또는 500만원 이하 과태료

이러한 성실신고확인서를 제출하지 않으면 5%의 가산세가 부과되고 세무조사 우선 대상자에 선정하도록 했다. 그 대신 납세자의 납세협력비용이 급증함에 따라 세무대리인을 통한 확인비용의 60%까지 세액에서 공제해주는 방안을 협력비용 감축 대안으로 제시했고, 한도는 120만원까지이다. 또한 성실신고 대상자에

대해 의료비(연 700만원 한도)와 교육비(사업주 교육비는 전액, 유치원·초중고생은 연 300만원, 대학생은 연 900만원 한도) 세액공제 인센티브도 제공된다. 원장 개인과 소득공제 대상자가 지출한 의료비와 교육비에 대한 공제 서류를 세무신고 전에 제출하면 된다. 그리고 확인서 작성 시간 등을 감안해 종합소득세 신고 기한을 5월 말에서 6월 말로 1개월 연장했다.

01

친형제 같은 사이인데,
동업계약서가 꼭 필요할까?

• •

김 원장과 이 원장은 친형제와도 같은 사이이다. 요즈음은 개인 병원도 고급화, 대형화되는 추세여서 혼자 개원하는 것보다 동업을 하는 게 유리하다고 판단해 공동개원을 하기로 했다. 워낙 오랫동안 형제처럼 믿고 지낸 사이라 별생각이 없었는데, 주변에서는 동업계약서를 세부 사항까지 꼼꼼하게 작성해야 뒤탈이 없다고 조언한다. 꼭 그렇게 해야 하는 것일까?

잘 만든 동업계약서, 100년 동업을 이끈다
웬만한 신뢰가 없이는 할 수 없는 것이 '동업'이다. 그래서 대부분 가족이나 피를 나눈 형제만큼이나 믿을 만한 사람과 동업한다. 이런 경우 서로 필요에 의해 동업할 때보다 더 어려울 수 있다. 인간적인 관계보다는 서로의 능력에 대한 신뢰로 손잡을 때는 이해

관계를 꼼꼼히 따지기가 쉽다. 그런데 돈독한 관계를 자랑하는 사이에서는 오히려 세부 사항까지 점검하고 약속을 정하는 것이 민망하게 느껴져 대략적인 내용만 두루뭉술하게 정하고 넘어가는 경우가 많다. 서로에 대한 애정과 믿음이 깊어 어떤 상황에서든 서로 양보하고 합의할 수 있다는 자신감이 깔려 있기 때문이기도 하다.

하지만 친한 사이일수록 '동업계약서'를 꼼꼼하게 작성해야 한다. 병원을 운영하다 보면 미처 예상하지 못한 수많은 일이 생긴다. 그때마다 머리를 맞대고 어떻게 할지를 의논하는 것도 어렵고, 무엇보다 생각이나 이해관계가 서로 다르면 아무리 사소한 일이라도 섭섭한 감정이 쌓이게 된다. 어쩌다 한두 번은 인간적인 관계를 앞세워 넘어갈 수도 있지만 이런 일이 여러 번 되풀이되면 앙금이 쌓이고 신뢰가 무너지고, 결국 서로 등을 돌리는 일이 벌어지기도 한다.

이런 일을 미연에 방지할 수 있는 최소한의 장치가 '동업계약서'이다. 분쟁이 일어날 만한 사항들을 미리 점검하고, 충분한 협의를 통해 서로를 만족시킬 수 있는 합의점을 도출해 내는 것이 중요하다. 그 과정에서 합의점을 찾지 못해 갈라서는 경우도 적지 않다. 어설프게 동업을 시작했다가는 동업도 깨지고 사람도 잃게 되니 처음부터 동업을 하지 않는 것이 더 나을 수도 있다.

동업계약서는 가능한 구체적인 사항까지 꼼꼼하게 따져 만드는 것이 좋다. 하지만 모든 경우의 수를 헤아려 규칙을 만들기란 불가능하다. 따라서 미리 정한 규칙에 해당되지 않는 사안이라면 머리를 맞대고 토론하면서 서로에 대한 믿음과 존중 그리고 양보로 문제를 해결하려는 마음을 유지해야 한다. 잘 만든 동업계약서와 서로를 존중하는 마음이 있다면 동업은 모두를 만족시키는 윈윈 전략이 될 수 있다.

동업계약서에 이런 내용은 꼭 넣어야 한다

동업계약서 작성은 공동개원을 위한 첫 번째 실무 작업이다. 계약서에는 예측 가능한 모든 사항을 협의해 구체적으로 명시하는 것이 좋다. 수익과 비용을 최대한 정확하게 예측해 반영하고 각자의 역할, 직무 범위 등을 구체적으로 규정하는 등 동업의 성격과 상황에 맞는 계약서를 작성해야 한다.

공동으로 개원할 때 이것저것 따져 문서를 작성하는 게 귀찮고 불편한 데다 빨리 사업자등록 신고를 해야 한다는 조급함 때문에 샘플로 돌아다니는 계약서를 이용하는 경우가 종종 있다. 하지만 공동으로 운영할 병원이나 구성원의 여건이 반영되지 않은 동업계약서는 병원을 운영하면서는 물론 동업 관계를 끝내야 할 때 생기는 갈등을 해결하기 어렵다.

동업계약서에 꼭 들어가야 할 내용은 ▲쌍방의 권리와 의무 ▲상호출자하는 현금, 현물의 규모와 상태 ▲지분 비율 ▲영업과 경영에 대한 직무 분담 내용 ▲이익과 손실 배분 관련 사항 ▲대표자에 대한 규정 ▲손실에 대한 책임 범위 ▲겸업 허용 여부 ▲계약의 존속기간 ▲계약 해지 권한에 관한 규정 ▲계약의 해지와 종료로 인한 원상회복 규정 ▲손해배상에 대한 내용 ▲관할법원 지정 등이다.

동업계약서는 금전이나 상호 권리에 직결되고 공동으로 병원을 운영하면서 문제가 생겼을 때 이를 조정하는 과정에서 가장 먼저 참조하는 문서이므로 그 내용은 신중하고 명확하게 표현하는 것이 중요하다. 작성된 동업계약서는 문서 자체로는 법적인 인정을 받을 수 없는 사문서이므로 공증 사무실에서 공증을 받는 것이 서로에게 좋다.

지분 비율 산정

지분 비율은 투자금과 현물출자 평가금액을 기준으로 결정하는 게 일반적이다. 출자한 현물이 중고자산인 경우에는 해당 자산의 시세를 감안해 결정한다. 공동개원의 가장 일반적인 형태는 여러 명의 의사가 공동으로 투자해 병원을 개원하는 것이다. 따라서 노동력은 동일하게 제공하는 것으로 볼 수 있으므로 지분 비율은 투자한 자금을 기준으로 나누면 된다. 간혹 어느 한쪽이 자금 투자는 거의 없이 노동력만을 제공하는 형태의 공동개원이 있는데 이때는 서로 충분히 협의하고 세무 문제도 확실히 알아본 다음 지분 비율을 결정해야 한다.

손익분배비율 산정

이익이나 손해가 났을 경우 분배하는 규칙을 정하는 것은 공동개원의 성패를 가르는 중요한 문제이다. 대개 지분율에 따라 정하지만 개인별 능력이나 기여도에 따라 지분율과는 다르게 손익분배비율을 정하기도 한다. 또한, 진료 시간, 공헌도에 따른 인센티브 방식에 의해 손익분배비율을 달리 정할 수 있으며, 일정 부분은 병원 적립금 형태로 분배한다는 단서를 둘 수도 있다. 여러 가지 경우의 수를 대입해 충분히 점검하고 모두 동의하는 구조를 만들어야 한다. 성에 차지 않는데 '별것 아니니 그 정도는 내가 양보하지 뭐'라는 생각으로 넘기면 세월이 흐르면서 이것이 분란의 단초를 제공하기도 한다. 양보하더라도 자신의 의견을 상대에게 확실하게 전달하고 이해시켜야 한다.

구성원의 탈퇴, 공동사업의 폐지

구성원이 탈퇴하거나 동업을 해지할 때 다툼이 일어나는 일이 많다. 합의되지 않아 결국 법원에 가서 해결하는 일이 자주 벌어진다. 일단 법원에 가면 판사의 조정 권유에 의해 합의하는 형태로 다툼이 마무리된다. 합의라고는 해도 당사자 사이에서 원만하게 이뤄진 것이 아니고 법원에서 권고한 내용으로 자의 반 타의 반으로 합의한 것이어서 마음의 상처는 쉽게 아물지 않는다. 게다가 소송비용도 적잖이 들어간다. 이 때문에 법적 다툼의 소지를 최소화하기 위해 동업을 시작할 때 헤어지는 방법에 대해서도 명확히 하는 것이 꼭 필요하다.

다툼이 일어날 것으로 예상되는 대표적인 문제는 네 가지 정도이다.

- 동업자들이 헤어질 때 병원 평가를 어떤 방식으로 할지의 문제
- 누가 병원에 남고 누가 탈퇴할지의 문제
- 동업자의 갑작스런 사망이나 업무를 수행할 수 없을 정도로 심각한 장애를 입었을 경우 어떻게 할지의 문제
- 구성원이 탈퇴하고 2~3년이 지나 동업했던 기간에 대해 세무조사를 받을 경우, 이미 탈퇴한 구성원의 책임 문제

동업계약서에는 최소한 이런 문제에 대해 충분한 논의를 거쳐 합의된 사항을 기록해야 원만하게 동업을 해지할 수 있다.

경영 참가와 운영 문제

서로의 역할 분담과 권리가 정의되지 않으면 훗날 동업 관계 해지의 원인이 될 수 있다. 따라서 명확한 역할 분담에 대해 명시해야 한다. 모두에게 해당하는 고유 업무인 진료 외에 재무관리는 박 원장, 마케팅과 대외 업무는 이 원장, 직원 교육은 김 원장 등 병원 경영과 운영에 필요한 업무를 분장하는 내용을 구체적으로 규정하는 게 좋다. 또 공동사업을 하는 원장들이 매년 업무를 순환하면서 각각의 업무를 한 번씩 맡아 보는 것이 필요하다.

손해배상과 기타 문제

의료사고가 발생해 손해배상을 해야 하는 일이 생길 수 있는데, 이때 내부 원장들끼리 다툼이 벌어질 확률이 높다. 절대로 일어나면 안 되는 일이지만, 어쩔 수 없이 일어나는 의료사고를 미리 가정하고 이런 일에 대비한 해결 방안 등의 내용도 언급해야 한다. 이런 규정들은 예상치 못한 상황으로 인해 발생한 문제를 해결하는 데 응용될 수도 있다. 예를 들면, 손해배상을 위한 병원 공동 자금을 적립해둔다는 규정을 만들거나, 질병이나 사고 등 불가피한 경우를 대비한 보험에 가입한다는 등의 대책도 동업계약서에 명시할 필요가 있다.

이 밖에 출자 방법, 재산의 평가 방법, 계약의 존속기간, 계약을 해지할 때 재산을 분배하는 방법, 기존 사업장의 권리 행사 문제, 분쟁 조정을 위한 관할법원 지정 등은 반드시 기재해야 추후 다툼을 줄일 수 있다.

차입한 자금의 이자,
경비로 인정받지 못할 수도 있나?

김 원장과 이 원장은 공동개원을 위해 은행에서 돈을 빌렸다. 김 원장은 총 5억원을 대출받아 3억원은 출자금으로 나머지 2억원은 병원 운영자금으로 사용했고, 이 원장은 3억원의 출자금을 자기자금으로 출자하고, 2억원은 대출을 받아 병원 운영자금으로 사용했다. 두 사람은 김 원장의 대출 5억원과 이 원장의 대출 2억원의 합계 7억원에 대한 이자를 공동사업의 경비로 처리하려고 한다. 이 경우 이자비용 전부를 경비로 인정받을 수 있을까?

출자를 위한 대출의 경우 비용으로 인정되지 않는다

공동개원 즉, 동업 형태로 병원을 운영하려면 우선 경제적 측면, 경영적 측면, 의료적 측면을 고려해야 한다. 그중 개원에 필요한 자본을 조달할 때 구성원 각자의 출자 규모는 어떻게 정할

것인지, 자금을 조성하는 데 세무상 문제점은 무엇인지 등을 아주 세심하게 살펴봐야 한다. 또 여러 가지 준비 사항들을 배분해 효율적으로 일을 진행할 수 있도록 한다. 재무, 행정, 인사, 마케팅 등의 역할을 미리 분담해 각자 맡은 분야의 일을 처리하는 것이 효과적이다.

금융권에서 대출을 받아 공동개원 자금으로 사용하는 경우에는 차입금 규모를 신중하게 산정해야 한다. 지분 비율은 구성원 각각이 실제 투자한 금액을 기준으로 산정된 것을 인정하기 때문에 실질적인 출자 없이 공동사업을 진행하면 과세 당국은 지분 비율을 기준으로 출자금을 다시 산정해 합산 과세할 수 있으므로 주의해야 한다.

공동사업자가 공동사업과 관련해 금융기관 등으로부터 차입한 차입금에 대한 이자비용은 「소득세법」 제27조의 규정에 의해 필요경비에 산입할 수 있다. 하지만 공동사업자가 공동사업에 출자하기 위해 차입한 차입금에 대한 이자비용은 당해 공동사업장의 소득금액 계산에서 같은 법 제33조에 따라 업무와 관련 없는 비용에 해당하여 필요경비에 산입할 수 없다(서면1팀-1737, 2006. 12. 26.).

공동사업자가 각각 자금을 차입해 공동사업을 하는 경우 과세당국에서는 각자 차입한 자금을 공동사업의 출자금으로 간주하고 관련 지급이자를 공동사업장의 업무와 관련 없는 비용으로 해석해 경비 산입을 인정하지 않는 경우가 있으니 주의해야 한다.

대법원 판례(대법2011두15466, 2011.10.13.)를 보면 이자비용으로 인정되는 경우도 나오므로 이자비용을 경비로 인정받으려면 실무적으로 사업과의 연관성을 입증할 수 있어야 한다. 차입금이 출자를 위한 차입금인지 아니면 공동사업장의 사업을 위한 차입금인지 여부는 공동사업 구성원 간에 정한 동업계약의 내용, 출자금의 실제 사용 내역 등 사실관계를 종합적으로 고려해 판단한다. 공동사업에서 차입금에 대한 이자비용이 공동사업의 경비로 처리되기 위한 조건은 다음과 같다.

- 동업계약서에 출자금은 최소로 명시하고 먼저 사업을 시작한 뒤 나머지 부족분은 공동으로 차입해 공동사업 투자에 사용한 내용을 문서로 만들어둔다(사업 시작 후 사업 투자 진행).

- 출자금과 차입 규모가 지분 비율대로 이루어지도록 한다.

- 향후 차입금의 원금 상환 일정 계획도 동일하게 해야 한다.

- 사업자등록을 먼저(의료기관 개설신고 전 가능하다) 한 다음 대출을 받는다.

03

부부 중 한 사람을 페이 닥터로 하면 세금을 줄일 수 있을까?

● ●

　최근 종합병원에서 퇴직한 김 원장은 의사인 아내와 병원을 함께 운영하기로 했다. 그런데 두 사람이 공동대표로 등록해 동업 형태로 하는 것이 좋은지 아니면 한 사람은 페이 닥터로 등록하고 병원은 단독개원 형태로 하는 것이 좋은지 판단이 잘 안 선다. 아내와 상의했지만 아내도 뾰족한 답을 갖고 있지 않았다. 어떤 형태로 개원하는 것이 좋을까?

│ 복잡한 문제이므로 세무 전문가와의 상담 필수
│ 의사 부부가 함께 병원을 개원할 예정이라면 공동개원 형태가 좋을지 아니면 단독개원 형태가 유리할지 따져봐야 한다. 세금만을 단순 계산하면 공동개원이 훨씬 유리하다. 하지만 단독개원이면서 부부 중 한 사람이 페이 닥터로 근무하는 형태를 취하면 인건비라는 비용이 발생하기 때문에 세금 측면에서 유리한 부분이

생긴다. 이 부분을 고려한다면 반드시 공동개원이 유리하다고 할 수는 없다.

부부 가운데 한 사람은 원장, 또 한 사람은 페이 닥터인 형태가 유리한지 공동개원 형태가 유리한지는 소득 규모와 병원의 실제 이익률, 근로소득을 반영했을 때 낮출 수 있는 이익률의 정도에 따라 판단이 달라진다. 이는 상당히 복잡한 문제이므로 반드시 세무사와 충분히 검토한 다음 어떤 형태를 취할지 결정하는 게 좋다.

공동개원이 단독개원보다 유리하다

김 원장이 단독으로 개원해 매출 5억원을 올렸을 때 소득률을 35%로 잡으면 소득금액은 1억7500만원이 된다. 여기에서 600만원의 소득공제액(가정치)을 빼면 1억6900만원이 나오는데 이 액수가 세금을 매기는 기준소득금액 즉, 과세표준금액이다.

소득세는 8단계 구간으로 나눠 세율을 다르게 적용한다. 저소득자들의 세금 부담을 줄이기 위한 정책이다. 김 원장은 가장 높은 세율이 적용되는 규모의 소득을 올리고 있다. 고액 소득자라고 해서 소득액 전액에 높은 세율을 적용해 계산하는 것은 아니다. 다음의 소득세율표에서 보는 바와 같이 과세표준금액의 구간별로 세율을 적용해 계산한 것이 소득세가 된다. 또 결정된 소득세의 10%를 지방소득세로 내야 한다.

| 구간별 소득세율 |

종합소득 과세표준액	세율	누진공제액
~1400만원 이하	6%	0
1400만원 초과~5000만원 이하	84만원＋1400만원초과액×15%	126만원
5000만원 초과~8800만원 이하	624만원＋5000만원초과액×24%	576만원
8800만원 초과~1억5000만원 이하	1536만원＋8800만원초과액×35%	1544만원
1억5000만원 초과~3억원 이하	3706만원＋1억5000만원초과액×38%	1994만원
3억원 초과~5억원 이하	9406만원＋3억원초과액×40%	2594만원
5억원 초과~10억원 이하	1억7406만원＋5억원초과액×42%	3594만원
10억원 초과	3억8406만원＋10억초과액×45%	6594만원

단독개원 형태인 김 원장의 소득세와 주민세를 계산하면 다음 과 같이 나온다.

과세표준: $(500,000,000원 \times 35\%) - 6,000,000원 = 169,000,000원$

산출세액: $37,060,000원 + (169,000,000원 - 150,000,000원) \times$

$38\% = 44,280,000원$

또는 $169,000,000원 \times 38\% - 19,940,000원$

$= 44,280,000원$

지방소득세: $44,280,000원 \times 10\% = 4,428,000원$

총납부세액: $44,280,000원 + 4,428,000원 = 48,708,000원$

부부가 각각 절반씩 투자해 공동개원을 했을 때는 어떨까. 소득 률은 단독개원을 했을 때와 동일하게 35%로 가정한다. 소득공제액은 김 원장은 600만원, 배우자인 박 원장은 400만원이라 가정하자.

과세표준

- 김 원장: (500,000,000원×0.5)×35% − 6,000,000원
  = 81,500,000원
- 박 원장: (500,000,000원×0.5)×35% − 4,000,000원
  = 83,500,000원

산출세액

- 김 원장: 6,240,000원 + (81,500,000원 − 50,000,000원)×
  24% = 13,800,000원

  또는 81,500,000원×24% − 5,760,000원 = 13,800,000원
- 박 원장: 6,240,000원 + (83,500,000원 − 50,000,000원)×
  24% = 14,280,000원

  또는 83,500,000원×24% − 5,760,000원 = 14,280,000원

지방소득세

- 김 원장: 13,800,000원×10% = 1,380,000원
- 박 원장: 14,280,000원×10% = 1,428,000원

총납부세액

- 김 원장: 13,800,000원 + 1,380,000원 = 15,180,000원
- 박 원장: 14,280,000원 + 1,428,000원 = 15,708,000원

이 계산에서 알 수 있듯이 부부 공동개원 형태였을 때 김 원장의 세금은 1518만원이고, 배우자 박 원장의 세금은 1570만8000원이다. 부부의 세금을 합하면 3088만8000원이 나온다. 단독개원에 비해 공동개원이 1,841만4,000원 절감하는 것으로 나타난다.

| 단독개원과 공동개원의 단순 세금 비교 |

(단위: 원)

구분	단독개원	공동개원(50:50)		절감 세액
	김 원장	김 원장	박 원장(배우자)	
총수입	500,000,000	500,000,000×50% =250,000,000	500,000,000×50% =250,000,000	
소득률	35%	35%	35%	
종합소득금액	175,000,000	87,500,000	87,500,000	
소득공제	6,000,000	6,000,000	4,000,000	
과세표준	169,000,000	81,500,000	83,500,000	
세율	38%	24%	24%	
결정세액	44,280,000	13,800,000	14,280,000	16,200,000
주민세	4,428,000	1,380,000	1,428,000	1,620,000
합계액	48,708,000	15,180,000	15,708,000	17,820,000

※ 연간 신고 매출액: 5억원 / 소득률: 35% / 소득공제: 배우자 400만원(근로자와 다름)으로 가정

※ 4대 보험(국민건강보험, 국민연금, 고용보험, 산재보험) 효과는 생략되었음.

한 사람은 페이 닥터로? 꼭 유리하지는 않다

연간 매출이 5억원이고 소득률이 35%인 병원에서 부부 중 한 사람을 근로자인 페이 닥터 형태를 취했을 때는 얼마만큼의 절세 효과를 기대할 수 있을까? 일단 페이 닥터에게 지급한 연봉 8천만원(가정치)은 비용으로 처리할 수 있으므로 이에 따른 세금 감소 효과가 생긴다. 이미 김 원장 소득의 과세표준액(1억6900만원)이 최고 구간인 1억5000만원을 넘으므로 세금 효과는 소득세 최고 세율인 38%(정확하게는 35% 구간과 38% 구간을 나누어야 하지만 단순하게 계산하기로 한다)를 적용할 수 있다. 여기에 지방소득세(소득세의 10% = 3.8%)를 더하면 기대할 수 있는 세금 효과는 대략 총 41.8%에 달한다. 즉 80,000,000원×41.8% = 33,440,000원을 절세할 수 있다. 그러나 페이 닥터에게 지급한 연봉 8천만원으로 인해 병원의 소득률은 35%에서 19%로 내려가는데, 업종 평균 소득률이 35%라면 과연 배우자인 페이 닥터에게 연봉 8천만원을 지급한 것으로 해서 소득률을 19%로 신고할 수 있을지도 심각하게 고민해야 한다. 다만, 성실신고확인 대상 병의원의 경우 매출액이 크고 경비가 부족하면 이러한 방법을 활용할 수 있다. 즉 페이 닥터를 고용할 수 있는 규모의 병의원이라면 고려해볼 수 있되, 직전 연도의 인건비 비율과 순이익률 등을 종합적으로 고려해 진행해야 하고 실제 근무를 하므로 매출액 증가까지 함께 반영해 계산해야 한다.

김 원장은 페이 닥터가 아닌 프리랜서 닥터를 고용할 수도 있다. 프리랜서 닥터는 근로자가 아닌 사업자로 구분되므로 근로소득세가 아닌 사업소득세를 내야 한다. 프리랜서 닥터는 매년 5월에 직전 1년간의 사업소득에 대해 복식부기로 장부를 기장해야 할 의무가 있다. 만약 기장을 하지 않으면 추계신고를 통해 기준 경비율을 적용해 경비를 인정받을 수 있으나, 무기장 가산세(수입금액이 4800만원 이하인 경우 제외)로 세액의 20%만큼을 부담하게 된다. 반대로 장부를 기장했을 때는 기장한 만큼 경비로 인정받을 수 있다. 따라서 경비가 크면 클수록 세금이 줄어드니 기장을 하는 것이 더 유리한 경우가 많다.

다음 표는 페이 닥터와 프리랜서 닥터를 고용하는 경우의 세금 비교표이다.

| 페이 닥터로 채용했을 때의 세금 비교 |

(단위: 원)

구분	페이 닥터로 신고	프리랜서 닥터로 신고	
		장부기장	무기장
총급여[주1]	80,000,000	80,000,000	80,000,000
필요경비[주2]	13,750,000	27,500,000	26,960,000
소득금액	66,250,000	52,500,000	53,040,000
소득공제[주3]	10,000,000	6,000,000	6,000,000
과세표준	56,250,000	46,500,000	47,040,000
구간별 세율	24%	15%	24%
결정세액	7,740,000	5,715,000	5,796,000
가산세[주4]			1,159,200

납부할 세액	7,740,000	5,715,000	6,955,200
주민세	774,000	571,500	695,520
합계액	8,514,000	6,286,500	7,650,720

주1) **총급여**(연간소득금액 분배액 기준): 80,000,000원

주2) 필요경비

① 페이 닥터의 경우: 근로소득공제 적용 12,000,000 + (80,000,000 − 45,000,000) × 5% = 13,750,000원

② 프리랜서 닥터의 경우: 기장한 경우는 27,500,000원으로 추정했고, 무기장의 경우는 기준경비율 33.7% 적용

주3) 소득공제: 근로소득자의 경우는 소득공제가 되는 사항이 다양하므로(예: 보험료공제, 교육비공제, 신용카드사용액 공제 등) 페이 닥터는 앞에서 가정한 소득공제금액(600만원)보다 큰 1000만원을 공제하는 것으로 가정함.

주4) 가산세: 5,796,000 × 20% = 1,159,200원(직전연도 수입금액이 4,800만원 이상인 경우 무기장 가산세 20%부과)

　여기서 추가로 고려해야 할 사항은 4대 보험금이다. 페이 닥터의 경우 국민건강보험료를 비롯한 4대 보험금의 절반을 원장이 부담한다. 따라서 이 금액도 소득세와 마찬가지로 세금 절감 효과를 기대할 수 있다. 반면에 프리랜서 닥터의 경우에는 4대 보험금이 사업장인 병원에서 발생하지 않고 지역보험의 형태로 개인이 부담해야 한다. 이 경우에는 원장이 감당해야 하는 비용이 적게 보일 수도 있다. 그렇지만 지역보험의 경우 기존의 소득과 재산 상태에 따라 더 많은 금액이 부과될 수도 있으므로 실제 부담은 다를 수 있음을 유의해야 한다.

(단위: 원)

	단독개원	공동개원	페이 닥터 채용	프리랜서 닥터 채용
김 원장 세금	48,708,000	15,180,000	48,708,000	48,708,000
박 원장(배우자) 세금	0	15,708,000	8,514,000	6,286,500
절세효과주1)	0	–	△ 33,440,000	△ 33,440,000
총부담액	48,708,000	30,888,000	23,782,000	21,554,500

주1) 절세효과: 80,000,000원×41.8% = 33,440,000원(인건비 지급으로 인한 세금 효과)

정리하면 단독개원한 경우 부담할 세액은 4870만8000원, 공동개원한 경우는 3088만8000원, 단독개원에 페이 닥터 형태인 경우에는 2378만2000원, 단독개원에 프리랜서 닥터 형태인 경우는 2155만4500원으로 단독개원에 프리랜서 닥터 형태가 유리한 것으로 보인다.

하지만 실제 세율 구간과 경비 수준, 소득공제 등 여러 요소에 따라 어떤 형태가 유리한지 달라진다. 또 세무조사에 따른 위험성도 고려해야 하므로 부부가 함께 진료하는 경우에는 전문가와 구체적으로 상의해 병원의 운영 형태를 결정하는 것이 좋다.

현실적으로 개원 1, 2년 차에는 세금 절감 효과가 미미한 경우가 많으므로 단독개원 형태로 시작해 실질적인 매출과 경비 부분을 파악해 공동개원으로 전환하는 방법을 생각해볼 수 있다.

동업 의사의 영입 또는 탈퇴 시
주의할 사항은?

김 원장과 박 원장은 개원한 이후 정성을 다해 환자를 진료했고 환자들 사이에서 친절하고 실력 있는 의사로 소문이 자자했다. 입소문을 타고 병원을 찾는 환자가 계속 늘자 의사를 한 명 더 충원하기로 했다. 새로 충원하는 의사도 공동투자 형식으로 합류할 예정이다. 세 사람이 상쾌하게 시작하려면 어떤 점을 면밀히 살펴야 할까?

동업 의사 영입은 공동개원과 같은 것

동업 의사를 추가로 영입하려면 가치관이 맞는지, 환자 진료와 병원 운영 측면에서 상승효과가 있는지 등 여러 가지 사안에 대한 상호 검증이 전제돼야 한다. 신규 구성원을 받아들이기로 결정했다면 일단 관할 보건소에 신고하고, 새롭게 작성한 동업계약서와 인감증명서를 첨부해 관할 세무서에 가서 사업자등록을 정정해야

한다. 신규 구성원의 추가 영입은 기존 병원의 단순 구성원 변동으로 간주하기 때문에 사업자등록을 새로 내지 않고 기존 사업자등록 사항을 정정하는 것으로 등록 업무는 마무리된다.

동업 의사를 추가로 영입하는 데 필요한 행정 업무는 그다지 복잡하지 않다. 정말 중요한 것은 새로 들어오는 구성원과 기존 구성원 사이에 상호 가치를 평가하고 이를 어떻게 처리할지 논의하고 결정하는 작업이다.

병원에서는 공동사업의 경영 성과, 수익 창출 능력 등 다양한 요소를 점검해 종합적으로 병원의 자산가치를 평가하고 신규 구성원이 부담해야 할 적정한 대가를 산정해 제시해야 한다. 산정한 병원 대가에 대한 근거와 내용을 문서로 작성해두면 추후 추가 구성원을 영입할 때 재평가 자료로 활용할 수 있다.

신규 구성원은 병원 측에서 제시한 대가를 검토하고, 협의할 사항이 있다면 협의해 결정한 다음 대가를 지불한다. 이때, 사업장 기준으로 병원 가치를 평가할지 구성원별로 평가해 적정 대가를 산정할지를 사전에 규정해야 한다. 만일 영업권(권리금) 평가액이 정당한 사유 없이 시가와 차이가 나는 경우에는 과세 당국으로부터 증여세 등이 부과되는 문제가 일어날 수 있으니 주의해야 한다.

지분 대가에 해당하는 금액은 반드시 계좌로 이체해야 한다. 의사 부부가 단독사업에서 공동사업으로 전환하는 경우에는 지분에 대한 대가를 유상으로 취득하는 경우와 무상으로 취득하는 경우가 있는데, 무상으로 취득하는 경우는 증여로 간주되어 증여세를 납부해야 한다. 이때 부부간에는 증여공제가 6억원까지 인정되므로 지분 대가가 6억원 범위 이내라면 증여세 신고를 하고 무상으로 공동사업으로 전환할 수도 있다.

동업 해지는 미리 정해진 규칙대로 한다

동업을 해지하고 동업 관계를 정리하는 방법에는 크게 두 가지가 있다. 하나는 단순 해지 방식인데 기존 동업자로부터 지분 대가를 반환받는 것이다. 또 하나는 제3자에게 지분을 양도하고 자신은 동업 관계를 청산하는 방법이다.

동업을 해지할 때는 지분 대가를 결정하는 평가 방법, 제3자 지분 양도 제한, 그리고 누가 나가고 누가 남을지 등에 대해 동업을 시작할 때 합의해서 작성한 동업계약서 내용대로 이행해야 한다. 만일 이러한 사항에 대해 합의된 내용이 없다면 함께 협의해 결정해야 하는데, 갈라서는 상황에서 협의하는 게 원활하지 않아 결국은 법적 다툼으로 발전하는 경우가 많다. 좋은 마음과 굳은 의지로 의기투합해 일을 시작할 당시에 헤어지는 방법을 고민하고 문서화하는 것이 좋다.

동업을 해지하면서 탈퇴하는 사람이 남아 있는 사람으로부터 지분 대가를 받을 때 또는 제3자에게 지분을 양도하고 대가를 받을 때, 지분 대가에 영업권(권리금)에 해당하는 금액이 포함되어 있다면 그 액수는 기타소득으로 분류되어 소득세가 과세된다. 물론 필요경비는 증빙이 없어도 60%까지 인정된다.

05

병원 가치평가는
어떻게 계산하나?

●●

김 원장은 기존 병원을 인수하는 방식으로 개원하기로 했다. 매물로 나온 적당한 병원을 찾은 김 원장은 병원을 인수하기 위한 절차에 들어갔다. 그는 인수하려는 병원의 가치를 정확하게 알고 싶다. 비용 문제를 떠나 병원의 장래성 등을 판단하는 척도로 중요하기 때문이다. 어떻게 계산해야 정확할까?

여러 가지 방식으로 평가해 가중평균을 낸다

일반적으로 병원의 가치는 의료기기, 시설장치, 임차보증금, 비품, 차량운반구 등 세무서에 신고된 장부상의 자산가액과 영업권을 합한 금액으로 평가한다. 자산가액을 평가하는 작업은 장부에 나타난 사실을 토대로 해서 크게 복잡하지 않다. 그러나 영업권을 산정하는 작업은 매출, 비용 등을 비롯한 여러 가지 요소를 분석하고 매우 난해한 수식을 동원해야 하는 일이어서 전문가의 도움을 받아야 한다.

병원의 자산가치는 과거를 근거로 미래 현금흐름을 예상해 미래가치로 평가하는 방식이 있을 수 있고, 세법에서 정하는 영업권의 가치와 기타 여러 가지 방식에 가중치를 달리해 나온 영업권을 평균한 가액에 병의원의 유형자산가액을 더한 방식으로 할 수도 있다.

최근에는 병원의 가치를 산출할 때 한 가지 방법만 사용하지 않고 다섯 가지 정도의 방식으로 평가금액을 산출하고 여기에 가중치를 적용해 평균을 내는 방식을 많이 사용한다. 예를 들어, 현금흐름할인법 50%, 자기자본 초과수익률법 30%, 권리금 분석법 10%, 손실보상법 I 5%, 손실보상법 II 5% 등 방식별로 비중을 달리해 가중평균 방식으로 평가함으로써 불확실성을 감소시키고 있다. 이때 진료과목이나 개원 연차와 같은 평가 대상 병원의 특징적인 요소를 각 평가 방법의 특성에 맞춰 그 가중치를 조정해야 더욱 신뢰성 있는 평가금액을 산출할 수 있다.

현금흐름할인법

현금흐름할인법DCF, Discounted Cash Flow은 병원이 보유한 유형 또는 무형의 자산을 바탕으로 미래에 얼마만큼의 수익을 창출할 수 있는지 알아보는 방법이다. 이 방식은 영업권 지속 연수 동안에 병원에서 실질적으로 발생하는 현금수입금액을 일정한 위험 할인율로 할인해 현재가치를 평가한 금액을 영업권으로 사용한다. 이 방식은 이론상으로는 가장 합리적이지만 실제 병원의 가치를 평가하는 과정에서 현실과 차이를 보일 수도 있어서 평가자가 병의원 특성에 정통해야 정확한 평가액이 나올 수 있다.

미래 현금흐름의 현재가치는 향후 2~3년 동안 발생할 미래 현금수입액에 일정한 할인율을 적용하여 구하는 방식으로 병원 특성에 맞춰 2년에서 3년을 적용할 수 있다.

> 미래 현금흐름의 현재가치 =
> (2년간 순손익액의 가중평균액×2년의 연금 현가계수)
> 또는 (3년간 순손익액의 가중평균액×3년의 연금 현가계수)

위의 식에 나오는 연금 현가계수는 복리연금현가율이라고도 하는데, 이것은 미래에 정해진 기간마다 발생하는 일정 금액(연금)을 현재의 가치로 환산하는 데 쓰는 비율이다.

순자산가액 산정

순자산가액은 자산에서 부채를 뺀 액수인데 자산별로 평가해 합산한다. 이때 의료장비, 시설장치, 건물, 비품, 차량운반구 등 감가상각자산은 취득일로부터 평가기준일 현재까지 적정한 감가상각비를 차감한 액수를 적용하거나 외부 기관에 감정을 의뢰해 나온 감정가를 적용하면 된다. 부채에는 병원과 관련된 금융기관 차입액과 자산 취득과 관련된 할부, 리스 잔금이 포함된다. 또한, 누가 부채를 상환하느냐에 따라서 부채를 차감할지 여부를 판단한다.

자기자본 초과수익률법

세법에 의한 평가 방법으로, 특정 기업이 최근 3년간의 가중평균 이익의 50%에서 자기자본의 10%를 넘는 금액을 영업권 지속 연수로 나눠 현재가치를 평가한 금액을 말하며 다음 산식에 의해 계산한다.

$$영업권 = \Sigma\{[최근\ 3년간\ 순손익액의\ 가중평균액 \times 50\% - 평가\ 기준일\ 현재\ 자기자본 \times 10\%] \div (1 + 0.1)^n\}$$

권리금 분석법

최근 3~6개월 동안의 매출액을 합산하는 방식으로 영업권을 산출한다. 가장 간단하고 널리 사용된다. 반영하는 개월 수는 병원 특성에 따라 조정할 수 있다.

손실보상법 I

최근 3년간의 당기순이익에서 세금 효과를 차감해 가중평균한 금액을 영업권으로 인정하는 방식이다.

손실보상법 II

최근 3년간 국세청에서 고시한 병과별 표준소득률에 따른 순이익에서 세금 효과를 차감해 가중평균한 금액을 영업권으로 산정하는 방식이다. 정확한 당기순이익을 계산하기 어려울 때 사용한다.

어떤 평가 방법을 사용하든 병원 가치평가 작업에서 가장 중요하게 여겨야 하는 원칙은 정확한 자료를 근거로 해야 한다는 것이다. 만일 과세 당국에 신고한 자료가 사정상 일부 가공된 것이라면 당연히 실제 자료를 사용해 정확한 결과를 도출해야 한다.

병원 가치평가 작업 결과의 신뢰도를 높이기 위해서는 다음에 소개하는 요소들을 추가로 점검하는 것이 좋다. 주관적인 판단에 의해 결과가 왜곡되는 일이 발생할 수도 있으니 주의해야 한다.

- **최적의 입지 선정 여부**: 주변 병원과의 매출액 차이를 알아보고 부동산 입지를 전문가에게 의뢰해 평가받는다.
- **효율적인 경영 활동과 마케팅 활동**: 마케팅에 투자한 시간과 금액을 확인하고 마케팅 활동이 매출에 얼마나 기여했는지 매출증가율을 확인한다.
- **고객 만족의 진료 활동**: 원장 1인당 진료 시간과 진료가액으로 확인한다 (소개 환자 비율로도 확인 가능).
- **직원에 대한 교육 활동**: 최상의 서비스를 위한 직원 교육 프로그램 진행 여부를 확인한다.

병원 자산가치를 평가할 때 필요한 서류는 병원마다 다르지만 기본적으로 다음과 같은 서류가 필요하다.

- 개원 시점부터 현재까지의 재무제표(대차대조표, 손익계산서)
- 개원 당시 출자명세서와 개원자금 명세표
- 공동사업 약정서와 이익 분배 명세서
- 자산, 부채 내역
- 매출, 경비 내역
- 재고자산, 의료기기 할부액, 거래처 미지급금, 진료비 미수금 등의 명세서

공동개원 했을 때의 세금은
어떻게 정리할까?

박 원장과 김 원장은 미리 정한 규칙에 따라 소득을 분배하고 있다. 그런데 김 원장이 올해 9월까지만 근무하기로 했다. 이런 경우 세금은 어떻게 정리해야 할까? 또 박 원장은 김 원장과 헤어지고 아내와 함께 공동으로 병원을 운영하기로 했다. 특수관계자인 아내가 동업자가 되면 세금과 관련해서 어떤 점을 주의해야 할까?

공동개원에서 발생한 소득금액은 손익분배비율(별도 분배 규정이 없는 경우에는 지분율을 적용한다)로 분배되고 세무신고도 손익분배비율에 맞춰 과세표준 확정신고를 하게 된다. 운영이 어려워 결손금이 발생하는 경우에도 해당 손익분배비율만큼 결손금액을 분배한다.

소득이나 손실을 서로 나누는 규정은 공동사업에서 가장 중요하다. 이 부분은 서로 충분히 협의해서 문서로 남겨야 한다. 규정을 만들어 문서화하지 않으면 훗날 이 문제가 구성원 사이에 충돌이 일어나는 결정적 역할을 하게 된다. 또 이로 인한 감정적인 앙금 때문에 다른 소소한 문제들이 쉽게 해결되지 않는 상황이 발생하기도 한다.

사업장현황신고

면세사업자인 병원의 대표 공동사업자는 사업장 현황을 과세기간의 다음연도 2월 10일까지 사업장이 있는 곳의 관할 세무서장에게 신고해야 한다. 이때 미리 약속한 손익분배비율을 반영해 작성한 각 구성원의 수입금액에 대한 공동사업자 분배 명세서를 첨부해 제출해야 한다. 사업장현황신고 방법은 「상법」상 공동대표든 각자 대표든 상관없이 동일하다.

종합소득세 신고

일반적으로 공동사업을 하는 경우 공동사업장을 하나의 사업자로 간주해 기장하고 사업장 단위로 소득금액을 확정한다. 이렇게 확정된 소득금액을 손익분배비율에 따라 구성원별로 분배하고 배분한 소득금액은 구성원의 타 소득과 합산해 종합소득세를 신고한다. 여기서 공동사업장에서 발생한 소득금액에 대해 원천징수(보험공단 청구분 등)된 세액, 투자세액공제액(의료장비 투자금 등) 및 사업장 관련 가산세는 소득금액 분배와 마찬가지로 손익분배비율에 따라 배분한다.

공동사업자의 종합소득세 신고와 납부는 구성원별로 공동사업에서 분배된 소득금액(보통 지분율 기준)에 대해 각 구성원의 주소지 관할 세무서에 신고한다. 이때 재무제표 등이 포함된 세무조정계산서는 대표자만 신고하면 되고 그 외 구성원은 종합소득세 과세표준 확정신고만 하면 된다.

단, 과세기간 중 공동사업 구성원이나 지분에 변화가 있으면 변동되기 이전 기간과 변동 이후 기간을 각각의 과세기간으로 보고 공동사업장의 소득금액을 각각 계산한 다음 해당 공동사업자에게 분배해야 한다. 이런 경우 각각의 재무제표를 작성했다고 해도 세무서에는 구성원 변동 유무와 관계없이 하나의 재무제표를 작성해 제출하는 것이 실무적 관행이다.

단독으로 병원을 운영하다가 공동 운영으로 변경했을 때, 단독사업장은 공동사업으로 변경한 날의 전날에 폐업 또는 승계한 것으로 간주해 소득금액을 계산한다. 과세기간 중 구성원이 변경된 경우에는 각각 구분 기장해 소득금액을 산출하는 것이 세법상의 규정이지만 실무적으로는 연간 총수입금액에 대한 해당 기간의 수입금액을 손익분배비율에 반영해 소득금액을 배분하기도 한다.

박 원장 50%, 김 원장 50%의 지분으로 병원을 공동 운영하던 중 9월 말에 김 원장이 공동사업에서 탈퇴한 경우를 예로 들어보자.

병원의 연간 매출이 5억원인데 9월 말일까지의 매출이 3억원이라고 가정하면, 그해 김 원장의 손익분배비율은 (3억원×50%) / 5억원 = 30%로 계산해 근무하던 병원의 1년간 결산된 소득금액에 적용하는 경우가 많다. 이 경우, 세법상 원칙은 9월 말일을 기준으로 구분해 기장해야 한다.

공동사업 합산과세

거주자 1인과 특수관계자 지위에 있는 사람이 함께 공동사업을 영위하고 있을 때, 조세 회피를 위해 지분과 손익분배비율을 허위로 작성했다고 간주되는 일이 있다. 여기서 특수관계자란 배우자, 직계존·비속과 형제자매를 지칭하는데 그 배우자들도 포함된다.

이때 과세 당국은 특수관계자의 소득금액은 손익분배비율(지분율)이 가장 큰 사람의 소득으로 보아 과세하고 손익분배비율이 같은 경우에는 공동사업소득 이외에 종합소득이 많은 사람의 소득으로 과세한다. 결국 세금을 가장 많이 부과할 수 있는 조건을 적용해 과세하기도 한다.

부부가 공동으로 병원을 운영할 때 세금에서 크게 불이익을 당할 수 있는 공동사업 합산과세를 피하기 위해서는 실제로 공동 운영하는 병원임을 입증해야 한다. 중요한 입증 자료로는 진료기록 차트가 있는데 이를 통해 병원에 근무한 사실을 입증할 수 있다. 또 공동개원을 했을 때에는 지분 투자금액, 단독개원에서 공동사업으로 전환했을 때는 지분을 투자한 내역이 금융기관의 거래 내역을 통해 나타나야 한다. 만약 무상으로 지분을 취득한 경우에는 증여계약서(부부간 6억원 증여공제)를 작성해 비치하거나 세무서에 신고해야 한다.

치과와 피부과 의사가
공동개원 할 수 있나?

김 원장은 피부과 의사이고 처남은 치과의사이다. 지금까지는 단독개원 형태로 각각 병원을 운영해왔는데, 김 원장은 병원 규모도 키우고 환자들에 대한 서비스 범위도 넓힐 겸 처남과 공동개원을 하고 싶다. 처남에게 제안했더니 다른 병과와는 공동개원 할 수 없는 것 아니냐고 반문한다. 정말 처남 말대로 병과가 다르면 한솥밥을 먹을 수 없는 것일까?

특화병원 형태면 가능

2010년 1월 31일부터 병원급 이상 의료기관에서 타 면허 의료인을 고용하거나 해당 진료과목을 추가 설치, 운영할 수 있도록 「의료법」이 개정, 시행됐다. 따라서 일정 시설장비와 인력 기준을 갖춘 경우에는 의사, 한의사, 치과의사가 함께 근무하면서 환자별 특성에 따라 맞춤형 의료서비스를 제공할 수 있게 됐다.

병원급 의료기관은 의사, 치과의사 또는 한의사가 주로 입원 환자를 대상으로 의료행위를 하는 의료기관으로서 종합병원, 병원, 한방병원, 치과병원, 요양병원 등을 말한다. 요양병원은 다시 「노인복지법」 제34조제1항에 따른 노인전문병원, 「정신보건법」 제3조제3호에 따른 정신의료기관 중 정신병원, 「장애인복지법」 제58조제1항제4호에 따른 의료재활시설로서 시설 요건을 갖춘 의료기관을 포함한다. 병원급 의료기관은 30개 이상의 병상(병원, 한방병원) 또는 요양병상(요양병원)을 갖춰야 한다.

법 개정에 따라 몇 개의 병과가 한곳에서 의료서비스를 제공하는 게 가능해졌는데, 이런 형태의 의료기관을 '특화병원'이라고 한다. 예를 들면 아동특화병원(소아청소년과, 한방소아과, 소아치과), 중풍특화병원(신경과, 신경외과, 재활의학과, 한방내과, 한방신경정신과, 한방재활의학과), 성형특화병원(성형외과, 피부과, 한방부인과, 치과교정과, 치과보철과) 등이 있다.

특화병원을 운영하려면 정해진 요건을 갖추어 관할 시도에 요청해야 한다. 시설 기준은 대부분 의원급 병원의 시설 기준과 거의 같으며 인원 기준은 다음 표와 같다.

| 특화병원의 요건 |

구분	병상 수	의료인의 정원		
		의사	치과 의사	한의사
일반병원	30병상 이상	연평균 1일 입원 환자 수 / 20명	추가하는 진료과목당 1명	추가하는 진료과목당 1명
치과병원	규제 없음	추가하는 진료과목당 1명	연평균 1일 입원 환자 수 / 20명	추가하는 진료과목당 1명
한방병원	30병상 이상	추가하는 진료과목당 1명	추가하는 진료과목당 1명	연평균 1일 입원 환자 수 / 20명
요양병원	30병상 이상	연평균 1일 입원 환자 수 / 40명	추가하는 진료과목당 1명	연평균 1일 입원 환자 수 / 40명

※ 외래환자는 3명을 입원환자 1명으로 환산함.

동업자 간 차량 종류와
가격 차이가 커도 괜찮을까?

박 원장과 김 원장이 공동개원 했다. 그런데 김 원장의 자동차는 1억 원이 넘는 최고급 승용차이고, 주말에 야외 활동을 즐기는 박 원장의 차는 4천만원 정도 하는 SUV이다. 두 사람의 차량이 종류도 다르고 가격 차이도 큰데, 이것이 세금에 영향을 줄 수 있을까?

차량 관련 규정을 만들어둬야 한다

의료법인에서는 법인이 차량을 구입해 병원장 또는 기타 임원에게 내부 규정에 의해 제공하므로 차량을 사업용으로 사용하고 있다는 사실이 자연스럽게 입증된다. 의료법인이 아닌 공동사업의 형태를 취하는 병원이나 의원에서도 마찬가지로 의료법인처럼 내부 규정을 만들어 병원이 차량을 구입해 원장들에게 제공하는 경우에는 사업용으로 인정될 수 있다.

　그러나 공동사업자 간 차량 종류와 가액에 차이가 많은 경우는 원칙적으로 사업용으로 인정받을 수 없다. 의원급 병원 원장들의 차량을 사업용으로 인정받으려면 적당한 범위에서 차량 종류와 가액을 정하고 차량을 개인용이 아닌 사업용으로 사용해야 한다는 내부 규정을 만들어 비치해야 한다.

　여기서 중요한 것은 첫째, 차량을 사업용으로 사용해야 한다는 것이고 둘째, 차량 리스료나 할부금이 원장들 개인 통장이 아닌 사업용 계좌에서 자동이체가 되어야 하며 셋째, 차량 종류와 가액이 서로 차이가 있다면 내부 규정으로 하한과 상한의 범위를 규정해둬야 한다.

　공동개원 병원이 세무조사를 받게 됐을 때 구성원들의 차량 종류와 가액에 차이가 많으면 차량 관련 비용을 공동사업과 관련된 경비로 인정받지 못할 공산이 크다. 또 차량 관련 비용이 경비 부인되어 세금이 부과되었을 때 그 세금은 누가 부담할지에 대해서도 미리 규정을 만들어놓는 것이 좋다. 가급적이면 위 세 가지 조건에 맞추어 차량 관리를 해야 한다.

물론 개정된 세법에 따라 운행기록부를 비치, 작성하여 업무관련 비율을 산출하여야 함은 단독개원과 공동개원 모든 개원 형태에 공통 적용되는 사항이다.

동업을 깔끔하게
청산하려면?

공동개원을 해서 병원을 운영하는 박 원장과 김 원장은 이번 분기를 끝으로 각자 독자적인 길을 가기로 합의했다. 지금까지 큰 이견 없이 잘 지내온 사이여서 헤어지는 과정에서도 서로 서운함이 없도록 하자는 데 의견을 같이했다. 그런데 잘 헤어지는 데는 돈이라는 걸림돌이 있다. 이 걸림돌을 잘 넘으려면 어떤 방법을 써야 할까?

돈과 마음을 지혜롭게 나누는 것이 중요하다

공동개원의 해지를 위해서는 관할 보건소에 해지한다는 사실을 신고하고 공동사업 해지계약서와 인감증명서를 첨부해 관할 세무서에 신고하는 것으로 행정 절차는 끝난다. 무엇보다 중요한 것은 병원의 가치를 어떻게 평가해 지분을 정산할지, 누가 나가고 누가 남을지를 고민해야 한다는 것이다.

공동개원을 할 당시에 동업을 해지할 때 정산을 어떻게 할지 사전에 협의해서 동업계약서에 기록했다면 그에 따라 정리할 수 있지만, 동업계약서에 그런 내용이 없다면 다툼이 일어날 가능성이 커진다. 세무회계 전문가에게 의뢰해 도출된 결과를 따르기로 합의한다면 깔끔하게 마무리할 수 있다. 하지만 전문가의 도움을 받자는 합의조차도 이뤄지지 않는다면 법정까지 가야 문제가 정리된다.

공동사업을 해지할 때 투자금 등을 반환하는 방식에는 세 가지가 있다.

- 동업을 해지할 때 최초 투자액만 반환한다.
- {동업 해지일 현재 최초 투자액－(감가상각비＋동업일 이후 신규 투자액－동업일 이후 차입액)}×지분율에 의해 계산된 금액을 반환한다.
- 동업 해지일을 기준으로 전문가에게 병원 가치평가를 의뢰해 도출된 평가액에 지분율을 곱한 금액을 반환한다.

병원 가치평가액을 지분 비율로 나누는 방법이 타당

동업을 해지하기로 결정하고 정산하는 예를 들어보자. 함께 병원을 운영하던 박 원장과 김 원장은 공동개원을 해지하고 김 원장이 병원을 떠나기로 결정했다. 박 원장은 김 원장에게 최초 투자금과 권리금을 분배하고 당해 연도 세금을 정산하기 위해 세무사에게 이를 의뢰하기로 했다. 세무사는 먼저 기존 자료를 바탕으로 영업권을 평가하고 해지 시점의 자료를 추가로 받아 정리했다.

- **최초 투자금액**: 각 2억5천만원(대출금 포함)
- **현재 자산가액**: 건물 임차보증금 2억원, 인테리어와 의료기 등 장부가액 1억원
- **현재 미수금**: 진료비 미수금액 4천만원
- **현재 부채액**: 외상대금 2천만원
- **영업권**(권리금) **평가액**: 1억원

우선 지분율 50%를 기준으로 계산하면 박 원장은 김 원장에게 다음의 금액을 계산해서 지불해야 한다.

- **최초 투자금액**: 2억5천만원
- **진료비 미수금액**: 4천만원×1/2 = 2천만원
- **부채**: 2천만원×1/2 = 1천만원
- **영업권**: 1억원×1/2 = 5천만원

위 계산에 따르면 김 원장은 박 원장으로부터 총 3억1천만원을 받으면 된다. 하지만 의료법인이 아닌 일반 병원은 모두 개인사업자이기 때문에 자본금(최초 투자금액)을 구분한다는 게 의미가 거의 없다. 따라서 최초 투자금액보다는 현재의 병원 가치를 평가해 그

결과에 각자의 지분율을 반영하는 방법을 사용하는 것이 타당하다. 이때 개인 채무, 세금 등은 당연히 각자의 책임이다.

병원 가치평가액은 영업권 1억원에 임차보증금 2억원을 합산하고, 장부가액은 전문가를 통해 중고 시세가액을 반영하거나 회계상의 감가상각비(정액법을 주로 사용한다)를 반영해 산출한다. 이 외 부채 및 진료비 미수금 등을 상계 처리하는데 진료비 미수금 등은 대손 가능성을 고려해 추후 확정 시 추가 정산하는 방법으로 처리함으로써 원활하게 해지 절차를 진행할 수 있다.

이 밖에 기존 병원에 누가 남고 누가 떠날지, 즉 기존 병원의 운영권 문제가 대두될 수 있는데 각각의 공헌도를 평가해 합리적으로 합의가 가능한 내용을 사전에 결정해놓으면 다툼이 일어날 소지를 줄일 수 있다.

공동개원은 서로 마음과 힘을 모아 시작해 오래도록 함께하는 게 가장 바람직하지만, 불가피하게 서로 헤어져야 할 때 어떻게 정리하는가도 중요하다. 헤어지게 됐을 때 모든 해지 절차를 서로 합의해 매끄럽게 진행할 수 있으면 좋겠지만 그렇지 못한 경우가 대부분이기 때문에 전문가에게 의뢰해 신속하고 신뢰성 있게 정리하고 새롭게 시작할 수 있는 토대를 만들어야 한다.

제⁷장

세무조사

국세청은 어떤 근거로
세무조사 대상을 선정하나?

● ●

　개원 4년 차인 김 원장은 국세청으로부터 '성실신고 안내문'이라는 문서를 받았다. 지난해 종합소득세를 신고한 내용에 문제가 있었던 것이다. 김 원장은 안내문을 받은 사실을 담당 세무사에게 알리고 분석 작업을 의뢰했다. 김 원장은 조만간 자기 병원에 세무조사가 나오는 것은 아닌지, 세무조사 대상을 선정하는 기준이 무엇인지 궁금하다.

세무조사 대상, 기준에 따라 선정된다

　세무조사는 범칙 혐의 유무에 따라서 일반세무조사와 조세범칙조사로 분류하고 조사 목적에 따라 기획조사, 긴급조사로 구분되며 조사 대상에 따라 통합조사와 세목별조사로 나뉜다. 일반적으로는 전부조사이지만 경우에 따라서 특정 부분만 조사하는 부분조사도 있다.

세무조사는 크게 정기조사와 비정기조사로 나누며, 정기조사 대상자는 「국세기본법」 제81조의6에 의하여 성실도 분석에 의한 선정, 무작위추출에 의한 선정, 개별관리 대상자에 대한 선정 등 유형별로 구분해 선정된다.

'성실도 분석에 의한 선정'은 성실도 분석표에 의해 성실도 하위 순으로 선정한다. 업종별·그룹별·규모별로 선정 비율을 부여해 객관적 잣대로 조사 대상자를 선정한다.

'무작위추출에 의한 선정'은 일정 규모 이상의 납세자를 대상으로 추출해 선정하는 방식이다. 컴퓨터에 의한 난수 방식을 적용해 선정 대상 인원의 3배수를 추출하고, 난수가 큰 순서대로 제외 기준 해당 여부 등을 검토해 선정한다.

비정기조사(수시조사) 대상자는 주로 지방국세청에서 진행하는데 업종별, 탈루 유형별 심리분석을 통해 대상자를 선정하며 조사 기간은 3~5년 정도이다. 최근에는 탈세 제보에 의한 세무조사가 늘어나는 추세이다.

어차피 맞을 매, 먼저 맞는 게 낫다?

언젠가 한 번은 받아야 하는 세무조사라면 사업 연수가 조금이라도 적을 때 받는 것이 유리하지 않을까 생각할 수 있다. 그런데 세무조사는 자신이 원하는 때에 받을 수 있는 것이 아니다. 앞에서 알아봤듯이 근거와 규정에 따라 세무조사 대상자를 선정하기 때문이다.

　세무조사를 미리 받고자 한다면 방법이 없는 것은 아니다. 자료를 왜곡해 신고함으로써 인위적으로 세무조사 대상자에 선정돼 조사받을 수도 있겠지만 추천할 만한 방법은 아니다.

　조사라는 것은 일단 받게 되면 본세에 신고불성실가산세(10% 또는 40%)와 납부불성실가산세(일일 2.2/1,000)를 더해서 세금을 납부하게 돼 금전적인 부담이 매우 커지게 되며 세무조사를 받지 않는 것이 좋다. 그리고 세무조사는 한 번 받았다고 향후 5년간 조사를 안 받는 것도 아니므로 먼저 받고 편하게 지내겠다는 생각도 바람직한 것은 아니다.

수입금액 누락 규모에 따라 조세포탈범으로 검찰에 고발될 수 있다

　간혹 일반세무조사 결과 병의원의 수입금액 누락 규모가 큰 것으로 드러나면 국세청이 사법 당국에 해당 병의원을 조세포탈범으로 고발해 처벌하는 일이 있다. 일단 검찰에 고발되면 세법 규정에 따라 정상적인 세금 외에 세금의 2배 또는 3배 이하에 상당하는 벌금이 추가로 부과되므로 검찰에 고발되면 회복 불가능한 상태에 빠질 수도 있다. 그러면 국세청이 사법 당국에 고발하는 기준은 무엇이고 어떤 처벌을 받을까?

　「조세범 처벌법」에는 조세 범칙 행위에 대한 처벌 규정을 두고 있다.

「조세범 처벌법」 제3조는 "사기나 그 밖의 부정한 행위로써 조세를 포탈하거나 조세의 환급·공제를 받은 자는 2년 이하의 징역 또는 포탈세액, 환급·공제받은 세액의 2배 이하에 상당하는 벌금에 처한다"고 명시하고 "다만, 포탈세액 등이 3억원 이상이고 그 포탈세액 등이 신고·납부하여야 할 세액의 100분의 30 이상인 경우"와 "포탈세액 등이 5억원 이상인 경우"에는 "3년 이하의 징역 또는 포탈세액 등의 3배 이하에 상당하는 벌금에 처한다"고 규정하고 있다.

또 「조사사무처리규정」 제76조는 조사관서장이 일반세무조사에 착수한 후 장부의 은닉, 파기, 그 밖에 조사 진행 중 사기나 그 밖의 부정한 행위로 인한 조세포탈혐의가 발견되거나 그 수법, 규모, 내용 등의 정황으로 보아 세법질서의 확립을 위하여 조세범으로 처벌할 필요가 있다고 판단되는 경우에는 조세범칙조사로 전환할 수 있다고 규정하고 있다.

사기나 그 밖의 부정한 방법으로 조세를 탈루한 혐의가 있거나 세법 질서의 확립을 위해 처벌할 필요가 있다고 판단되는 경우 과세 당국은 조세범칙조사심의위원회의 심의를 통해 조세범칙조사 대상 여부를 결정한다.

조세범칙조사 결과 이중장부, 거짓 증빙·거짓 문서의 작성, 장부와 기록의 파기, 재산의 은닉, 소득·수익·행위·거래의 조작 또는 은폐, 부정 세금계산서 수수 등과 같은 악의적이고 고의적인 조세포탈범은 고발 처분을 받고, 고발과 무혐의에 해당하지 않는 사안은 벌과금 등의 통고처분을 받는다.

조세범칙조사심의위원회 회부 기준은 다음의 어느 하나에 해당하는 경우이다. (「조세범 처벌절차법 시행령」 제6조제1항)

● 조세포탈 혐의 금액 또는 비율이 다음과 같은 경우

연간 신고수입금액	연간 조세포탈 혐의 비율 또는 금액
100억원 이상	15% 이상 또는 20억원 이상
50억원 이상~100억원 미만	20% 이상 또는 15억원 이상
20억원 이상~50억원 미만	25% 이상 또는 10억원 이상
20억원 미만	5억원 이상

● 조세포탈 예상 세액이 연간 5억원 이상인 경우

수입금액을 적당히 누락해서
신고해도 뒤탈이 없을까?

한의원을 운영하는 한 원장은 보약을 지은 환자들이 낸 약값에서 현금의 일부를 누락해 신고하지 않았다. 세금을 적게 낼 수 있고, 따로 모은 현금을 여기저기 요긴하게 쓸 수 있다. 누락된 자금으로 주식과 부동산에 투자한 한 원장은 국세청이 운영하는 소득-지출 분석시스템에 걸려 세무조사를 받게 됐다.

어떤 형태의 세금 탈루든 국세청 그물망을 통과하기는 어렵다

병의원에서 세금을 탈루하기 위해 사용하는 방법은 다양할 수 있다. 국세청이 악착같이 세금 탈루를 잡아내기 위해 열심히 노력하는 것만큼 병의원의 세금 탈루 방법도 점점 다양하고 교묘해지고 있다. 하지만 병의원에서 사용하는 세금 탈루 유형은 이미 국세청에서 파악해 조치를 취하고 있으므로 세금 탈루 방법을 애써

고민하지 말고 절세 방법을 찾는 것이 훨씬 도움이 된다는 점을
명심해야 한다.

다음은 국세청에서 병의원에 대한 세무조사를 수행하고 대표적
사례를 추출한 바 있어 참고로 소개하고자 한다.

 전산 차트를 누락하고 수기 차트로 관리하는 방법으로 현금수입금액 탈루

❖ **인적 사항**

- 사업장: 서울 ○○구
- 상호: ○○치과
- 업종: 의료/치과
- 성명: 문○○ 외 1(40세)

환자

치료

차트 누락
수기 차트 관리

○○치과

○○치과는 서울 ○○구에 유동 인구가 많은 상가 밀집 지역에 있다. ○○대 치대 출신인 문○○ 대표는 임플란트 교정 전문으로 인지도가 높다. 문○○은 수입금액이 노출되는 신용카드, 현금영수증 발행분만 신고하고 일부 차트를 대량으로 전산 차트에서 누락시키고 수기 차트로 관리하는 방법으로 현금수입금액 15억원을 탈루했다. 탈루한 소득금액은 개업 이후 공동사업자인 원장들의 부동산 취득 자금으로 사용했다.

❖ 조치 사항

탈루 소득 15억원에 대해 소득세 7억원 및 가산세를 추징함.

사례 2 신용카드로 결제한 예약금만 신고하는 방법으로 현금수입금액 탈루

❖ 인적 사항

• 사업장: 경기 ○○시
• 상호: ○○성형외과

• 업종: 의료/성형외과
• 성명: 이○○(45세)

수술

현금결제 유도
(10% 할인)

환자   ○○성형외과

○○성형외과는 경기도 ○○시 유동 인구가 많은 상가 밀집 지역에 있다. 대표 이○○은 ○○대 의대 출신으로 가슴수술 전문으로 유명하다. 이 원장은 진료 차트를 전산으로 관리하지 않고 수동으로 관리하며, 시술 환자에 대한 자료는 상담실장이 별도 관리했고, 현금으로 결제할 경우 10% 할인해주는 현금결제를 유도했다. 신용카드로 결제한 예약금만 신고하는 방법으로 현금수입금액 10억원을 탈루했다.

❖ 조치 사항

탈루 소득 10억원에 대해 소득세 5억원 및 가산세를 추징함.

 사례 3 **비보험 현금 진료비를 공동사업자에게 분배하는 방법으로 소득을 탈루**

❖ 인적 사항

- 사업장: 경기 ○○시
- 업종: 의료/치과
- 상호: ○○치과
- 성명: 이○○ 외 1(51세)

❖ 주요 적출 사항

비보험 진료비
분할 납부 가능으로
현금결제 유도, 탈루

환자

○○치과 대표 이○○은 치과를 운영하는 자로 임플란트 등 비보험 고액 진료비를 현금결제할 경우 치료 기간에 분할 납부할 수 있도록 해주는 방법으로 현금결제를 유도했다. 매일 현금으로 받은 비보험 진료비를 은행에 입금하지 않고 금고에 보관한 다음, 월말에 공동사업자들에게 배분하는 방법으로 수입금액 12억원을 신고 누락했다. 해외 교육 중인 공동사업자의 생활비를 교육훈련비 명목으로 계상하여 2억원의 소득을 탈루했다.

❖ 조치 사항

탈루 소득 14억원에 대해 소득세 7억원 및 가산세를 추징함.

사례 4 비보험 진료차트를 별도 관리하고 진료금액을 암호화하는 방법으로 현금수입금액 탈루

❖ 인적 사항

• **사업장**: 서울 ○○구   • **업종**: 의료/피부과

• **상호**: ○○피부과   • **성명**: 이○○ (36세)

❖ 주요 적출 사항

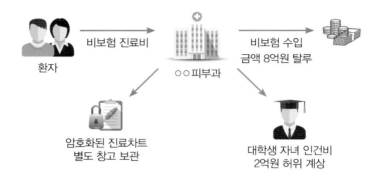

환자 → 비보험 진료비 → ○○피부과 → 비보험 수입 금액 8억원 탈루

암호화된 진료차트 별도 창고 보관

대학생 자녀 인건비 2억원 허위 계상

○○피부과 대표 이○○는 피부과를 운영하면서 문신(눈썹), 흉터 자국, 제모(겨드랑이) 등 비보험 현금 진료비에 대한 수입금액을 신고 누락하고, 이를 은폐할 목적으로 관련 진료 차트를 창고에 별도 보관하며, 진료 차트에 진료금액을 쉽게 알 수 없도록 암호화하는 등으로 비보험 현금수입금액 8억원을 탈루했다. 또 실제 근무하지 않은 대학생 자녀를 병원에 근무한 것처럼 해 허위로 인건비를 계상하는 방법으로 2억원의 소득을 탈루했다.

❖ 조치 사항

탈루 소득 10억원에 대해 소득세 5억원 및 가산세를 추징함.

사례 5 비보험 수입금액을 친인척 명의 차명계좌에 입금하는 방법으로 수입금액 탈루

❖ 인적 사항

- 사업장: 서울 ○○구
- 상호: ○○한의원
- 업종: 의료/한의원
- 성명: 김○○(45세)

❖ 주요 적출 사항

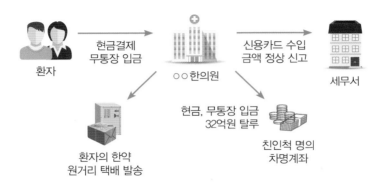

○○한의원 대표 김○○은 한의원을 운영하는 자로 자체 개발한 ××치료제의 약효가 뛰어나 전국에서 환자가 찾아와 호황을 누리고 있다. 국세청에서는 한약 공급은 택배업체를 통해 전국에 배달됨에 착안해 택배 대장과 신고수입금액을 서로 대조한 결과 비보험 진료비 중 현금과 무통장 입금으로 받은 진료비를 친인척 명의의 차명계좌에 입금하는 방법으로 수입금액 32억원을 탈루했음을 알아냈다.

❖ **조치 사항**

탈루 소득 32억원에 대해 소득세 17억원 및 가산세를 추징하고,
고의적 세금 포탈에 대해 「조세범 처벌법」에 따라 포탈세액 상당
액의 벌금을 부과함.

 사례 6 **비보험 현금수입금액을 차명계좌에 입금하는 방법으로 소득
탈루**

❖ **인적 사항**

- 사업장: 서울 ○○구
- 상호: ○○성형외과

- 업종: 의료/성형외과
- 성명: 김○○(34세)

❖ **주요 적출 사항**

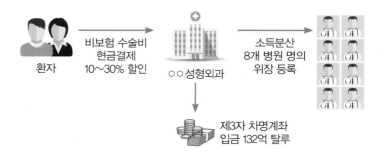

○○성형외과 대표 김○○는 성형외과를 영위하는 자로 비보험
인 성형수술비를 현금으로 결제할 경우 10~30% 할인해주는 등
으로 현금결제를 유도하고, 현금으로 받은 진료비를 제3자 명의

의 차명계좌에 입금하는 방법으로 132억원을 탈루했다. 피부과, 치과 등 다른 병원과 협진 시스템을 구축하기 위해 8개 병원을 직접 운영하면서, 고용 의사 명의로 사업자등록을 위장 등록하는 방법으로 소득금액을 분산했다.

❖ 조치 사항

탈루 소득 132억원에 대해 소득세 34억원을 추징하고, 고의적 세금 포탈에 해당해 「조세범 처벌법」, 「특정범죄 가중처벌 등에 관한 법률」에 따라 고발 조치함.

사례 7 비보험인 탈모 환자의 모발이식 진료비를 현금결제로 유도해 소득 탈루

❖ 인적 사항

- 사업장: 서울 ○○구
- 업종: 의료/피부과
- 상호: ○○피부과
- 성명: 고○○ (42세)

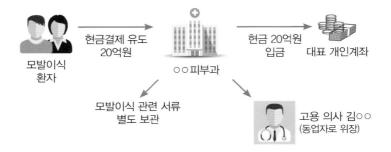

고○○가 운영하는 ○○피부과는 탈모 환자의 모발이식 전문 의원으로 세무조사 등에 대비해 환자들의 모발이식 전후 사진 등을 별도의 장소에 보관해 관리하고 모발이식 진료비를 할인해주는 등의 방법으로 현금결제를 유도하고, 받은 현금수입금액 20억원을 신고 누락했다. 또한 고용 의사를 공동사업자(동업자)로 위장 등록하는 방법으로 소득을 분산해 세금을 탈루했다.

❖ 조치 사항

탈루 소득 20억원에 대해 소득세 10억원을 추징하고, 지능적·고의적 세금 포탈에 대해 「조세범 처벌법」에 따라 포탈세액 상당액의 벌금을 부과함.

사례 8 현금 진료 고객의 차트를 별도 관리하고 현금수입금액을 종업원 명의 차명계좌에 입금하는 방법으로 탈루

❖ **인적 사항**

• 사업장: 서울 ○○구
• 업종: 의료/한의원

• 상호: ○○한의원
• 성명: 김○○(45세)

❖ **주요 적출 사항**

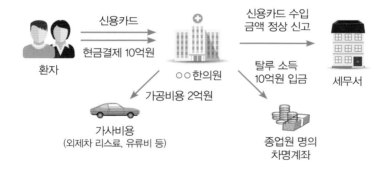

○○한의원 대표 김○○은 한의원을 영위하는 사업자로 신용카드 수입금액은 정상적으로 신고하면서 비보험인 어린이 성장 클리닉 진료비 중 고액의 현금 고객의 진료 차트를 비밀 장소에 보관하고, 현금으로 받은 수입금액 10억원을 종업원 명의 차명계좌에 입금하는 방법으로 신고 누락했다. 또한 고급 외제 승용차 리스료, 유류비 등 개인 가사비용 2억원을 한의원 운영과 관련된 비용으로 허위 계상하는 방법으로 소득을 탈루했다.

❖ 조치 사항

탈루 소득 12억원에 대해 소득세 6억원 및 가산세를 추징함.

 국세청의 세원 관리 시스템, PCI

소득–지출 분석시스템, 일명 PCIProperty, Consumption and Income Analysis System 시스템은 국세청이 보유한 신고소득 자료, 재산보유 자료, 소비지출 자료를 통합 비교·분석해 세금 탈루 혐의자를 전산으로 추출하는 시스템이다. 탈루 소득 대부분이 부동산 또는 주식을 취득하거나 해외여행 등 호화 소비지출 형태로 나타난다는 점에 착안해 최근 국세청에서 개발한 시스템이다.

국세청은 이 시스템을 수입금액을 누락·축소하는 의사, 변호사 등 고소득 자영업자를 찾아내는 데 사용하며, 소득이 없거나 미성년자 등 취득 능력이 부족한 자가 고액의 부동산 등을 취득하는 경우 자금 출처 관리에도 활용한다는 방침이다.

실제로 국세청은 시스템 구축을 완료하고 2009년 종합소득세를 신고한 의사, 변호사 등 고소득 자영업자와 개인사업자 350만 명을 대상으로 검증 작업을 진행했다. 검증 결과, 일정 기간 동안 10억원 이상의 소득을 탈루한 혐의자를 4만 명 정도 추출했다. 국세청은 혐의가 있는 것으로 나타난 납세자들 가운데 우선 사회적으로 문제가 되는 업종과 고소득 자영업자 위주로 검증한 다음 그 대상을 점차 일반 업종으로 넓혀갈 예정이다.

따라서 의사, 변호사 등 고소득 자영업자의 경우에는 지금이라도 사회생활을 시작한 시점부터 현재까지 근로소득, 사업소득, 양도소득과 관련된 소득금액증명원을 발급받아, 세후 소득에서 생활비를 차감한 가처분소득(저축 가능액)과 현재의 순자산(자산−부채)을 비교해 자신도 소득–지출 분석시스템에 의해 세무조사 대상자로 선정될 수 있는지를 검증해보길 바란다.

국세통합시스템, TIS

국세청 본청·지방청, 세무서를 연결하는 국세통합전산망을 지칭하는 것이다. 개인의 주민등록번호, 법인의 법인등록번호, 개인이나 법인 사업자의 사업자등록번호를 기준으로 재산 현황, 납세 실적, 세금 신고 내역, 그리고 세무조사 기간과 결과 등을 체계적으로 기록, 관리함으로써 체납이나 탈세를 방지하는 시스템이다. 2015년 국세청은 기존 TISTax Integrated System 시스템을 업그레이드한 스마트 TIS를 운영해 조금 더 정교한 세적 관리를 시작했다.

계좌이체와 현금 거래의 금융정보 거래 분석, FIU

국세청이 PCI 분석과 FIU 보고 자료를 활용해 자금 흐름을 분석해서 세금을 추징하고 있다.

FIUFinancial Intelligence Unit는 금융정보분석원을 말하며 금융기관은 동일인 명의로 이루어지는 계좌이체 중에서 탈세, 돈세탁 등으로 의심되는 계좌이체(2014년부터 금액 기준 1천만원 삭제)를 반드시 금융정보분석원에 보고해야 한다. 혐의거래 보고제도 STR, Suspicious Transaction Report와 하루 누적 1천만원 이상의 고액 현금거래 보고제도CTR, Currency Transaction Report가 그것이다. 보고받은 금융정보분석원에서는

| 금융정보분석원의 고액 현금 거래 정보의 '제공 사실 통보서' 예시 |

○○○ 귀하
귀하의 고액 현금 거래 내역이 「특정 금융거래정보의 보고 및 이용 등에 관한 법률」 제7조제1항에 따라 아래와 같이 제공되었음을 통보하오니 양지하시기 바랍니다.
법적 근거, 정보 제공 내용, 정보 사용 목적, 정보 요청 기관, 정보 제공 기관, 정보 제공 일자

자체 검토해 실제 의심되는 거래에 대해서는 다시 유관 기관인 검찰청, 경찰청, 국세청, 관세청 등에 자료를 통보한다. 통보받은 국세청은 FIU 통합분석시스템FOCAS을 통해 검은돈의 흐름을 좀 더 정확하게 잡아낼 수 있다.

또한 해외 계좌도 해당연도에 매월 말일 중 어느 하루라도 5억원을 초과하는 잔액이 있으면 이에 대한 계좌를 다음 해 6월 1일부터 6월 30일까지 납세지 관할 세무서에 신고해야 한다. 이를 신고하지 않거나 과소신고한 경우에는 미신고(과소신고)금액에 과태료율(10%~20%)을 곱한 금액이 과태료로 부과되며, 신고의무를 위반한 연도마다 각각 과태료가 부과되므로 주의하여야 한다.

세무조사를 받게 될 확률을
조절할 수 있을까?

노원구에서 피부과를 운영하던 김 원장은 얼마 전 이사했다. 부자들이 모여 사는 동네로 가면 그들에게 묻혀 세무조사 대상으로 선정될 확률이 낮아진다는 얘기를 들었기 때문이다. 또 병원을 이전하면서 사업자등록증을 새로 발급받았다. 어차피 이전하는 것이라면 세무조사 확률을 낮추는 쪽으로 일을 진행하기 위해서다. 정말 효과가 있는 방법일까?

부자 동네로 가면 세무조사 순위가 밀린다?

비정기 세무조사 대상자를 주소지 관할 지방국세청에서 선정한다면, 부유한 지역으로 주소지를 이전한 효과는 전혀 없을 것이다. 왜냐하면 지방국세청의 세무조사 선정 기준은 매출액, 매출액 증가율, 과거 세무조사 경력, 이익률, 이익 증가율, 신용카드와 현금의 비율, 비용 중 특정 계정과목의 과다 등을 종합적으로 고려해 대상자를 선정하기 때문이다.

세무조사 대상자를 주소지 관할 세무서에서 매출액만을 기준으로 세무조사 대상자를 선정한다면 부유한 지역으로 이전함으로써 세무조사를 받을 확률이 낮아지는 효과를 볼 수는 있다. 그러나 주소지 관할 세무서에서도 신고 성실도를 볼 때 매출액, 매출액 증가율, 이익률, 이익 증가율 등도 함께 고려하고, 지방국세청에서 조사 대상자를 선정해 주소지 관할 세무서에 통보하는 경우도 있다. 그러므로 부자 동네로 가면 세무조사 순위가 뒤로 밀린다는 것은 올바른 내용이 아니다.

공동사업자의 명의를 자주 변경하는 것은 세무조사에 영향을 미칠까?

공동사업자의 명의를 어떻게 변경했느냐에 따라 세무조사 대상 선정에 영향을 미칠 수도 있다.

첫째, 대표 공동사업자는 동일하고 구성원만 변경됐는데 구성원 중에 자산 취득 등의 자금 출처에 문제가 없다면 세무조사에는 거의 영향이 없다. 둘째, 대표 공동사업자를 변경하는 경우는 대표 공동사업자의 주소지 관할 세무서나 지방국세청에서 세무조사를 관할하게 되므로 세무조사 대상으로 선정되는 데 영향을 미칠 수 있다. 대표 공동사업자가 변경되는 경우는 실제 병의원을 양도·양수하는 상황이기 때문이다.

첫째 사례처럼 공동사업의 구성원이 바뀌는 상황은 종종 있는 일이다. 따라서 과세 당국에서도 그리 주목할 만한 일은 아닐 것이다. 하지만 둘째 사례는 자주 있는 일이 아니어서 과세 당국의 주목을 받게 된다. 대표자가 한 번 정도 바뀌는 것은 별문제가 없으나 두세 번 바뀐다면 마치 룸살롱 업주가 바지 사장을 내세워 명의를 자주 바꾸는 방법을 통해 세금이나 행정명령을 피해 가는 것과 같은 경우로 오해를 살 수 있다. 만약 세무조사를 피하기 위해 허위로 공동사업자의 지분을 양도·양수한 것으로 신고한 경우, 세무조사에서 이러한 사실이 드러나면 실지 귀속자에게 세금이 부과되는 것은 당연하고 허위 등록에 해당하는 각 과세기간의 총수입금액의 0.5%에 상당하는 가산세를 물게 된다.

재개원과 세무조사는 상관관계가 없다

일반적으로 국세청에서 관리하는 소득 관련 사항은 사업장이 아닌 납세자 개인별로 관리한다. 이 때문에 사업장을 이전한다고 해서 세무조사를 받을 확률이 낮아지지는 않는다. 기존 사업장을 폐업하고 재개원하는 형태는 지역이 어디인지에 따라 두 가지로 나눌 수 있다.

먼저, 같은 지역에서 사업장을 이전했다면 환자가 이전하기 전이나 후에 병원을 방문하는 데 아무런 불편이 없다고 볼 수 있다. 즉 기존 차트가 거의 그대로 유지되는 상황이어서 세무조사를 받게 될 확률에 아무런 영향을 미치지 않는다.

그러나 다른 지역으로 이전하는 경우에는 새롭게 개원한 것으로 판단할 수 있다. 내원하는 환자가 바뀌기 때문에 새로운 차트로 채워진다. 종전 사업장에 대한 차트 등 자료가 없어지면 세무조사가 어려울 수도 있어 세무조사를 뒤로 미루지 않을까 기대할 수도 있다. 하지만 세무조사의 기법이 차트를 조사하는 것만 있는 것은 아니다. 원장의 금융 자료나 폐업한 사업장에서 거래했던 거래처로부터 관련 서류를 확보하는 방식 등으로 얼마든지 조사할 수 있다. 차라리 세무회계 전문가를 활용해 확실한 증거 자료를 확보하고 절세 전략을 실천하는 것이 더 나은 방법이다. 특별한 사정이 있지 않는 이상 굳이 비용을 들이며 사업장을 옮겨 다닐 필요가 없다.

특히 잘못된 정보로 병의원 원장들을 유혹하는 방법이 하나 있다. 같은 장소에서 사업자 명의만 바꾸고 기존 대표 원장이 명의만 빠진 채 진료를 계속 보는 일명 '모자 바꿔 쓰기' 방법인데 이는 아주 위험한 생각이다. 의료인에 대한 인적 사항을 보건소에 보고해야 하는 의료업종의 특성상 명의 변경 후 기존 대표 원장이 계속 진료를 보는 것이 확인될 수밖에 없다. 만약 보건소에 신고하지 않고 진료를 보게 되면 미신고 의료인이 진료를 보는 것이어서 「의료법」 위반 소지도 있다.

재개원 시 사업자등록증 신규 발급이 유리

앞에서 살펴봤듯이 사업장을 이전하는 것과 세무조사는 사실상 별개의 문제이다. 얼마 전까지만 해도 사업장을 이전하면서 종전 사업장을 폐업 신고하고 신규로 사업자등록을 신청하면 그 전과 다른 번호를 부여했다. 새로운 사업자등록번호가 부여된다는 점을 세무조사 회피 수단으로 활용한 경우도 있었을 것이다.

하지만 이제는 동일인인 경우에는 폐업하고 다시 개원해도 이전에 쓰던 사업자등록번호를 그대로 부여한다. 과세 당국에서 사업자 정보의 연속성을 확보해 세원 관리를 확실하게 한다는 차원에서 정책을 바꾼 것이다. 다만, 폐업과 신규 개원이 같은 해에 이뤄지면 사업장별 관리를 위해 다른 사업자등록번호를 부여한다.

연도를 달리하는 폐업 후 개원의 경우에는 어쩔 수 없이 종전 사업자등록번호를 부여받지만, 같은 연도에 사업장을 이전하고 다시 개원하는 일정이라면 사업자등록을 정정하기보다는 폐업 신고를 하고 신규 개원 절차를 밟아 다른 사업자등록번호를 받는 것이 아무래도 유리할 것으로 판단된다.

왜냐하면 사업장을 이전하면 새롭게 인테리어를 한다거나 장비를 새로 구입하게 되므로 신규 개원처럼 초기 투자비용이 많아 세법에서 정해놓은 감가상각 한도액만큼 감가상각비를 계상하는 방식을 통해 이익률을 낮게 잡을 수도 있는데 만일 사업장을 이전하면서 사업자등록을 정정만 한다면 국세청 전산망에서는 폐업 후 신규 개원으로 인식하기는 어려워 이익률이 낮게 신고된 부분에 대해 문제를 삼을 수도 있기 때문이다.

04

세무조사 받은 다음 몇 년은
안심해도 될까?

● ●

김 원장은 몇 달 전 세무조사를 받았다. 나름대로 성실하게 소득신고를 했는데 막상 조사를 받으니 몰라서 잘못 처리한 부분이 여러 건 지적됐다. 추징 세금이 적잖게 나왔다. 세금을 낸 뒤 김 원장은 이제 세무조사를 받았으니 향후 몇 년간은 괜찮겠지 하며 여기저기 투자를 해야겠다고 생각한다.

세무조사를 3년 연속 받은 병원도 있다

세무조사를 받은 다음 연도나 그다음 연도는 일반적으로 조사가 없다는 얘기를 믿고 이익률을 세무조사 대상 연도보다 낮게 신고해 세금을 줄이는 경우도 있다. 그러나 세무조사를 받고 몇 년 동안은 세무조사를 하지 않는다는 얘기는 근거가 없다.

국세청에서도 그런 생각을 하는 납세자들이 많은 것으로 파악하고 있다. 최근에는 세무조사를 받은 이후 매출액이 줄거나 이익률이 낮아진 것으로 신고한 납세자에게 국세청은 매년 5월 종합소득세 신고안내문에 신고 대상 연도의 직전 5개년의 매출액과 이익률을 기재해 조사 이후의 매출액과 이익률이 떨어지는지 여부를 중점적으로 관리한다. 시중에 떠도는 근거 없는 말을 믿고 무작정 줄여서 신고하는 것은 위험하다.

세무조사 이후 매출액과 이익률을 낮춰서 신고해 3년 연속으로 세무조사를 받은 병의원이 실제로 있다. 본보기로 걸린 재수 없는 병원이라 생각할 수도 있지만 국세청의 납세자 관리가 매우 정밀해졌다는 사실을 증명하는 사례라고 보는 게 더 정확하다.

매출과 이익을 낮춰 과세 당국의 주목을 받기보다는 세무조사 이후 사업연도의 매출액과 이익률이 세무조사를 받은 결과보다 약간이라도 상승한 것으로 신고하는 편이 유리하다. 성실신고로 인정받을 수 있기 때문이다. 납세자의 성향을 알고 대응하는 국세청의 분위기를 역으로 이용해 더 좋은 결과를 얻는 것이다.

세무조사를 받은 뒤 부동산 투자나 대출 상환을 하면?

세무조사를 받은 다음 연도나 그다음 연도에는 세무조사가 없다는 소문을 듣고 그동안 매출액을 누락해 모은 자금으로 부동산에 투자하거나 대출을 상환하면 다시 세무조사를 받을 수도 있다.

세무조사 대상은 신고 성실도 분석, 무작위추출, 개별관리 대상자 등 세 가지 방식으로 대상을 선정한다. 여기에서 주목해야 할 선정 방식은 '개별관리 대상자 선정'이다. 소득이 높은 병의원 원장은 대부분 개별관리 대상자에 포함되어 있다. 국세청에서 개별관리 대상자로 선정했다는 것은 신고 성실도, 자산의 형성 과정 등을 중점 관리한다는 의미이다.

또 국세청에서는 앞서 소개한 소득지출분석 프로그램, FIU 자료 활용, 「금융실명거래 및 비밀보장에 관한 법률」(이하 「금융실명법」), 금융소득종합과세 2천만원 하향 조정 등의 과세 자료를 활용해 신고된 소득 대비 지출 규모(신용카드, 금융자산, 부동산, 대출 상환 등)를 파악해 과다 지출 혐의가 높은 병의원을 세무조사 대상자로 선정하고 있다. 세무조사를 받았다고 해도 신고한 소득에 맞춰 지출 규모를 유지하는 것이 바람직하다.

신고소득을 초과하는 대출금 상환은 하지 말라

매출 누락분에 해당하는 현금으로 신고소득을 초과해 대출금의 원금을 상환했다고 해도 당장 그 사실이 드러나지는 않는다. 세무조사를 하기 전까지는 대출금을 많이 상환했는지 적절히 상환했는지 국세청에서 알 수 없다는 것이다. 담보대출의 경우 대출금을 전액 상환했다 하더라도 근저당권이 살아 있는 한 대출금을 얼마 상환했는지 국세청에서 파악하기가 힘들기 때문이다.

따라서 대출금 상환액이 신고한 소득을 넘었다고 해서 세무조사의 위험도가 증가하는 것은 아니다. 하지만 어떤 이유로든 세무조사를 받게 됐을 때 조사관이 자금 흐름을 검토하는 과정에서 신고소득을 초과해 대출금을 상환한 것이 드러나게 되면 매출 누락으로 형성된 부외자금을 통한 대출 상환이 아닌지 의심을 받을 수 있게 된다.

Tip **결혼 축의금은 부모와 본인 중 누구 소유일까?**

최근 강남구 대치동에 15억원짜리 아파트를 구입한 홍 원장은 서울지방국세청으로부터 병원 세무조사와 함께 자금출처조사를 받았다. 자금 출처를 소명하던 중 홍 원장은 아파트 구입에 쓴 자금 중 1억원은 자신이 결혼할 때 하객들이 낸 축의금이라고 주장했다. 하지만 국세청에서는 결혼 축의금 1억원을 정당한 자금으로 인정하지 않았다.

하객들이 낸 결혼 축의금은 혼주인 부모의 돈이라는 것이다. 결혼 축의금에 대한 국세청의 해석은 다음과 같다.

"자녀가 결혼하는 경우 하객들이 내는 축의금은 혼주인 부모의 결혼 비용 부담을 줄여주고자 하여 십시일반으로 내는 우리나라의 오래된 풍습인 바, 축의금은 원칙적으로 혼주인 부모에 귀속되는 것으로 보고 있다. 다만, 결혼한 자녀 당사자의 하객으로 참석해 자녀에게 직접 전달하거나 자녀를 위해 내는 축의금은 자녀에게 귀속되는 것으로 본다. 따라서 부모에게 귀속되는 축의금은 자녀의 자금 출처로 인정될 수 없고, 자녀에게 귀속되는 축의금에 한해서 자녀의 자금 출처로 인정 가능한 것으로 보고 있다(서면4팀-1642, 2005. 09. 12., 재삼46014-1057, 1998. 06. 12., 심사증여98-40, 1998. 03. 13.)."

2013년 차명계좌에 대한 과세 강화 차원에서 '차명계좌 증여추정 규정'이 개정되어 차명계좌에 대해서는 증여세가 대부분 부과된다. 차명계좌에 돈을 넣는 순간 증여로 간주되는 셈이다. 증여가 아닌 차명계좌로 인정받았다면 그것은 소득세 문제가 발생하고 본세는 물론 그에 따른 신고·납부불성실가산세까지 추가로 부담해야 한다.

이렇게 차명계좌에 대해서는 세금 부과와 같은 불이익이 있었지만 그 외에 별다른 규제가 없었기에 관행적으로 많이 사용되어온 것이 사실이다. 하지만 2014년 11월 이후부터는 「금융실명법」(차명거래 금지법) 개정안이 시행되면서 차명계좌 사용으로 세금을 탈루하는 경우 5년 이하의 징역 또는 5천만원 이하의 벌금이 부과된다. 그러므로 자녀에게 증여하는 것도 중·장기 증여 플랜이 필요하며 소득세를 회피하려다 증여세를 추징당하는 일이 없도록 금융거래를 신중하게 할 필요가 있다. 가장 중요한 것은 혹시나 차명거래가 있다면 그 차명계좌의 금액이 세금 신고가 된 자금인지 여부이다.

「금융실명법」 적용 예시

- 가족 통장에 돈을 옮겨놓아서 금융소득종합과세 대상에서 제외됐다(적용 ○).
- 가족 통장에 돈을 옮겨놓았지만 세금에는 변화가 없다(적용 ×).
- 사업을 하다가 파산 직전에 돈을 다른 사람 통장에 이체했다(적용 ○).
- 동창회, 산악회 등의 총무로 다른 사람이 낸 회비를 본인 명의 통장에 관리하고 있다(적용 ×).

매출을 정직하게 신고해도
세무조사는 받는다고?

꼼꼼하기로 소문난 김 원장은 병원을 운영하면서 벌어들인 돈과 쓴 돈의 내역을 하나도 빠트리지 않고 챙겨 모두 신고했다. 김 원장은 자신이 성실하게 신고했음을 국세청에서도 알아주리라고 생각했다. 자신처럼 성실하게 세금을 내는 사람에게는 세무조사가 나오지 않을 것이라는 기대도 했다. 과연 김 원장의 이런 노력을 국세청에서 알아줄까?

매출과 경비 자료를 철저히 챙기는 게 정답

매출을 있는 그대로 모두 신고했다고 해도 세무조사가 면제되지는 않는다. 국세청 입장에서야 조사하기 전에는 병의원에서 신고한 매출액이 100% 그대로 신고된 것인지 알 수 없기 때문이다.

과거에는 세무조사를 할 때 '털면 뭐가 나와도 나온다'는 식으로 접근했다. 병의원이 매출액을 감추지 않고 전액 신고했다는 사실을 믿지 않고 매출 누락이 나올 때까지 원장을 괴롭히는 경향이 있었다. 하지만 국세청도 이제는 많이 바뀌었다. 지금은 전후 사정과 일일장부, 차트를 대조해 매출액 누락 혐의가 없다면 모범납세자로 선정해 표창을 주는 경우도 있다.

이제는 신용카드, 현금영수증 등의 제도가 완전히 정착돼 병의원의 매출은 거의 세원으로 포착되고 있다. 만약 사업장현황신고나 종합소득세 신고를 적당히 한다면 국세청의 세무조사 선정 기준에 걸려 불필요한 세무조사를 받게 된다. 자신은 성실하게 신고했음에도 불필요한 오해를 받아 세무조사를 받는 일이 생기지 않게 하려면 병의원 전문 세무대리인의 협조를 받아 정확한 자료를 준비하고 성실하게 신고의무를 이행하는 것이 좋다.

세무조사를 받지 않기 위해 특별히 신경 쓸 점이 있다면, 매출이 완전히 노출돼 있으므로 이를 뒷받침할 자료를 충실하게 갖추는 것이다. 기본적으로 일일장부를 비치해야 하고, 경비 부분은 철저히 적격증빙을 갖춰 손익계산서의 계정과목별 경비가 적정비율로 관리되도록 해야 한다.

특히 경비 가운데 감가상각비는 전략적으로 운용할 필요가 있다. 개원 초기에 한도액까지 무조건 상각해 감가상각비를 소진해버리면 나중에 경비 문제로 어려움을 겪을 수 있다. 개원 초기에는 매출이 그다지 크지 않을 것으로 예상되므로 15% 또는 24%의 세율 구간에 해당하는 수입 규모를 유지하는 정도로 감가상각을 하는 것이 좋다. 몇 년 뒤 매출액이 크게 늘어나 높은 세율의 소득세를 내야 하는 시기에 감가상각을 적극적으로 활용하는 것이 훨씬 유리하다. 만일 5년 안에 폐업한다면 감가상각비를 가급적 빠른 시일 내에 소진하는 것이 유리하다.

종합소득세 신고 전 신고 안내문을 적극 반영하라?

당해 연도 종합소득세 신고 전에 국세청으로부터 전년도 종합소득세 분석 결과를 근거로 성실신고 안내문을 받았다면 두 가지로 해석할 수 있다. 하나는 국세청에서 신고 내용과 병의원의 개별적인 특성을 면밀히 분석해 문제점을 지적한 경우이고, 다른 하나는 신고 내용과 병의원의 개별적인 특성을 면밀히 분석하지 않고 단순히 통계치와 비교해 지적한 경우이다.

성실신고 안내문을 받았다면 그 내용을 담당 세무사에게 알려 정확한 진단을 받는 게 좋다. 전자의 경우에 해당하는 사안인데도 국세청의 안내문을 무시하면 세무조사로 연결될 가능성이 높아지므로 종합소득세를 신고할 때 반드시 이를 반영해야 한다. 후자에 해당된다면 당장 문제가 지적된 것은 아니다. 하지만 안내문을 무시해서는 안 되고 장기적인 추세에서 이를 고려하면 된다.

개원 1년 차도 세무조사를 받을 수 있다

세무조사 대상자로 선정된 데에는 분명히 이유가 있다. 또 신고 내용이 불성실하다고 판단해 세무조사를 하는 것 외에 특별한 이유 없이 5년마다 이루어지는 정기세무조사도 있다. 그런데 개원 1년 차가 세무조사를 받는다는 것은 정기세무조사와는 관계가 없을 것이다. 자금 출처가 의심되는 부동산을 구입했거나, 개원 자금의 규모를 봤을 때 자금 출처를 조사해야 하는 요소가 있거나, 내부자 고발 또는 탈세 제보에 의한 세무조사일 확률이 높다.

개원 1년 차 병원이 세무조사를 받는다는 것은 어린아이가 혼자 길가에 나가 교통사고를 당한 상황과 유사한 것으로 원장에게 문제가 있든지 세무대리인의 도움을 전혀 받지 않아 벌어진 일이라고 볼 수 있다.

최근에는 탈세 제보 관련 조사가 많다?

최근에는 병의원 관계자나 환자들이 탈세 제보를 해서 진행되는 세무조사가 많이 증가하고 있다.

탈세 제보는 크게 차명계좌에 대한 제보와 구체적인 증거에 의한 제보로 나뉘고 서면, 인터넷, 전화 등으로 이루어진다. 제보자에게는 중요한 자료를 제보한 경우 다음 요건에 해당되면 표상의 탈세포상금이 지급된다.

- 일반 조세탈루에 대한 포상금: 탈루 세액 등이 5천만원 이상 추징되어 납부되고 불복청구 절차가 종료되어 부과처분 등이 확정된 경우

- **조세범칙행위에 대한 포상금:** 탈루 세액 등이 5천만원 이상 추징되고, 통고의 이행 또는 재판에 의한 확정형 및 불복청구절차가 종료되어 부과처분 등이 확정되는 경우

탈루 세액	지급률
5천만원 이상~5억원 이하	20%
5억원 초과~20억원 이하	15%
20억원 초과~30억원 이하	10%
30억원 초과~	5%

(총지급한도는 40억원)

　　또한, 최근 세금 탈세 제보를 전문으로 하는 세파라치 등이 등장하면서 급증하는 차명계좌 신고에 대한 포상금은 차명계좌 세무조사를 통해 추징되는 탈루 세액이 1천만원 이상인 경우 건별로 100만원을 지급한다(연간 동일인 지급 한도 5천만원).

부동산의 취득으로 자금출처 서면
확인대상 또는 조사대상이 될 수 있다?

김 원장은 병원을 개원한지 5년차에 접어들면서 여유자금이 생겼고, 여기에 대출을 받아 부동산 임대를 하기 위한 상가를 취득하게 되었다. 그런데 부동산을 취득하고 얼마 지나지 않아 세무서로부터 재산 취득 자금출처에 대한 해명자료 제출 안내문을 받게 되었다. 어떤 자금으로 상가를 취득하게 되었는지를 소명하라는 안내문인거 같은데 어떻게 대응해야 할지, 또 그동안 벌어들인 소득 내에서 취득한 부동산인데도 문제가 될 수 있는 건지 궁금하다.

재산 등 취득자금에 대한 대상자는 어떻게 선정하나?

위 사례처럼 부동산을 취득했다든지 또는 갑자기 개원자금이 생겼거나, 채무의 상환이 이루어졌거나, 금융소득이 발생한 상황에서 직업, 나이, 재산을 검토해 보았을 때 그 자금의 출처가 불분명하다고 판단될 경우, 국세청은 납세자에게 증여세 등의 탈루 혐의여부를 확인하기 위한 자금출처 소명안내문을 보내 서면확인을 하거나 또는 자금출처 조사를 실시하게 된다.

그러면 이런 혐의가 있다고 판단되는 소명대상자는 어떤 방법으로 선정하는 걸까?

대표적으로 PCI시스템을 이용하고 있다. 앞에서도 설명했듯이 일정기간동안 신고된 소득에 비해 재산증가액과 소비지출액이 과도한 경우 신고 누락된 소득으로서 탈루혐의가 있다고 보아 소명을 요구하게 된다.

국세청은 사업자의 소득과 지출, 보유재산 등을 거의 대부분을 파악하고 있기에 사업자의 자료를 통합, 비교, 분석하여 세금탈루 혐의자를 전산으로 추출하는 것이 가능해 졌다.

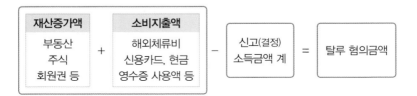

또한 금융정보분석원으로부터 의심거래보고(STR) 및 고액현금거래(CTR)자료를 보고받고 있어 더 정확한 근거에 의해 자금출처 소명요구 대상자를 선별하고 있다.

이런 분석을 통한 선정 외에, 탈세제보, 세무조사 파생자료, 정보자료 등에 따라 자금출처 조사가 필요하거나 재산취득과 관련된 세금을 누락한 혐의가 있어 지방 국세청장 또는 세무서장이 자금출처 조사를 할 필요가 있다고 인정되는 경우 자금출처 조사 대상자로 선정될 수 있다.

그리고 선정된 실지조사 대상자가 배우자 또는 직계존속과 직계비속으로부터 취득자금을 증여받은 혐의가 있는 경우에는 그 배우자 또는 직계존속과 직계비속을 조사 대상자로 동시에 선정할 수 있다(상증사무처리규정 26조).

자금출처 소명요구에 어떻게 대응해야 할까?

지방 국세청장 또는 세무서장으로부터 재산취득금 출처에 대한 해명자료 제출 안내문을 받으면, 객관적인 증빙을 통해 출처가 불분명한 금액에 대해서 해명자료를 제출하면 된다.

구체적인 증빙으로 각종세금을 누락한 혐의가 없다고 인정되는 경우에는 '혐의 없음'으로 종결 처리되며, 혐의가 있더라도 혐의 사항이 단순하고 경미한 경우에는 해당세목에 대해 기한 후 신고를 하거나 수정신고를 하는 것으로 마무리 되며, 소명이 제대로 이루어 지지 않을 경우에만 실지조사가 필요하다고 인정되어 세무조사로 전환되게 되는 것이다. 세무조사로 전환이 되면 국세청에서 계좌를 조회할 수 있고, 다른 추가 혐의가 발견될 수도 있어서 해명을 하는데 어려움을 겪을 수 있다.

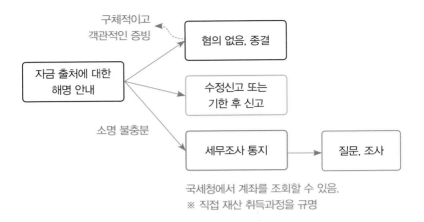

그럼 전체 금액에 대해 빠짐없이 소명해야 하는 것일까? 그건 아니다. 아래 그림과 같이 전체 취득자금(취득세 포함한 가액)의 20% 금액과 2억원 중 작은 금액만 제외하고 나머지에 대해서만 소명하면 된다.

다만, 위 산식만 보고 80%금액만 소명하면 된다고 생각할 수 있지만 재산가액이 커지는 경우 80% 이상의 금액을 해명해야 할 수 있다. 예를 들어 재산가액이 10억원인 부동산을 취득했을 때와 20억원인 부동산을 취득 했을때의 경우로 살펴보자(예로 제시한 재산가액에 취득세액도 포함되어 있다고 가정).

① 재산가액: 10억원

소명대상금액 : 10억원 - min(10억원×20%, 2억원) = 8억원 → 재산가액의 80% 소명

② 재산가액: 20억원

소명대상금액: 20억원 − min(20억원×20%, 2억원) = 18억원 →
재산가액의 90% 소명

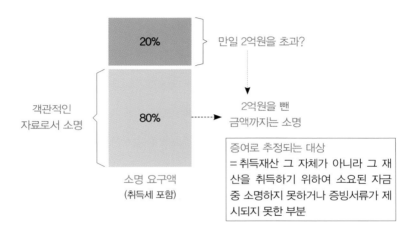

이렇게 재산가액이 20억원을 초과하게 되자 18억원인 90%에
해당하는 금액을 소명해야 하는 상황이 발생하게 된다.

어찌 되었든 위 산식에 따라 소명 요구액에 해당하는 부분에 대
해서만 객관적인 증빙으로 자금 출처를 제시하면 된다. 대부분은
증여받거나 대출받거나 또는 본인이 소유한 자산을 팔아 마련한
자금이거나 소득을 벌어들인 돈으로 소명을 하게 된다. 따라서 소
득별 원천징수영수증이나 채무증명서, 예금계좌자료, 매매계약서
등의 서류를 세무서에 제출하면 되는 것이다. 모든 금액은 수입에
서 세금을 제외한 부분만 인정되며 해당서류에서 인정되는 금액

에 대한 예시는 아래와 같다.

① 본인 재산을 처분한 대금에서 양도세를 공제한 금액

② 금융재산에 대한 이자소득 및 배당소득으로서 원천징수세액을 공제한
  금액

③ 기타소득은 수령액에서 원천징수세액을 공제한 금액

④ 사업소득 및 부동산임대소득은 소득금액에서 소득세액을 차감한 금액

⑤ 급여소득은 총 급여에서 원천징수세액을 공제한 금액

⑥ 퇴직소득은 총 지급금액에서 원천징수세액을 공제한 금액

⑦ 재산 취득일 이전에 차용한 부채

  (단, 원칙적으로 배우자 및 직계존비속간의 채무관계는 인정되지 않는다.)

⑧ 재산 취득일 이전에 받은 전세금 및 보증금

 재산취득자금 등의 증여추정 배제기준

재산취득자금 또는 채무상환자금이 직업, 연령, 소득, 재산 상태 등을 고려하여 재산
취득일 전 또는 채무상환일 전 10년 이내에 해당 재산취득자금 또는 해당 채무상환
자금의 합계액이 5천만원 이상으로 연령, 세대주, 직업, 재산상태, 사회경제적 지위
등을 참작하여 국세청장이 정하는 금액 이하인 경우에는 증여추정 규정을 적용하지
않는다.
그러나 아래 금액 미만이더라도 취득가액 또는 채무상환금액이 타인으로부터 증여
받은 사실이 확인될 경우에는 증여세 과세대상이 된다. 이 경우에는 증여사실을 과
세관청이 입증해야 하는 것이다(상증사무처리규정 42조).

| 증여추정배제기준 |

구분	취득재산		채무상환	총액한도
	주택	기타재산		
30세 미만	5천만원	5천만원	5천만원	1억원
30세 이상	1.5억원	5천만원	5천만원	2억원
40세 이상	3억원	1억원	5천만원	4억원

현금영수증 발급, 의료비 자료 제출을
소홀히 하면 큰 손해?

연초가 되면 연말정산간소화 서비스의 기초 자료인 지난 1년 동안의 의료비 자료를 국세청에 제출해야 하는데 김 원장은 지난해에는 자료 제출의 중요성을 알지 못해 환자 기록이 누락돼 경고까지 받았다. 그리고 진료비 10만원 이상은 현금영수증을 발급해야 한다는 규정을 몰라서 처음에 그냥 넘어갔다. 조사를 받으면 다 문제가 될 텐데 걱정이 앞선다.

의료비 자료를 불성실하게 제출하면 세무조사를 받는다

연말정산간소화 서비스란 은행·학교·병원 등 영수증 발급기관이 전산 파일로 제출한 소득·세액공제 증명서류를 국세청에서 DB를 구축하여 인터넷을 통해 근로자에게 제공하는 서비스이다. 근로자는 연말정산 신고 시 홈페이지에서 출력한 소득공제 증빙서류를 소득공제신고서에 첨부해 소속 회사(원천징수 의무자)에 제출하면 된다.

따라서 병의원의 경우 매년 1월 1일부터 12월 31일까지의 의료비에 대해 의료기관 등의 사업자등록번호·기관번호, 환자의 성명·주민등록번호, 의료비 수납일자, 의료비 수납금액(병명은 제출 대상이 아님)을 보험·비보험 구분 없이 '전체 의료비 자료(12개월분 '보험 + 비보험' 의료비 자료)'를 매년 7월 1일부터 월별, 분기별, 반기별로 다음 연도 1월 첫째 주까지 제출하도록 하고 있다. 그래야만 국세청에서는 1월 15일쯤에 근로자들에게 연말정산간소화 서비스를 제공할 수 있기 때문이다.

연말정산간소화 서비스에 따른 의료비 제출을 불성실하게 하면 신고에서 빠진 환자가 국세청에 신고할 수 있다. 누락된 환자가 국세청에 신고하면 1회 차는 세무조사가 아닌 확인 차원에서 지도점검을 하고, 2회 차에는 경고를 하며, 3회 차부터는 정식 세무조사를 진행한다.

진료비 총액 10만원부터는 현금영수증 발급이 의무 사항

정부는 고소득 전문직 등 일부 업종에 대한 세원 투명성을 강화하기 위해 「소득세법」에 현금영수증 발급 의무를 규정하고, 건당 거래금액(부가가치세 포함)이 10만원 이상으로 그 대금을 현금으로 받은 경우에는 소비자가 현금영수증 발급요청을 하지 않았더라도 발급해야 한다. 만약 현금영수증을 발급하지 않으면 미발급액의

20%가 가산세로 부과된다(2018년 12월 31일 이전 거래분은 과태료 50%). 따라서 진료비 총액(건강보험공단 청구금액 포함)이 10만원 이상인 경우에는 건강보험공단 청구금액을 제외한 병원 수납금액에 대해서는 반드시 현금영수증을 발급하여야 한다.

해당 업종은 다음과 같다.

- **전문직 업종:** 변호사업, 회계사업, 세무사업, 변리사업, 건축사업, 법무사업, 심판변론인업, 경영지도사업, 기술지도사업, 감정평가사업, 손해사정인업, 통관업, 기술사업, 도선사업, 측량사업
- **의료 업종:** 의사, 치과의사, 한의사, 수의사
- **기타 업종:** 입시학원, 골프장, 장례식장, 예식장, 부동산중개업

전문직 등 현금영수증 의무발행업종 사업자가 2023년 귀속분에 대해 1년 뒤 세무조사를 받게 되어 건당 30만원을 초과하는 거래금액을 포함하여 총 1억원의 매출이 누락되었다면 추징되는 세금은 얼마 정도가 될까? 대략 계산해보자면 총 8187만6540원으로 예상된다.

- 현금영수증 미발급 가산세 1억원×20% = 20,000,000원
- 매출 누락에 대한 소득세 1억원×41.8% = 41,800,000원
- 부당과소신고가산세로 산출세액의 40%인 16,720,000원
- 미납부가산세로 미납부금액의 연 8.03%인 3,356,540원

위와 같이 1억원의 매출 누락이 있었다면 8187만원 정도의 세금이 추징될 수 있으므로 매출 누락이 적발된다면 손해가 이만저만이 아니다.

| 건당 거래금액별 발급의무 안내 |

건당 거래금액	위반행위	발급의무 위반시 제재	
10만원 이상	요청여부와 관계없이 발급하지 않은 경우	2019.1.1.이후	미발급금액의 20% 가산세 부과
		2018.12.31.이전	미발급금액의 50% 과태료 부과
	착오나 누락으로 7일 이내에 자진신고 또는 자진발급한 경우	2019.1.1.이후	미발급금액의 10% 가산세 부과
		2016.3.2.~ 2018.12.31.	미발급으로 인한 과태료 50% 감경
10만원 미만	발급을 요청함에도 발급거부 및 사실과 다르게 발급한 경우	1차 위반	발급거부금액의 5% 가산세부과 + 명령서교부
		2차 위반	발급거부금액의 5% 가산세부과 + 20% 과태료부과

※ 소비자가 발급을 요청하지 않은 경우(인적사항을 모르는 경우 포함)로서 그 대금을 현금으로 받은 날부터 5일 이내에 무기명(국세청 지정코드 010-000-1234)으로 발급한 경우에는 가산세 대상에 해당하지 않음

08

건강보험공단에서도
조사를 한다?

정형외과를 운영하는 김 원장은 최근 건강보험공단 측으로부터 사업장 현지 확인 조사차 인건비와 관련해서 4대 보험 신고를 적절하게 했는지 여부와 복리후생비, 소모품비, 접대비, 지급수수료 등의 항목에 대해 경비 지출 내역을 제출하라는 공문을 받았다. 국세청이 아닌 건강보험공단에서도 이런 조사를 할 수 있는가?

「국민건강보험법」 제95조를 주의해야 한다

「국민건강보험법」을 살펴보면 건강보험공단에서도 신고한 소득금액이 적절한지 여부를 확인할 수 있고 공단 입장에서는 탈루한 소득이 있으면 그만큼 건강보험료를 추징할 수 있다. 대부분의 사업자가 이러한 사항을 잘 알지 못하는데, 주의해야 할 점이다.

건강보험공단의 소득 탈루 조사 후 신고한 보수나 소득에 축소

나 탈루가 있다고 인정되면 보건복지부장관을 거쳐 문서로 국세
청장에게 송부하고 심의위원회를 열어 실제 세무조사 여부를 판
단한다.

건강보험공단에서 지도점검 시 요구하는 자료는 종합소득세확
정신고서, 근로소득원천징수부, 원천징수영수증, 임금대장, 원천
징수이행상황신고서, 계정별 원장(복리후생비, 차량유지비, 수선비, 소
모품비, 부식비 등) 등이며 이를 통해 일용직과 정규직들의 4대 보험
신고의 적정성 여부를 판단해 직원들의 누락된 건강보험료를 부
과할 수 있다. 특히 세무상으로는 계정별 원장을 분석해 주말사용
분, 병의원 개설지역외 사용분 등에 대해 해당 사유가 제대로 소
명되지 않으면 문제가 커질 수 있으니 원장은 실제 증빙서류와 세

무신고가 된 금액을 챙기는 것이 좋다.

건강보험심사평가원의 현지조사 후 받을 수 있는 처분은?

세금 신고를 잘못하면 국세청에서 세무조사를 나오듯이 보험 청구를 잘못하면 건강보험심사평가원(심평원)에서 현지조사를 나올 수 있다. 심평원은 자율적으로 시행하던 적정성 평가를 심사-평가-현지조사의 연계성을 강화한 융합 심사로 실시하고 있다.

심평원은 분기별로 지표 관련 정보를 제공해 요양기관의 자율적인 개선을 유도하고 연말에 미개선 요양기관에 대해서는 현지조사 대상을 선정하고 있다. 현지조사 후 문제점의 경중에 따라 과징금, 업무정지, 면허정지와 같은 처분을 할 수 있다.

업무정지

업무정지라 함은 「국민건강보험법」상 요양기관으로서의 업무를 수행할 수 있는 법적 지위를 일정 기간 박탈하는 제도로서 이 기간 중에 요양기관은 가입자와 피부양자에 대해 요양급여를 행할 수 없다. 그러나 「국민건강보험법」상의 가입자와 피부양자가 아닌 자동차보험 환자, 산업재해보상보험 환자, 의료급여 환자에 대한 의료행위는 가능하다. 보건복지부장관은 요양기관이 속임수, 기타 부당한 방법으로 보험자, 가입자 및 피부양자에게 요양급여 비용을 부담하게 한 때, 「국민건강보험법」 제97조 규정에 의한 명령을 위반하거나 허위보고를 하거나 소속 공무원의 검사 또는 질문을 거부, 방해 또는 기피한 때에 업무정지 처분을 할 수 있다.

면허정지

면허정지란 해당 면허 소지자가 의약 관계 법규를 위반했을 경우 일정 기간 그 자격의 정지를 명하는 행정처분으로 그 기간에는 의료행위, 조제행위 등이 일절 금지된다.

과징금

과징금이란 요양기관이 속임수, 기타 부당한 방법으로 요양급여 비용을 지급받은 사유로 업무정지 처분을 해야 하는 경우로서, 그 업무정지 처분이 당해 요양기관을 이용하는 자에게 심한 불편을 주거나 기타 특별한 사유가 있다고 인정되는 때에 그 업무정지 처분에 갈음하여, 부당한 방법으로 부담하게 한 금액의 4~5배 금액을 부과하는 금전을 말한다. 업무정지 처분 등과 병행해 처분이 이루어질 수 있다.

제8장

세테크

자금을 증여받아 개원하면
증여세가 준다는데 사실일까?

개원을 한다고 하니 부모님이 창업자금을 대주겠다고 한다. 자금이 부족해 고민이 컸는데 가뭄에 단비를 만난 듯 기쁘다. 하지만 증여세가 걱정이다. 증여받는 액수가 크면 그만큼 증여세도 많이 나올 텐데…. 그런데 증여받은 돈으로 창업하면 증여세가 대폭 준다는 반가운 소식이 들린다. 과연 사실일까?

중소기업을 창업하면 증여세 부담이 대폭 준다?

증여받은 자금으로 창업을 하면 증여세의 부담이 대폭 줄어든다. 「조세특례제한법」 제30조의5제1항에서는 "18세 이상인 거주자가" "중소기업 창업을 목적으로 60세 이상의 부모로부터 토지·건물 등" 양도소득세가 과세되는 재산을 제외한 재산(증여세 과세가액 50억원 한도, 단 창업을 통하여 10명 이상을 신규고용한 경우에는 100억원

한도)을 증여받는 경우에는 "증여세 과세가액에서 5억원을 공제하고 세율을 100분의 10으로 하여 증여세를 부과한다"고 규정하고 있다.

법 조항에 따르면 중소기업을 창업해야 하는데, 2013년까지는 「의료법」에 따른 의료기관을 운영하는 사업도 중소기업에 포함되므로 의료법인뿐 아니라 개인 병의원도 중소기업에 포함되어 증여세 감소 혜택을 보았다. 그러나 2014년부터 특정 업종의 중소기업을 창업하는 경우에만 특례를 적용받을 수 있도록 법령이 개정되면서 위에 언급한 혜택은 의료업에서는 불가능하게 되었음을 주의하여야 한다.

금융소득을 분리해
세금 부담을 줄일 수 있을까?

● ●

한의원을 운영하는 김 원장은 적립식 펀드상품에 가입해 매달 납입해 왔다. 최근 이 상품들이 만기가 되어 찾았는데 주식시장이 활황이어서 이자가 4천만원이 넘었다. 또 지난 금융위기 때 사둔 주식의 배당금이 2천만원가량 나왔다. 기쁘기도 하지만 금융소득과 사업소득을 합산하니 종합소득세 부담이 어마어마하게 커졌다. 금융소득을 분리하면 소득세가 많이 줄어들 것 같은데 방법이 없을까?

합산과세로 세금 줄이는 방법 네 가지

보통 이자소득과 배당소득은 금융기관에서 15.4%의 세율로 원천징수하는 방식으로 세금을 선납한다. 이자소득과 배당소득이 연간 2천만원을 넘지 않으면 금융기관에서 원천징수한 15.4%의 세금으로 과세가 종결된다. 그런데 이자소득과 배당소득이 연간

2천만원을 넘으면 2천만원을 초과하는 금액은 다른 소득과 합산해 종합소득세를 내야 한다. 소득이 많아지면 그만큼 세율이 높아져 15.4%의 원천징수만으로는 과세가 종결되지 않는다.

예를 들어, 김 원장의 연간 이자소득과 배당소득이 6천만원이고, 사업소득금액(사업소득 – 필요경비)이 1억원이라고 가정하자. 금융소득이 2천만원을 넘기 때문에 2천만원을 초과한 금융소득과 사업소득금액을 합한 금액에 대한 종합소득세와 지방소득세를 내야 한다. 이때 이자소득과 배당소득 가운데 2천만원까지는 이미 금융기관에서 15.4%(이자소득세 14% + 지방소득세 1.4%)의 세율로 원천징수한 것으로 과세가 종료되고, 금융소득 6천만원 중 2천만원을 초과하는 4천만원에 대해서만 사업소득금액과 합산되어 결정된 세율 38.5%를 적용한 세액에 이미 원천징수 형태로 기납부한 15.4%의 세액을 차감한 금액에 대해 추가 납부의무가 발생한다. 즉, 4천만원에 대해 23.1%(38.5% - 15.4%)에 해당하는 9,240,000원의 세금을 추가로 납부하게 된다.

합산과세로 높은 세율이 적용되는 것을 피하는 합법적인 방법 몇 가지를 간단히 소개하겠다.

첫째, 분리과세 혹은 비과세 금융상품을 활용하는 방법이다. 금융소득이 2천만원이 넘는 경우 다른 소득과 합산되어 종합소득으로 과세되는데, 종합소득에 합산되지 않는 금융상품에 가입하여 높은 세율이 적용되는 것을 피할 수 있다. 다만 분리과세나 비과세 금융상품은 가입대상에 제한을 두고 있는 경우가 많고, 분리과세나 비과세가 적용되던 장기채권, 해외주식 집합투자증권 등 금융상품의 특례 적용기한이 최근에 종료되는 등 가입이 까다로우므로 금융기관의 상담을 받아보아야 할 것이다.

둘째, 만기를 조절해 이자소득과 배당소득이 발생하는 시기를 분산시키는 방법이다. 예를 들어 ELS를 가입했는데 조건을 만족하지 못해 상환이 미뤄지다가 뒤늦게 상환되는 경우 2~3년치의 배당이 일시에 지급되어 금융소득 종합과세가 걱정될 수 있다. 이때 기존 보통예금을 만기 1년 이상의 예금으로 전환하여 이자소득 귀속시기를 내년으로 분산시키는 것이 하나의 대안이 될 수 있다.

셋째, 배우자 또는 자녀에게 사전 증여해 부를 분산시키는 방법이다. 최근에는 일명 차명거래금지법이 주목받으면서 차명계좌를 사용하는 경우가 많이 줄어들었지만 현재도 무심코 배우자나 자녀 계좌를 본인 계좌처럼 사용하는 경우가 있다. 이러한 행위가 추후 적발되는 경우 한명의 계좌로 취급하여 발생한 금융소득을 전부 합산해 종합과세에 해당하는 경우 추가세액이 전부 추징될 수 있으므로 꼭 주의해야 한다. 만약 금융소득 종합과세에 해당하여 다른 소득과 합산 시 세율이 높게 적용되는 부분이 우려된다면 미리 현금자산을 배우자나 자녀에게 합법적으로 증여하여 금융소득을 분산하는 것이 좋겠다. 다만 증여재산공제를 넘어서는 범위에서의 증여는 증여세가 발생하므로 미리 컨설팅을 받아 자금계획을 세우는 것이 바람직하다.

보험을 잘 들면
절세를 할 수 있다고?

● ●

보험업계에 종사하는 지인이 찾아와 보험을 들라고 한다. 필요한 보험은 이미 다 들어놓은 데다 보험이 썩 좋아 보이지 않아 내키지 않았다. 들고 싶은 마음이 없다고 하니 지인이 보험을 잘 활용하면 절세를 할 수 있다고 설득한다. 어떤 보험을 어떻게 들어야 절세를 할 수 있다는 것일까?

교차 보험을 들면 상속세 걱정 끝!

의사 부부인 철수와 영이는 둘 중 먼저 세상을 뜨는 사람이 남은 사람에게 경제적 도움을 주는 방법으로 보험을 활용하기로 하고 각각 사망보험금이 10억원인 종신보험을 들었다. 피보험자가 사망했을 때 보험금이 지급되는 이 보험은 가입 형태에 따라 고액의 상속세를 낼 수도 있고 전혀 내지 않을 수도 있다. 상속재산이

10억원(금융재산과 채무는 없다고 가정)인 철수가 먼저 세상을 떠난다고 가정하고 보험금과 상속세의 관계를 알아보자.

먼저 계약자와 피보험자를 동일인으로 한 보험계약 형태이다. 계약자와 피보험자를 철수는 철수로 영이는 영이로 하고, 수익자는 법정상속인으로 보험을 가입한 상태인데, 철수가 사망하면 사망보험금 10억원이 철수에게 지급된다. 보험 이외에 철수의 상속재산이 10억원이므로 영이에게는 총 20억원이 상속된다. 이 경우 상속공제가 10억원(배우자 공제 및 일괄공제)이라 가정하면 영이는 10억원에 대한 상속세 2억2800만원(신고세액공제 5% 적용)을 내야 한다. 만약 상속개시일이 2019년 이후라면 신고세액공제가 3% 적용되므로 상속세는 2억3280만원으로 늘어난다.

| 상속세 / 증여세 세율 |

과세표준액	세율(%)	누진공제액
1억원 이하	10%	
1억원 초과 5억원 이하	10,000,000 + (1억 초과분×20%)	10,000,000원
5억원 초과 10억원 이하	90,000,000 + (5억 초과분×30%)	60,000,000원
10억원 초과 30억원 이하	240,000,000 + (10억 초과분×40%)	160,000,000원
30억원 초과	640,000,000 + (30억 초과분×50%)	460,000,000원

예시) 상속세 과세가액이 15억원이라고 가정

상속세 산출세액: $240,000,000 + (1,500,000,000 - 1,000,000,000) \times 40\% = 440,000,000$

또는 $1,500,000,000 \times 40\% - 160,000,000 = 440,000,000$

상속세 자진납부세액: $440,000,000 \times (1 - 0.05) = 418,000,000$(5% 신고세액공제 적용)

다음은 계약자와 피보험자를 달리 지정한 형태이다. 철수는 계약자와 수익자를 철수로 피보험자를 영이로 하고, 영이는 계약자와 수익자를 영이로 피보험자를 철수로 하는 교차 보험 형태로 가입한 것이다. 철수가 사망하면 철수의 상속재산은 10억원(철수가 영이를 피보험자로 정하여 가입한 보험 상품이 포함되었음을 가정)이고, 보험금 10억원은 똑같이 나온다. 하지만 철수의 사망보험금은 영이가 철수를 피보험자로 설정해 가입한 보험에서 영이에게 지급되는 보험금이므로 철수의 상속재산과는 관계가 없다. 따라서 철수의 사망으로 인한 상속재산은 10억원이 되고 상속공제가 10억원이므로 상속세는 0원이다.

이처럼 같은 보험료를 부담하고 같은 보험금을 받는데 보험을 가입한 방식에 따라 세금은 크게 달라진다. 어느 방법을 선택할지는 두말하면 잔소리다. 실제로 많은 사람이 재산을 상속하거나 상속세를 낼 재원을 마련하는 방법으로 보험을 활용한다. 재력가인 아버지와 소득이 있는 아들 사이에도 보험을 들어 상속세 재원을 마련하는 플랜이 많이 이루어지고 있다. 소득이 있는 아들이 계약자와 수익자를 본인으로 하고 피보험자를 아버지로 하는 보험을 들면 나중에 아버지가 돌아가셨을 경우 사망보험금은 아들 본인에게 지급된다. 보험금은 아버지의 사망으로 인해 나오는 것이어서 상속의 성격을 띠지만, 아버지 앞으로 지급되는 게 아니고 계약에 따라 수익자인 아들에게 지급되어서 상속세가 전혀 과세되지 않는다. 아들은 이 보험금을 다른 상속재산에 대한 상속세로 활용할 수 있다. 현실에서는 아들이 정상적으로 소득이 발생되기까지 기다리면 아버지의 나이가 많아 보험에 가입되지 않는 경우가 많다. 현금소득이 발생할 수 있는 상가 같은 부동산을 미성년자인 아들에게 미리 증여해 상가 월세로 보험금을 납입하는 플랜을 활용한다.

| 권리관계에 따른 사망보험금의 상속/증여 판단 |

권리관계			판단
계약자	피보험자	사망 시 수익자	
남편	아내	남편	해당 없음
남편	남편	아내	상속
남편	아내	자녀	증여
자녀	부모	자녀	해당 없음
남편	아내	법정상속인	남편 지분: 해당 없음 (보험금−보험료): 증여
남편	남편	남편	상속

연금보험으로 상속세 절세 가능

어느 날 갑자기 홍길동 원장이 정 세무사에게 찾아왔다. 아버지가 말기 암 선고를 받아 앞으로 6개월 정도밖에는 못 산다고 한다. 상속재산이 30억원 정도 되는데 상속세를 줄일 수 있는 방법이 없는지 물었다.

정상적으로 상속세를 절세하려면 5년에서 10년 정도의 기간을 두고 장기 계획을 짜서 재산을 적절하게 분배해 사전 증여를 하는 방법 등을 활용해야 한다. 그러나 이처럼 갑작스럽게 말기 암 진단을 받았다면 장기적인 절세 전략을 실행할 수 없다. 이때 보험을 활용하면 절세가 가능하다.

예를 들면 연금보험(계약자: 아버지, 피보험자: 자식, 연금 수익자: 아버지)을 일시납으로 가입하고 가입 시점부터나 아버지가 지정하는 일정 시점부터 연금을 수령하다가 아버지가 사망하면 연금의 수령은 아들에게 상속된다. 이때 아들이 연금처럼 매년 일정한 금액을 분할해 상속받으면 일시금으로 상속받을 때와 다르게 「상속세 및 증여세법 시행령」 제62조의 '정기금을 받을 권리의 평가'에 의해 상속재산을 평가한다. 즉, 매년 3%의 이자율로 할인해 평가한 금액으로 상속재산을 평가한다.

그러나 2015년까지는 현재가치로 평가하는 이자율이 6.5%에 해당하여 정기금 평가 시 상속재산가액이 크게 감소하는 효과를 볼 수 있었으나 2016년 3월 21일부터 정기금 평가 이자율이 3.5%로 낮아졌고 또다시 2017년 3월 10일부터 3%로 낮아지면서 이전만큼 정기금 평가로 인한 재산가액 절감 효과를 보기 어려워진 것은 사실이다. 그럼에도 불구하고 상속재산가액이 커서 최고세율이 적용되는 경우 재산가액이 약간만 감소해도 감소 금액의 50%만큼 세금 절세효과가 있으므로 장기적인 상속 전략이 준비되지 않은 상태에서 연금보험을 활용하여 상속세를 절약하는 방법으로 사용할 수 있다.

이미 증여세를 냈어도 이를 증여로 인정하지 않는다

요즘 일정 금액을 자녀에게 증여해 은행에 예치해두고 이를 보험료 납입 재원으로 활용하는 경우가 있다. 이러한 플랜은 보험 FP들이 상속 재원 마련과 사전 증여 플랜으로 병의원 원장들에게 많이 권하는 방식이다. 일정 금액을 미성년자인 자녀에게 증여해 증여세를 내고 자녀 명의의 은행 계좌를 만들어 예치한 다음 자녀를 계약자와 수익자로 하고 원장(부모)을 피보험자로 하는 종신보험에 가입해 이 계좌에서 보험료가 매월 자동이체되도록 하는 것이다.

은행에 예치한 자금은 정식으로 신고하고 증여세를 냈기 때문에 그 자금은 자녀가 소유하는 데 아무런 문제가 없다. 자녀가 계약자와 수익자로 된 보험의 보험료를 이미 자녀 소유인 자금으로 매달 납입했다. 얼핏 보기에는 세금 문제가 전혀 없을 것으로 보인다. 그런데 이런 방식으로 보험을 들면 나중에 낭패를 당할 수 있다. 보험금을 받았을 때 포괄 증여의 규정에 따라 보험차익에 대한 증여세가 과세되기 때문이다.

상속 재원 마련과 사전 증여를 위한 방법으로 보험을 활용하는데, 미리 증여한 자금으로 보험료를 납입하는 형태에 대해 국세청은 '생명보험 또는 손해보험에 있어서 보험계약 기간 안에 타인으로부터 재산을 증여받아 보험료를 불입하는 자가 사고(만기 보험금 지급의 경우도 포함)의 발생으로 보험금을 수취하는 경우에는 「상속세 및 증여세법」 제34조제1항의 규정에 의해 그 보험료 불입액에 대한 보험금 상당액에서 당해 보험료 불입액을 차감한 금액을 보험금 수취인의 증여재산가액으로 하는 것이며, 재산을 먼저 증여받은 후 보험계약을 체결하는 등 그 경제적인 실질이 이와 유사한 경우에도 같은 법 제2조제3항 및 제4항의 규정에 의해 이를 보험금 수취인의 증여재산가액으로 한다(재산-616, 2011. 12. 26., 서면4팀-1186, 2007. 04. 11. 외 다수)'라고 유권해석을 내렸다.

증여받은 자금으로 보험료를 납부한 경우 다음의 방식으로 증여재산가액이 계산돼 증여세를 내게 된다.

> **증여재산가액 = 보험금 – 보험료 불입액**

상속세 부담을
줄일 수 있는 방법은?

　재력가 아버지를 둔 홍 원장. 사람은 자기 능력으로 살아야 한다는 신조 아래 지금껏 아버지 재산을 탐낸 적이 없다. 아버지 또한 미리 재산을 물려줄 생각이 없었는데, 어느 날 은행 PB로부터 지금 돌아가시면 아들인 홍 원장이 엄청난 상속세를 내야 한다는 말을 듣고 후회하고 있다. 아버지의 전철을 밟지 않으려면 재산을 미리 증여하는 게 좋다는데, 어떻게 해야 할까?

10년 증여세 합산 기간을 활용해 미리 증여

　치과의사 홍 원장은 시가 10억원인 아파트와 3억원 정도의 금융자산을 가지고 있고, 8년째 운영하는 자신의 병원에서 연 매출 5억원을 올리고 있다. 매출 대비 이익률은 35%로 세전 소득금액이 1억7500만원이다.

　세전 소득금액이 1억7500만원이면 세후 소득금액은 1억3000만원 정도가 된다. 홍 원장에게는 초등학생 자녀가 두 명 있는데, 아직까지 자녀에게 재산을 증여한 적이 없다. 자녀에게 미리 재산을 증여하면 씀씀이가 헤퍼지고 부모의 재력에 기대는 마음이 생겨 자신의 능력을 키우는 노력을 게을리할 수도 있다고 생각해서였다. 홍 원장 자신도 재력가인 아버지로부터 개원 당시 약간의 도움을 받은 것 말고는 아직까지 증여받은 것이 없다.

　아버지의 재산은 약 100억원. 이를 증여받으면 홍 원장이 내야 할 증여세는 무려 42억8925만원에 달한다. 증여받는 재산의 40% 가까운 금액을 세금으로 내야 한다. 게다가 물려받는 재산 대부분이 부동산이어서 부동산이 팔리지 않으면 달러 빚이라도 얻어 증여세를 내야 할 형편이다.

사정이 이쯤 되니 아버지가 살짝 원망스럽기까지 하다. 허겁지겁 세무 전문가에게 자문을 구하니 사전에 미리 증여를 했어야 증여세 폭탄을 맞지 않는다고 조언한다. 홍 원장은 자식들만큼은 증여세 걱정을 하지 않도록 일정한 규모로 증여를 해나가기로 결심했다.

현행 「상속세 및 증여세법」에 따르면 부부간 증여는 6억원, 부모 자식 간에는 5천만원(미성년자의 경우는 2천만원)의 증여공제가 적용되어 이 금액까지는 증여세 부담이 없다. 또한 증여세는 10년 동안의 증여를 합산하도록 되어 있으며, 10년이 지나면 다시 증여공제를 받을 수 있다. 이것을 잘 활용하면 절세가 가능하다.

증여세율은 증여공제 후 초과금액에 대해 적용되는데, 과세표준 1억원까지는 10%, 1억원 초과 5억원 이하는 20%의 세율을 적용한다. 따라서 10%나 20%의 증여세 세율을 적용받는 범위 내에서 자신에게 맞는 규모를 선택해서 증여하면 된다. 자녀는 증여받은 종잣돈을 이용해 이자나 수익을 얻을 수 있는데, 이 수익은 자녀에게 귀속된다. 하지만 이 수익금을 홍 원장이 직접 투자해 불린 다음 증여하거나 상속하면 관련 세금은 그만큼 늘어난다.

언젠가 물려줘야 할 재산이라면 10년이라는 증여재산 합산 기간과 증여재산공제 규정을 적절하게 활용해 미리 넘겨놓는 게 세금 면에서 크게 유리하다. 좀 더 멀리 내다보면 홍 원장은 아버지로부터 상당한 재산을 상속받는다. 상속재산을 합치면 홍 원장의 재산은 갑자기 크게 늘어난다. 이런 상황을 고려해 홍 원장이 재산을 미리 분배해두지 않는다면 훗날 홍 원장의 자녀들은 증여세나 상속세에 대해 매우 큰 부담을 안게 된다.

주로 활용되는 사전 증여 방법으로는 다음 네 가지를 생각해볼 수 있다.

- 자녀 명의로 월 일정 금액을 펀드로 가입하는 방법
- 2억~3억원 정도의 목돈을 증여하고 이를 금융기관에 예치해 나오는 이자나 상가를 증여해 나오는 월세로 보험을 드는 방법(부모를 피보험자로 하고 자녀를 계약자와 수익자로 함)
- 목돈을 증여해 자녀 명의로 우량 주식에 투자하는 방법
- 장기 비과세 저축성보험에 가입하는 방법

목돈도 만들고 소득공제나
세액공제도 받을 수 있는 금융상품은?

홍 원장은 종합소득세를 신고해야 하는 5월만 되면 가슴이 떨린다. 소득이 빠르게 느는 것은 좋지만 그에 따른 세금도 만만찮게 늘어나니 이번에는 또 세금이 얼마나 많이 나올까 한숨이 절로 나온다. 세금을 적게 내려면 공제액을 최대한 늘려야 하는데, 이미 아는 방법은 다 동원했다. 남은 것은 금융상품을 이용하는 것뿐이다. 소득공제를 받을 수 있는 금융상품에는 무엇이 있을까?

개인연금저축, 연금저축, 소기업·소상공인 공제부금

소득공제 또는 세액공제를 받을 수 있는 금융상품으로는 개인연금저축, 연금저축, 소기업·소상공인 공제부금 등이 있다. 개인연금저축은 현재 신규 가입은 불가능하지만, 기존 가입자는 소득공제 혜택을 그대로 받을 수 있다. 예를 들어 소득세 세율이 최고

세율 41.8%(주민세 포함)가 적용되는 병의원의 경우에 300만원 소득공제를 받는다면 연간 약 125만4천원(300만원×41.8%)을 절세하는 것이 가능하다.

연금저축의 자체 이자율까지 고려하면 하나의 상품으로 45%를 상회하는 수익률을 기대할 수 있다.

개인연금저축(소득공제)과 연금저축(세액공제)

거주자 본인 명의로 요건을 갖춘 개인연금저축에 가입했다면 당해 연도의 종합소득금액에서 공제할 수 있다. 개인연금저축은 현재는 가입할 수 없는 상품으로 2000년 12월 31일 이전 가입자만 소득공제 혜택을 적용받는다. 개인연금저축은 월 15만원만 불입하면 소득공제 혜택을 알차게 누릴 수 있다. 개인연금저축의 경우 불입금액의 40%를 공제하되 연 72만원을 한도로 한다.

연금저축 상품에 가입하면 연간 불입액 400만원 한도 내에서 불입액의 12%(종합소득금액 4500만원 이하는 15%)을 세액공제 받는다. 이 규정은 최소 납입 기간이 5년 이상이면 적용되며 중도 해지하는 경우에는 기타소득(15%)으로 과세된다. 그리고 불입 기간에는 소득공제 혜택이 주어지는 반면, 연금을 수령하는 시점에 연금소득세가 과세된다. 연금소득은 연간 1200만원을 초과하는 경우 종합과세 또는 15%로 분리과세하며 1200만원 이하인 경우에는 거주자의 선택에 따라 저율 분리과세하거나 종합과세가 되며, 저율 분리과세를 하는 경우 연금수령 연령에 따라 소득세율은 차등 부과된다(80세 이상 3%, 70세 이상 4%, 55세 이상 5%, 종신 수령 4%).

| 개인연금저축과 연금저축 조건 |

구분	개인연금저축	연금저축
가입 기간	2000. 12. 31. 이전 가입자	2001. 01. 01. 이후 가입자
가입 대상	만 20세 이상	제한 없음
불입금액	분기마다 300만원 이내에서 불입	연 1800만원
소득공제	불입액 40%(연 72만원 한도)	연 600만원
불입 기간	10년 이상	5년 이상
지급 조건	만 55세 이후부터 5년 이상 연금으로 지급받는 저축	만 55세 이후부터 (가입일로부터 5년 경과 후 지급) 수령 기간은 제한 없음

소기업·소상공인 공제부금에 대한 소득공제

'노란우산공제'로 알려진 소기업·소상공인 공제부금에 가입했다면 해당 연도에 납부하는 공제부금액과 아래 표에 해당하는 금액 중 적은 금액을 소득공제할 수 있다(단, 2016년 1월 1일 이후 가입분은 사업소득에서 공제함). 이 공제부금은 연금저축과 같은 지급 사유가 발생하면 지급되거나 폐업할 때 다른 채권들보다 우선변제가 가능하므로 사업소득자의 리스크 관리 측면에서 가입을 권장하는 상품이다. 또한 중소기업중앙회에서 운영하는 상품이어서 안전하고, 안정적인 금리를 보장해주는 상품이라는 이점도 있다. 물론 이 상품도 중도 해지하면 세금을 추징하는 규정이 있다.

| 사업소득금액별 공제 한도 금액 |

해당 과세연도 사업소득금액	공제 한도 금액
4천만원 이하	500만원
4천만원 초과 1억원 이하	300만원
1억원 초과	200만원

중소기업창업투자조합 출자 등에 대한 소득공제

거주자 본인이 2025년 12월 31일까지 벤처기업 등 소정의 투자조합에 직접 출자 또는 투자액이 있을 경우에 해당한다. 출자 또는 투자액의 10%(종합소득금액의 50% 한도)를 출자일 또는 투자일이 속하는 과세연도부터 출자 또는 투자 후 2년이 되는 날이 속하는 과세연도까지 거주자가 선택한 1과세연도의 종합소득금액에서 공제받을 수 있다. 소득공제를 받은 거주자가 출자일 또는 투자일로부터 3년이 경과되기 전에 출자 지분을 회수하는 등의 사유가 발생하면 공제세액을 추징한다.

10년 비과세 연금보험

저축성보험 보험료는 소득공제가 되지 않지만, 연금보험 가입 기간을 10년 이상 유지하면 불입한 보험료와 보험금의 차액에 대해 비과세 혜택을 받을 수 있다. 10년 안에 해지하면 당연히 이자소득세가 과세된다. 10년 이상 유지하고 수령하는 시점에 연금이나 일시금을 선택할 수 있다.

비과세 보험상품이라도 늘 안전한 것은 아니다. 과거 보험 FP들은 매출 누락이 비교적 많은 치과, 성형외과, 피부과, 한의원 원장을 상대로 10년 비과세 보험상품을 집중적으로 판매했다. 매출액으로 신고하지 않은 자금을 부동산에 투자해서 자금출처조사를 받는 일이 빈번하게 일어났다는 점을 사례로 설명하면서, 매출 누락에 해당하는 자금이 드러나지 않게 운용하는 방법으로 10년 비과세 보험상품을 권유한 것이다. 비과세 보험은 만기 때까지 국세청에서 포착하지 못하고, 만기가 되어 보험금을 수령해도 지급조서가 국세청에 제출되지 않아 자금에 대한 세원 포착이 되지 않는다며 의사들을 설득했다.

하지만 지금은 비과세 금융상품이라도 만기 지급이나 해약했을 때 지급 조서가 국세청에 제출되므로 세원이 포착된다. 또 보험료를 자동이체 방식으로 불입하는 경우가 대부분이어서 세무조사 할 때 원장의 통장을 조사하는 과정에서 세원으로 잡히고 있어서 주의해야 한다.

Tip **비과세 연금과 소득공제용 연금저축의 기막힌 조합**

일시납으로 1억원을 보험에 가입한 뒤 확정된 이자율에 의해 원금 1억원은 그대로 두고, 매월 이자를 연금으로 받을 수 있는 '일시납 즉시연금' 상품이 있다. 이 상품에 가입해 매월 받는 연금을 소득공제가 가능한 연금저축으로 재투자하면 동일한 자금으로 일거양득의 효과를 거둘 수 있다. 즉, 원금 1억원에 대한 이자는 비과세 혜택을 받고, 이자에 의해 매월 지급되는 연금으로 소득공제가 가능한 연금저축에 가입해 소득공제를 받으면 이중으로 절세할 수 있다.

아버지의 비과세 아파트,
시가보다 싸게 사도 괜찮을까?

김 원장 아버지는 9억원가량의 아파트를 한 채 갖고 있다. 아버지는 이 아파트를 김 원장에게 넘기고 싶어 하는데, 김 원장에게는 6억원밖에 없다. 아버지는 6억원에 아파트를 양도하겠다고 하는데, 이렇게 시가보다 적은 금액으로 양도해도 괜찮을까? 이렇게 거래가 된다면 차액 3억원은 어떻게 처리해야 할까?

부자간의 저가 양수도, 세금 문제 이상 무

아버지와 아들처럼 직계존·비속 관계에서 아파트를 사고팔 때는 아무래도 시가에 연연하지 않는 경우가 많다. 김 원장의 경우처럼 9억원짜리 아파트를 6억원에 살 수 있다. 문제는 이런 경우 의도적으로 세금을 덜 내기 위해 값을 낮춰 사고팔았다는 오해를 받을 수 있다는 것이다. 과연 세금을 얼마나 내야 할까?

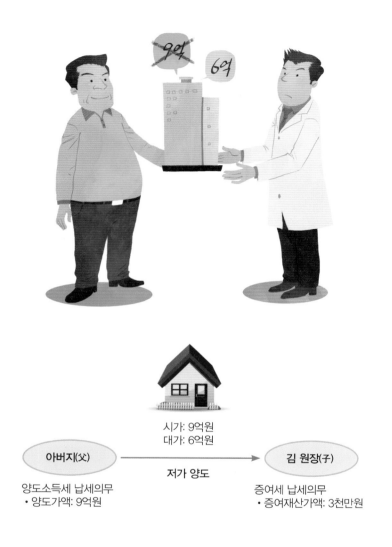

시가: 9억원
대가: 6억원

아버지(父) → 김 원장(子)

저가 양도

양도소득세 납세의무
• 양도가액: 9억원

증여세 납세의무
• 증여재산가액: 3천만원

비과세 요건을 갖추었을 때 양도소득세는 없다

현행 「소득세법」은 양도소득이 있는 거주자의 행위 또는 계산이 그 거주자와 특수관계에 있는 자와의 거래로 인해 당해 소득에 대한 조세 부담을 부당하게 감소시킨 것으로 인정될 때는 그 거주자의 행위 또는 계산은 부인하고 시가로 과세할 수 있다고 규정하고 있다. 따라서 이 경우는 시가 9억원짜리 아파트를 6억원에 양도했으므로 양도가액은 6억원이 아닌 9억원으로 계산된다. 하지만 아버지가 1세대 1주택 비과세 요건을 갖추었으므로 아버지에게 양도소득세는 과세되지 않는다.

시가의 30% 이내 차이라면 증여세도 OK

아버지의 시가 9억원짜리 아파트를 자녀가 6억원에 구입하면 3억원의 차액에 대해서는 증여세가 부과된다. 현행 「상속세 및 증여세법」은 특수관계인 사이의 저가 양수도 시 양수한 재산의 시가에서 대가를 차감한 가액에 따라 세금을 부과하기 때문이다. 대가를 시가와 비교했을 때 30% 이상 차이가 있거나 그 차액이 3억원 이상일 때 해당된다.

(시가 − 대가) / 시가 ≥ 30%
또는 (시가 − 대가) ≥ 3억원

시가 9억원 상당의 아파트를 6억원에 양도한 것을 위의 규정에 대입해보자.

(900,000,000원 − 600,000,000원) / 900,000,000원 = 33.33%
또는 900,000,000원 − 600,000,000원 = 300,000,000원

대가와 시가의 차액이 3억원이고 둘을 비교한 비율도 33.33%로 30%를 초과하기 때문에 증여세 과세 대상이 된다. 증여세는 시가에서 대가를 차감한 차액에서 시가의 30%에 상당하는 가액 또는 3억원 중 적은 금액을 차감한 금액을 증여받은 것으로 간주해 과세된다.

> 증여이익＝(시가에서 대가를 뺀 차액)－(시가×30% 또는 3억원 중 적은 금액)

시가 9억원의 30%는 2억7천만원이다. 즉, 시가의 30%가 3억원보다 적으므로 증여로 간주되는 금액은 3천만원이다. 만약 시가의 30%에 상당하는 금액이 3억원보다 크다면 시가에서 대가를 뺀 금액에서 다시 3억원을 뺀 금액이 증여금액으로 간주된다.

> (900,000,000원－600,000,000원)－270,000,000원＝30,000,000원

위 계산에 따르면 증여이익은 3천만원이다. 그런데 자녀가 아파트 양수일로부터 10년 이내에 직계존속으로부터 증여받은 금액이 없다면 증여재산공제 5천만원을 받을 수 있으므로 증여세로 과세되는 금액은 없다.

| 저가 양도 시의 증여세액 |

구분	저가 양도 시	예시
증여세 대상 검토	(시가 − 대가) / 시가 ≥ 30% 또는 (시가 − 대가) ≥ 3억원	(900,000,000 − 600,000,000) / 900,000,000 = 33.33% 또는 900,000,000 − 600,000,000 = 300,000,000
증여 이익	(시가 − 대가) − min(시가×30%, 3억원)	(900,000,000 − 600,000,000) − min(900,000,000 × 30%, 300,000,000) = 30,000,000
증여 세액		30,000,000 − 50,000,000(증여재산공제) = 0

이때 자녀가 저가로 양수한 아파트의 취득가액은 실제 지급한 대가인 6억원에 증여재산가액(증여이익)과 취득부대비용을 합한 금액이 된다. 따라서 위 경우의 취득가액은 6억원과 증여이익 3천만원, 취득부대비용을 합한 금액으로 구성된다. 위 사례는 1세대 1주택 비과세 요건을 갖춘 주택을 이용해 증여세 부담 없이 시가보다 30% 정도 저렴한 가액으로 자녀에게 아파트 소유권을 넘겨줄 수 있는 좋은 절세 방법이다.

부자간의 고가 양수도에는 증여세 발생

위 사례와는 반대로 자녀가 부모에게 아파트를 시가보다 비싸게 파는 경우가 있다. 성년인 자녀(1주택만 보유)가 1세대 1주택 비과세 요건을 갖춘 시가 7억원의 아파트를 아버지에게 10억원에 양도한다고 가정할 때 세금은 어떻게 될까?

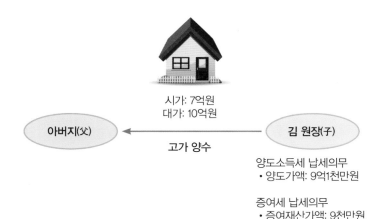

시가: 7억원
대가: 10억원

아버지(父) ← 김 원장(子)

고가 양수

양도소득세 납세의무
• 양도가액: 9억1천만원

증여세 납세의무
• 증여재산가액: 9천만원

　자녀가 부모의 아파트를 싸게 샀을 때와 마찬가지로 시가 7억원인 아파트를 10억원에 팔았을 경우 양도가액은 대가에서 증여재산가액을 차감한 금액(1,000,000,000원 − 90,000,000원)인 9억1천만원으로 계산된다. 이때 자녀는 1세대 1주택 비과세 요건을 갖추었으므로 비과세대상에 해당한다(고가주택 12억 미만).

　이제 증여세 문제가 남는다. 현행 「상속세 및 증여세법」은 특수관계인 간의 고가 양수도 시 양수한 재산의 대가에서 시가를 차감한 가액이 시가의 30% 이상 차이가 있거나 그 차액이 3억원 이상인 경우 대가에서 시가를 차감한 차액에서 시가의 30%에 상당하는 가액과 3억원 중 적은 금액을 차감한 금액을 증여받은 것으로 보고 증여세를 과세한다.

증여세 과세 대상 검토

$$(대가 - 시가) / 시가 \geq 30\%$$

$$또는 (대가 - 시가) \geq 3억원$$

$$(1,000,000,000원 - 700,000,000원) / 700,000,000원 = 42.86\%$$

$$또는 (1,000,000,000원 - 700,000,000원) = 300,000,000원$$

(대가 - 시가) / 시가로 계산한 결과가 시가의 30%를 초과해 증여세 과세 대상이 된다.

증여이익

$$증여이익 = (대가 - 시가) - min(시가 \times 30\%, 3억원)$$

$$(1,000,000,000원 - 700,000,000원) -$$

$$(210,000,000원 또는 300,000,000원 중 작은 값)$$

$$300,000,000원 - 210,000,000원 = 90,000,000원$$

대가와 시가의 차액 3억원에서 시가의 30%인 2억1천만원을 뺀 9천만원이 증여이익이다. 이 경우는 증여이익이 9천만원이므로 아들이 아파트 양도일(증여 의제일)로부터 10년 내 부모에게 증여받는 금액이 없는 경우에는 증여재산공제 5천만원을 받을 수 있으므로 납부해야 할 증여세액은 다음과 같다.

> 증여세 산출세액 = (90,000,000원 − 50,000,000원) × 10%
> 증여세 납부세액 = 4,000,000원 × 97%(3% 신고세액공제)
> = 3,880,000원

| 고가 양수 시의 증여세액 |

구분	고가 양수 시	예시
증여세 대상 검토	(대가−시가) / 시가 ≥ 30% 또는 (대가−시가) ≥ 3억원	(1,000,000,000 − 700,000,000) / 700,000,000 = 42.86% 또는 1,000,000,000 − 700,000,000 = 300,000,000
증여이익	(대가−시가) − min(시가×30%, 3억원)	(1,000,000,000 − 700,000,000) − min(1,000,000,000 ×30%, 3억원) = 90,000,000
증여세액		1) 90,000,000 − 50,000,000(증여재산공제) = 40,000,000 2) 40,000,000 × 10% × (1 − 3%) = 3,880,000

이때 아버지의 아파트 취득가액은 시가인 7억원에 취득부대비용을 합해 산출한다. 이 금액은 실제 지급한 대가 10억원에서 시가 초과액인 3억원을 차감한 금액과도 동일하다.

만약 주택을 시가보다 3억원 비싸게 구입함으로써 자녀에게 3억원을 현금으로 증여했다고 가정해보자. 1세대 1주택 비과세 요건을 갖추고, 시가보다 30% 정도 고가로 직계존속에게 양도했을 때는 앞에서 살펴본 것처럼 388만원의 증여세와 9억원 초과분에 대한 양도소득세액을 납부하면 된다. 하지만 3억원을 현금으로 증여했을 때는 (300,000,000원 − 50,000,000원) × 20% − 10,000,000원) × (1 − 3%) = 38,800,000원의 증여세를 내야 한다. 따라서 앞의 사례는 1세대 1주택 비과세 요건을 갖춘 주택을 고가로 양수함으로써 자녀에게 줄 수 있는 절세효과가 얼마나 큰지를 잘 보여주는 사례이다.

병의원 시장의 등대 역할을 하길…

　현대사회는 점점 전문화, 세분화되는 추세입니다. 두루두루 잘하는 팔방미인보다는 한 분야의 전문성이 돋보이는 프로를 선호합니다. 세무 분야도 마찬가지입니다. 세무는 복잡하고 다양한 경제활동만큼이나 경우의 수가 많기 때문에 해당 분야를 잘못 이해하면 세법을 알고 있더라도 어떻게 적용해야 할지 혼란스러운 경우가 많습니다. 전문 지식을 갖추고 현장에서 오랫동안 다양한 경험을 쌓은 전문가들만이 상황에 꼭 맞는 해법을 제시할 수 있다고 봅니다.

　세무법인 택스홈앤아웃은 자타가 공인하는 병의원 전문 세무법인입니다. 병의원 전문 세무법인이라는 기치를 내걸고 개원가에 질 높은 서비스와 정보를 제공하고자 애써온 지 벌써 14년이 지났습니다. 그동안 실무를 통해 쌓은 택스홈앤아웃만의 노하우를 『병의원 만점 세무』에 담아 좀 더 많은 원장님과 공유하는 기회를 갖게 되어 무척 기쁘고 보람됩니다. 병의원을 운영하면서 많은 고민이 되는 세무 문제를 좀 더 쉽고 재미있게 풀어, 세무에 전문가가 아닌 원장님들도 부담 없이 읽고 도움 받을 수 있을 것으로 생각합니다.

　이 책의 출판을 계기로 앞으로도 병의원 전문 세무법인으로 더욱더 성장하기 위한 내실을 다져 이 분야에서만큼은 타의 추종을 불허하는 전문성으로 고객의 확고한 등대가 되도록 정진하겠습니다.

김문환(전 중부지방국세청 조사1국장/현 택스홈앤아웃 부회장)

감수 및 저자 소개

박상혁 부대표

학력
- 서울고등학교 졸업
- 경기대학교 응용통계학과 졸업
- 경희대학교 행정대학원 부동산학 석사
- 제35회 세무사고시 합격

경력
- 세무법인 택스홈앤아웃 PARTNER(부대표)
- KEB하나은행 WEALTH MANAGEMENT 팀 세무고문
- 우수논문상 수상 「주택양도소득세의 개선방안에 관한 연구」
- 한국세무사고시회 이사(전)
- 한국세무사회 홍보상담위원회 상담위원(전)
- 서울지방세무사회 조세제도연구위원회 위원(전)

박상언 부대표

학력
- 장충고등학교 졸업
- 연세대학교 경영학과 졸업
- 연세대학교 경영전문대학원 MBA 석사
- 제36회 세무사고시 합격

경력
- 세무법인 택스홈앤아웃 PARTNER(부대표)
- KEB하나은행 PB사업본부 세무고문
- (주)IR KUDOS 감사

- 학교법인 경문학원 이사
- 서울시청 세무상담위원(전)
- 한국세무사고시회 이사(전)
- 두올산업(주) 감사(전)
- (주)케이아이엔엑스 감사(전)
- 사단법인 한국경영학회 이사(전)
- 사단법인 한국인사조직학회 상임이사(전)
- 사단법인 한국윤리경영학회 이사(전)
- 학교법인 경문학원 감사(전)

이성우 전무이사

학력
- 충남고등학교 졸업
- 서강대학교 경영학과 졸업
- 가톨릭대학교 의료경영대학원 의료경영학 석사
- 제38회 세무사고시 합격

경력
- 세무법인 택스홈앤아웃 PARTNER(전무이사)
- 세무법인 택스홈앤아웃 본점 병의원1사업부 본부장
- 맥쿼리IMM 자산운용사 사외감독이사(전)
- 와이즈마코스 전임 세무강사(전)
- 서울시청 Hi Seoul 세무상담위원(전)

전유호 상무이사

학력
- 송악고등학교 졸업
- 국립세무대학 내국세학과 졸업
- 제39회 세무사고시 합격

경력 • 세무법인 택스홈앤아웃 PARTNER(상무이사)
   • 세무법인 택스홈앤아웃 본점 컨설팅사업부 본부장
   • 국세청 8년 근무(전)

박상호 상무이사

학력 • 반포고등학교 졸업
   • 중앙대학교 회계학과 졸업
   • 연세대학교 경제대학원 경제학 석사
   • 제39회 세무사고시 합격

경력 • 세무법인 택스홈앤아웃 PARTNER(상무이사)
   • 세무법인 택스홈앤아웃 본점 컨설팅2사업부 본부장
   • KEB하나은행 WEALTH MANAGEMENT 본부 세무고문
   • KEB하나은행 PRIVATE BANKING 본부 세무고문
   • 외환은행 PB사업본부 세무고문(전)
   • 세무법인 진명 근무(전)
   • 아카데미 비앤지 세무강사(전)
   • AIG 생명보험 세무고문(전)

저서 《상속증여 만점 세무》(공저), 《더존 전산회계 1급&전산회계 1급
   기출문제 해설》

양재림 상무이사

학력 • 전주상산고등학교 졸업
   • 중앙대학교 경제학과 졸업
   • 연세대학교 법무대학원 조세법학 석사
   • 제42회 세무사고시 합격

경력   • 세무법인 택스홈앤아웃 PARTNER(상무이사)
- 세무법인 택스홈앤아웃 송파지점 대표
- 한국세무사회 전산자격시험위원(전)
- 경기콘텐츠진흥원 스타트업 세무자문(전)
- 기아자동차 오토큐 세무지원교육(전)

이호준 상무이사

학력   • 구정고등학교 졸업
- 국민대학교 회계정보학과 졸업
- MEDICAL UNIFICATION MBA 수료
- 제43회 세무사고시 합격

경력   • 세무법인 택스홈앤아웃 PARTNER(상무이사)
- 세무법인 택스홈앤아웃 인천지점 대표

최규균 상무이사

학력   • 춘천여자고등학교 졸업
- 강원대학교 회계학과 졸업
- 제44회 세무사고시 합격

경력   • 세무법인 택스홈앤아웃 PARTNER(상무이사)
- 세무법인 택스홈앤아웃 에스에스지점 대표
- 서울지방세무사회 세무조정 및 성실신고 감리위원
- 중앙경제 HR교육원 강의

김현진 이사

학력
- 휘경여자고등학교 졸업
- 고려대학교 생물학과 졸업
- 제43회 세무사고시 합격

경력
- 세무법인 택스홈앤아웃 PARTNER(이사)
- 세무법인 택스홈앤아웃 본점 병의원2사업부 본부장
- 고려대학교 사외이사

안정진 이사

학력
- 경북고등학교 졸업
- 강원대학교 회계학과 졸업
- 제48회 세무사고시 합격

경력
- 세무법인 택스홈앤아웃 PARTNER(이사)
- 세무법인 택스홈앤아웃 본점 병의원3사업부 본부장

엄수빈 이사

학력
- 백신고등학교 졸업
- 서울과학기술대학교 경영학과 졸업
- 제49회 세무사고시 합격

경력
- 세무법인 택스홈앤아웃 PARTNER(이사)
- 세무법인 택스홈앤아웃 마포지점 대표

고상원 이사

학력
- 서울 명덕고등학교 졸업
- 단국대학교 회계학과 졸업
- 제50회 세무사고시 합격

경력
- 세무법인 택스홈앤아웃 PARTNER(이사)
- 세무법인 택스홈앤아웃 역삼지점 대표

임인규 이사

학력
- 북일고등학교 졸업
- 건국대학교 화학공학과 졸업
- 제50회 세무사고시 합격

경력
- 세무법인 택스홈앤아웃 PARTNER(이사)
- 세무법인 택스홈앤아웃 본점 과세사업부 본부장

이민형 이사

학력
- 보성고등학교 졸업
- 연세대학교 인문학부 졸업
- 제46회 세무사고시 합격

경력
- 세무법인 택스홈앤아웃 PARTNER(이사)
- 세무법인 택스홈앤아웃 광진지점 대표
- 나무경영아카데미 세무사반 강사
- (주)큐비즈코리아 사외감사
- 한국가스안전공사 근무(전)

- 국세청고객만족센터 상담(전)
- SH 경영연구원 세무팀장(전)
- 세무법인 티원 근무(전)

조아로미 이사

학력
- 목동고등학교 졸업
- 숭실대학교 회계학과 졸업
- 제46회 세무사고시 합격

경력
- 세무법인 택스홈앤아웃 PARTNER(이사)
- 세무법인 택스홈앤아웃 광진지점 대표
- 세정 세무법인 근무(전)

이종권 이사

학력
- 자양고등학교 졸업
- 중앙대학교 경제학과 졸업
- 제58회 세무사고시 합격

경력
- 세무법인 택스홈앤아웃 PARTNER(이사)
- 국세청 20년 근무(전)
  (서울지방국세청 조사2국, 삼성, 서초, 역삼세무서 등)

허재 이사

학력
- 대전 보문고등학교 졸업
- 서울시립대학교 사회복지학과 졸업

경력   • 세무법인 택스홈앤아웃 PARTNER(이사)
            • 세무법인 택스홈앤아웃 본점 병의원4사업부 본부장

유창현 이사

학력   • 동화고동학교 졸업
            • 가톨릭대학교 회계학과 졸업
            • 제53회 세무고시 합격

경력   • 세무법인 택스홈앤아웃 PARTNER(이사)
            • 세무법인 택스홈앤아웃 송파지점 본부장

남장현 세무사

학력   • 안양고등학교 졸업
            • 서울시립대학교 행정학과 졸업
            • 제54기 세무사고시 합격

경력   • 세무법인 택스홈앤아웃 위너스지점 총괄세무사

지민정 세무사

학력   • 예일여자고등학교 졸업
            • 서울시립대학교 수학과 졸업
            • 제54회 세무사고시 합격

김지혜 세무사

학력   • 동래여자고등학교 졸업
       • 부산대학교 경영학과 졸업
       • 제54회 세무사고시 합격

최보선 세무사

학력   • 서울 미림여자고등학교 졸업
       • 성균관대학교 국제통상/국어국문학과 졸업
       • 제54회 세무사고시 합격

경력   • 세무법인 택스홈앤아웃 영등포지점 총괄세무사

병의원 만점세무

초판1쇄 2016년 1월 11일
초판7쇄 2024년 2월 13일

지은이 세무법인 택스홈앤아웃
펴낸이 이혜숙
펴낸곳 (주)스타리치북스

출판감수 이은희
출판책임 권대홍
출판진행 이은정 · 한송이
본문편집 김남정
편집교정 송경희 · 이주선
일러스트 배성환

등록 2013년 6월 12일 제2013-000172호
주소 서울시 강남구 강남대로62길 3 한진빌딩 2~8층
전화 02-6969-8955

홈페이지 www.starrichbooks.co.kr
스타리치북스 블로그 blog.naver.com/books_han
스타리치TV www.youtube.com/@starrichTV
글로벌기업가정신협회 www.epsa.or.kr

값 20,000원
ISBN 979-11-85982-17-5 13320